# 탈종교가
# 답이다

KB192052

# 탈종교가 답이다

| | |
|---|---|
| 발행일 | 2018년 11월 5일 |

| | | | |
|---|---|---|---|
| 지은이 | 유신론자 T | | |
| 펴낸이 | 손 형 국 | | |
| 펴낸곳 | (주)북랩 | | |
| 편집인 | 선일영 | 편집 | 오경진, 권혁신, 최예은, 최승헌, 김경무 |
| 디자인 | 이현수, 김민하, 한수희, 김윤주, 허지혜 | 제작 | 박기성, 황동현, 구성우, 정성배 |
| 마케팅 | 김회란, 박진관, 조하라 | | |
| 출판등록 | 2004. 12. 1(제2012-000051호) | | |
| 주소 | 서울시 금천구 가산디지털 1로 168, 우림라이온스밸리 B동 B113, 114호 | | |
| 홈페이지 | www.book.co.kr | | |
| 전화번호 | (02)2026-5777 | 팩스 | (02)2026-5747 |

ISBN    979-11-6299-395-8 03200 (종이책)    979-11-6299-396-5 05200 (전자책)

이 도서의 국립중앙도서관 출판예정도서목록(CIP)은 서지정보유통지원시스템 홈페이지(http://seoji.nl.go.kr)와
국가자료공동목록시스템(http://www.nl.go.kr/kolisnet)에서 이용하실 수 있습니다.
(CIP제어번호 : CIP2018035582)

# 탈종교가 답이다

## 종교 없는 삶, 운명을 개척하다

12

| 유신론자 T |

**"신이 인간을 만든 것이 아니라, 인간이 신을 만들었다."**

― 목사의 아들로 태어나 기독교를 깊이 믿었으나,
결국 신은 죽었다고 선언한 독일의 철학자 니체

북랩 book Lab

"신이 인간을 만든 것이 아니라, 인간이 신을 만들었다."

- 목사의 아들로 태어나 기독교를 깊이 믿었으나, 결국 신은 죽었다고 선언한

독일의 철학자 니체


"신이 인간을 창조한 것이 아니라, 인간이 자기의 필요 때문에

신을 창조했다."

- 사상의 은사 리영희


"신은 오직 그 종교를 믿는 사람들에게만 존재한다."

- 전 대한민국 보건복지부 장관 유시민

이 책을 쓴 저자 유신론자 T는 무신론자(Atheist)가 아닌 유신론자 (Theist)이다. 인간에 의해 만들어진 신이라도 인간과 함께하기에 신이 있다고 믿는 유신론자이다.

# 프롤로그

　지금으로부터 1만 3천여 년 전 마지막 빙하기가 끝나고 지구의 기온은 급격히 오르기 시작했다. 그때까지 동굴에서 살며 수렵과 채집으로 생활하던 인간은 따뜻해진 대지로 나와 야생 식물을 재배하기 시작했다.

　농업을 통한 식량의 대량 재배 성공은 잉여 식량을 만들었고, 잉여 식량을 한곳에 저장해야 하는 인간은 한곳에서 살아가는 정주형 생활을 시작하였다. 정주형 생활을 하기 시작한 이후 인간 문명은 지속적으로 발전하면서 도시와 문자가 생기고 인간의 수는 급속히 늘어나기 시작했다. (그러나 유대 유일신을 믿는 사람들은 6천 년 전 하나님이 지구뿐 아니라 모든 우주를 한 번에 창조했다고 과학의 시대인 지금도 아무 의심 없이 굳게 믿고 있다.)

　과학이 없던 시대의 연약한 인간들은 자연재해와 맹수의 위협에 항상 떨어야 했고 무엇보다도 어느 누구도 피할 수 없는 죽음은 인간이 자신들이 의지하고 때로는 자신들을 지켜줄 초자연적인 것이 있기를 원하도록 만들었다.

그리고 인간은 자신들을 지켜 줄 초자연적인 대상인 신을 만들기 시작했다. 모든 민족이 자신들의 신을 가지고 있던 고대 다신교 사회에서는 타인의 종교를 인정했기에 종교 때문에 싸우는 일은 없었다. 세계를 정복한 로마도 피정복민들에게 자신들의 태양신을 강요하지 않았다.

　인류의 모든 민족들이 자신들이 기댈 신을 만들었지만, 현재 74억 인류의 한 줌도 안 되는 1,300만 명의 유대인들은 고대 원시 다신교 사회에는 없던 유일신 사상(monotheism)을 만들었다. (유일신 사상은 인류 최악의 발명품이다.)

　유일신 사상은 자신들의 신만이 어떠한 경우에도 옳다는 절대선 (絶對善)이고 나머지 신들은 모두 틀린 것으로 본다. 유대인이 만든 인류 최악의 발명품이 그냥 유대인들만을 위한 발명품이었다면 인류에 아무런 해가 되지 않았겠지만, 2천 년 전 기독교라는 이름으로, 다시 1,400여 년 전에 이슬람이라는 이름으로 세상에 나오게 되었다.

'다르니까 틀리다'라는 유일신 사상의 속성상 이 두 '다틀교'는 같은 아버지를 믿지만 어머니가 다르다는 이유만으로 천 년이 넘는 시간 동안 서로 싸우고 죽이는 일을 반복해 왔고 앞으로도 두 다틀교 사이의 전쟁은 계속될 것이다.

21세기 현재 이념으로 인한 냉전이 끝났고, 2차 대전 이후 생겨난 국제 연합(UN)의 노력으로 지구에서 전쟁과 테러는 줄어야 하지만 유대 유일신을 믿는 두 종교인 기독교와 이슬람교 간의 싸움으로 인류는 끊임없는 전쟁과 테러 속에 살고 있다.

그리고 종교로 인한 가정 내의 갈등과 나라 간의 분쟁에는 모두 유대 유일신을 믿는 기독교와 이슬람교가 있으므로 유대인이 만든 유일신 사상은 인류 최악의 발명품이라 할 것이다.

기독교가 지배했던 유럽의 중세는 성경과 교회 이외의 인간 이성(理性)과 과학은 용납되지 않는 암흑의 시대(the Dark Age)였다. '요람부터 무덤까지' 신앙의 시대를 살던 중세인들에게 기독교 세상은 고통 자체였고, 죽음 이후의 천국만을 바라보고 살던 중세인들에게 허락

된 것은 타락한 교회와 부패한 사제에 대한 복종과 충성뿐이었다.

그런데 신앙의 이름으로 수많은 사람들이 아무 죄 없이 죽어야만 했던 광기와 야만의 시대 속에서 같은 다틀교인 이슬람교에 대한 기독교의 십자군 전쟁이 11세기 말부터 2백 년간 일어났다. 유일신이 도와줄 것이기에 승리를 장담했던 사제들의 말과는 반대로 8차에 걸친 십자군 원정은 모두 실패했고, 십자군 원정의 실패는 어리석었던 중세 기독교인들이 교회와 기독교 신앙에 대한 의심을 최초로 갖게 만들었다.

절대선(絶對善)이었던 유일신과 중세 교회에 대한 인간의 의심은 결국 기독교 이전의 그리스 로마 시대로 돌아가자는 르네상스를 14세기부터 일으켰다.

십자군 전쟁의 실패로 인한 신에 대한 의심은 과학 발전으로 인한 산업 혁명과 신앙 대신 인간 이성의 힘으로 세상을 바꾸는 계몽주의 사상으로 이어졌다. 그 결과 우리가 지금 당연시하는 각종 문명의 이기(利器)와 신(神) 대신 인간을 우선시하는 자유 민주주의 세상을 인간들이 향유하게 만들었다. (신에 대한 의심이 불가능한 중세 기독교인들을 움직인 십자군 전쟁은 인류를 구한 최고의 사건이다.)

이처럼 신에 대한 인간의 의심은 결국 신이 중심이었던 야만적인 신앙의 시대를 마치고 인간이 중심이 되는 이성(理性)의 시대로 들어가게 하였다. 십자군 전쟁으로 인한 유대 유일신에 대한 의심이 200년만 늦었어도 인류 역사의 발전이 그만큼 늦어져 우리는 아직 조선말의 절망적인 상황이었을지도 모른다.

현대 이성의 시대에는 종교의 자유에 의해 다른 종교를 인정하므로 현대는 다시 다신교 사회라고 불린다. 그러나 여전히 유대 유일신을 믿고 있는 현대의 다틀교인들은 자신들의 종교만이 절대선이라고 믿고 종교 때문에 서로 싸우면서 인간이 힘들게 이룩한 문명 세계를 계속해서 위협하고 있다.

이 책은 T가 결혼 후 10여 년간 겪은 기독교를 중심으로 유일신 사상의 불편한 진실을 세상에 알려 인간의 문명 세계를 유일신교로부터 구하는 것이 목적인 책이다.

1장에서는 유신론자 T가 운명적인 죽음과 초자연적인 힘을 경험하고 결혼 후 10년간의 기독교 생활을 비롯한 그의 영적인 체험이 소개된다. (보름간 혼수상태를 겪는 큰 교통사고를 겪었지만, 그 사고를 한 달 전 예언한 스님이 부적을 주었고 아무 장애 없이 살아나는 믿기 어려운 일이 있었다.)

2장에서는 책 논리의 타당성과 객관성을 얻기 위해 인간의 기본적인 성질에 바탕을 둔 세 가지 공리가 소개된다. '공리(公理, axiom)'란 증명할 필요가 없는 바른 명제를 말한다. 첫 번째 공리에서는 왜 인간이 신을 만들었는지를 설명하고, 두 번째 공리에서는 인간들이 왜 자신들이 만든 신의 노예가 되어 신에 대한 의심을 하지 못하고 신에게서 벗어날 수 없는지 이유를 밝힌다. 세 번째 공리는 지금은 이성의 시대이지만 종교가 왜 있어도 되는지와 종교는 집단이 함께 추구해야 하는 것이 아니라 개인의 영혼 구제를 위한 지극히 개인적으로 지켜야 하는 사(私)적인 대상임을 밝힌다.

3장 '불편한 21세기 대한민국 기독교인들'에서는 현대 과학의 발전으로 중세인들은 몰랐던 많은 진실과 역사적 사실을 밝혀 중세에 갇혀 사는 기독인들을 현대로 빼내는 장이다. '진실(眞實)과 불편한 기독교'에서는 초등학생도 이해할 수 있는 과학적 상식에 근거하여 과학과 양립할 수 없는 기독교 창조론의 허구를 밝힌다. 그리고 '사실(史實)과 불편한 기독교(기독교 천국의 저주)'에서는 기독교와 관련된 역사적 사실들을 돌아보면서 기독교의 과거를 들여다본다. 그리고 약속의 종교인 기독교를 열심히 믿었으나 지금은 지옥이 된 시리아와 북한의 과거와 현재를 보면서 기독교의 불편한 진실을 확인해 본다.

독자의 스마트폰으로 즉석에서 확인 가능한 역사를 통하여 기독교도가 천국에 가기만 하면 천국에 앉아 지상의 지옥에서 거지로 살거나 혹은 누군가의 노예로 살아가는 후손들을 지켜보아야야만 하는 끔찍한 진실을 알게 되면 아무리 믿음 좋은 기독인도 기독교와 유일신에 대한 회의가 생길 것이다.

100년 전 동방의 예루살렘이라고 불렸던 북한의 김씨 왕조와 유사한 대한민국의 '기독교 종북세력'의 존재도 확인하는 장이다. 예수의 가르침과 전혀 다른 삶을 살고 있는 종교 지도자들의 행태에 대해 지각 있는 기독인들은 불편해할 것이다. '종교에 미치면 대대로 알거지가 되고, 종교를 이용하면 대대로 큰 부자가 된다'라는 말의 참 의미를 확인하는 장이다.

21세기에 살면서 중세를 바라보고 사는 기독인들이 현대를 생각하게 하는 '이성의 승리'에서는 현재 기독교 대국이지만 매일 총성이 난무하고 많은 문제가 있는 미국과 달리 신을 믿지 않지만 너무나 행복한 스칸디나비아반도 국가들을 비교하는 내용이 소개된다. 그리고 이 책의 하이라이트인 '인간이 신을 만들었다는 '반론 불가능한 12 증거'가 정리된다.

마지막 장인 4장 '운명은 이렇게 바꿀 수 있다'에서는 현재 이 책을 통해 신과 종교에서 벗어난 인간이 스스로 자신의 삶을 개척해 나가는 실천 가능한 방법이 소개된다.

책의 1장에서 주인공 T의 삶을 통해서 운명의 존재를 확인했고 다시 카이사르의 죽음에 대한 이야기를 통해 운명이라는 것이 있을 수도 있음을 확인한다.

현대 유럽을 만들었다고 말해지는 로마제국의 '카이사르'가 현대를 사는 인류에게 가장 유익한 영향을 끼친 사람이라고 생각되기에 그의 삶을 소개하고 그의 죽음을 예언한 점쟁이 이야기가 소개된다.

이렇게 운명이 있다는 것을 재차 확인만 한다면 독자에게 그저 타고난 숟가락이 정해준 대로 살라고 하는 천하의 몹쓸 책이 되겠지만, 이 책을 읽는 독자에게 타고난 운명은 인간이 바꿀 수 있다는 논리적인 근거와 함께 개인과 국가의 운명을 바꾸는 것을 도와주는 실천 가능한 방법을 제시한다.

운명의 '운(運)'자가 '옮길 운'이기에 운명은 노력과 독서에 의해 바뀔(옮길) 수 있다고 결론을 짓는다. 그리고 책 읽을 시간이 부족하고, 시간을 내어 독서를 한다고 해도 잊어버리는 사람들이 많다. 하지만 책을 끝까지 읽은 독자들에게는 시간 낭비 없이 경제적으로 독서하는 법이 선물로 주어진다.

이 책을 읽은 후 세상 너머의 세상에 대한 망상이나 신을 찾는 것 없이 스스로 자신의 삶을 개척하게 되는 독자들은 더 이상 자신의 환경이나 배경을 탓하지 않고 주체적으로 자신의 삶을 일구어 나갈 것이다.

끝으로 집필을 허락해 준 사랑하는 아내의 고운 손에 이 책을 꼭 쥐여주고 싶다.

# 차 례

❦

# 21세기 세계 주류 종교와 현대의 유대인들

서울에 있는 이슬람 사원 표지. 하나님은 기독교인이 섬기는 하나님과 같은 존재이다. 즉, 유대 유일신 야훼는 한국어로 하나님, 영어로는 God, 아랍어로는 Allah로 표시한다.

## (1) 21세기 세계 종교 현황

이 책에 언급되는 객관적이고 정확한 사실(fact)은 주로 미국 중앙 정보국 CIA의 홈페이지(www.cia.gov)에 나오는 world factbook

을 참고하였다. 현재 세계 237개 국가들뿐만 아니라 세계 전체의 정치, 경제, 지리, 문화 등 모든 현황을 한 눈에 알 수 있다. 2017년 7월 현재 74억 지구인들의 주요 종교 현황은 다음과 같다.

> 기독교(Christian) 31.4%, 이슬람교(Muslim) 23.2%, 힌두교(Hindu) 15%, 불교(Buddhist) 7.1%, 유대교(Jewish) 0.2%, 토속 신앙 등 기타 23.1%

같은 창조주 야훼가 등장하는 구약성경을 보는 아브람함의 종교라고 불리는 기독교, 이슬람교, 유대교가 세계 인구의 절반이 넘는 54.8%를 차지하고 있다.

같은 신을 믿고 있는 이 세 종교의 다른 점은 종교마다 주일이 다르다는 것이다. 기독교는 일요일이고 이슬람교는 금요일, 유대교는 토요일이다(토요일 Saturday는 원래 Satan's Day에서 온 말이다. 모든 우주를 창조한 유일신 야훼도 이 날은 쉬는 날이기에 사탄들이 활개를 친다는 의미에서 Saturday라고 한다).

지금 이 책을 보고 있는 독자들 중에는 왜 같은 유대 유일신을 섬기는 두 종교가 서로 원수가 되어 인류 평화를 위협할까? 하는 의문이 생길 수도 있다. 위 사진을 통하여 생긴 의문을 지금부터 이 책은 상세히 풀어 나간다.

만약 이 책의 첫 페이지에 신은 인간의 피조물이라는 선각자들의 말을 증명할 수 있다면 이 책은 같지만 서로 다른 유일신 종교로 인한 싸움이 없도록 하는 평화의 책이 될 것이다.


## (2) 21세기 현대 유대인의 종교 생활

아브라함의 종교를 시작한 유대인이 거주하는 이스라엘인 830만 인구의 종교 분포를 보면 유대교(Jewish) 74.7%, 이슬람교 17.7%, 기독교 2%이다. 따라서 예수를 믿는 기독교인은 전체 인구의 2%이다. (이스라엘 인구의 21%가 아랍인들이기에 이슬람교를 믿는 사람들이 많이 있다.)

한편, 미국의 종교 사회학자 필 쥬커먼 교수는 많은 사람들이 신을 믿지만 폭력과 가난 등이 난무한 미국과 달리 신을 믿는 사람들이 적지만 너무나 행복한 스칸디나비아 반도의 네델란드와 스웨덴을 탐구하기 위하여 실제로 이들 나라에서 14개월간 거주하면서『신 없는 사회』(필 쥬커먼, 마음산책, 2012)를 집필하였다. 유대인 종교학 교수가 집필한 책을 보면 현대 유대인들의 종교적 정체성을 알 수 있다.

나는 유대인 집안에서 많은 유대인들에 둘러싸여 자랐다. 하지만 그들 중에 유대교의 가르침을 문자 그대로 믿는 사람은 하나도 없었다. 친척들은 모두 유대인이고, 부모님의 친구들도 거의 유대인이고, 학교에서 사귄 친구들 중에도 유대인이 많았으며 오랫동안 유대교 여름 캠프에 나갔을 뿐만 아니라 히브리인 학교에도 다녔다. 그런데도 그 세월 동안 모세가 정말로 시나이 산에서 하나님에게 십계명을 받았다고 진심으로 믿는 유대인은 거의 못 보았다. 아니, 그런 사람이 전혀 없었던 것 같기도 하다. (『신 없는 사회』, 필 쥬커먼, 마음산책, 2012, p254, 1~8)

현재 세계인의 54.8%가 아브라함의 종교를 믿고 있으므로 그들은 유대교 경전인 같은 구약 성경을 보고 있다. 그렇다면 현대 유대인들은 구약 성경을 믿고 있을까? 결과는 코미디 같은 현실을 보여준다. 미국에 사는 유대인의 6%, 이스라엘 사는 유대인의 14%만이 구약을 믿는다. (필 쥬커먼, 『신 없는 사회』, 마음산책, 2012, p255, 5~7)

그리고 역대 노벨상 수상자들 중 유대인의 비율은 22%나 심지어 40%에 이른다고 한다. 하지만 리차드 도킨스 교수의 '만들어진 신'에 따르면 수백 명의 노벨상 수상자 중에서 기독교인은 현재까지 6명이라고 한다. (리처드 도킨스, 『만들어진 신』, 2007, p159, 11)

이 엄청난 괴리를 설명해 주는 자료는 또 있다.

현재 이스라엘 사는 유대인의 13%, 미국 사는 유대인의 11%가 적어도 한 달에 한 번 유대교 예배당인 시나고그(Synagogue)에 나간다. (리처드 도킨스, 『만들어진 신』, 2007, p256, 1~2)

미국에 사는 여러 민족 중에서 가장 비종교적인 민족은 유대인이라고 한다. 종교성이 강한 미국에서 가장 비종교적인 민족이라면 유대인은 세계에서 가장 비종교적인 집단이라 할 것이다. (자신들도 안 믿는 그들의 조상신을 전 세계 인구의 절반이 믿게 하고 서로 원수가 되어 싸우게 만든 유대인은 어떤 존재인지 궁금해진다.)

현재 유대교 창조론을 신봉하는 이슬람 국가들의 노벨과학상 수상자들의 총계가 미국 유명 1개 대학의 수상자들 수보다 적다고 한다. 그리고 창조주를 믿는 기독교를 믿는 사람이 1.5%인 일본은 2017년까지 과학 분야에서만 22명의 수상자를 배출했다(아시아 1위, 세계 5위). 그러나 기독교 신도가 27.6%(개신교 19.7%, 천주교 7.9%)에 이르고 세계적인 선교 대국인 대한민국에는 아직 노벨 과학상 수상자가 한 명도 없다.

현대의 유대인들이 그들의 창조론을 더 이상 믿지 않기에 노벨상 수상자가 많다는 진실을 엿볼 수 있다. (창조론을 믿는 자가 21세기 과학자가 되는 것은 무신론자가 교회라는 사업체를 창업하는 것과 다를 바가 없다.)

# I

## 유신론자 T의 영적인 체험

# 1.
# 죽음과 보이지 않는
# 세계를 경험하다

21세기 한국 사회의 큰 문제는 양극화로 인한 흙수저, 금수저 논쟁이다. '출생의 제비뽑기'라는 삶의 부조리로 인한 좌절과 절망이 경제 위기와 함께 많은 젊은이들을 힘들게 하고 있는 것이다.

자신의 환경과 처지를 탓하는 많은 사람들이 안타깝게도 잘못된 선택을 하고 있다. 2015년에는 하루 평균 39명이 스스로 죽음을 선택해, OECD 국가 중 11년째 자살률 1위라는 불명예를 안고 있다.

이 책의 저자인 유신론자 T는 자살 문제와 양극화로 인한 흙수저 논쟁이라는 두 가지 문제에 대한 합리적이고 실천 가능한 처방전을 가지고 강연 활동을 하고 있다. 얼마 전에도 여자 중학교 전교생인 800명을 대상으로 강연을 진행했다.

처음엔 소란스럽던 여학생들이 끝날 때까지 떠들지도 않고 강연에 몰입하였고 강연 끝날 때 큰 박수와 환호로 강연 내용에 공감을 표시했다(강연자인 T는 청중이 절대로 딴짓 못하게 하는 이야기를 준 운명의 신에게 감사해 하고 있다).

유신론자 T의 강연은 2,100년 전 중국의 역사가 '사마천'이 죽음에 대해 한 말로 시작한다.

"죽음은 때로는 깃털보다 가볍고, 때로는 태산보다 무겁다."

유신론자 T는 정말로 깃털만큼 가벼운 허무한 죽음을 실제로 경험했다.

잘나가는 대한민국의 꿈 많은 청년에서 카프카의 소설 『변신』의 주인공처럼 어느 날 갑자기 벌레가 되었다.

1994년 공인회계사(CPA) 2차 시험에서 0.5점 차이로 시험에서 낙방했을 때 실력이 모자란 것이 가장 큰 이유였지만, 말도 안 되는 기막힌 이유로 떨어지는 일을 겪었다.

당시 T는 한국 최고 대학원에서 경영학 석사 과정이었고, 1990년대에 이미 TOEIC 900점을 훌쩍 넘는 남다른 영어 실력이 있었기에 회계사 시험을 붙으면 장밋빛 미래가 펼쳐질 꿈 많은 시골 청년이었다. 그러나 어처구니없이 시험에 떨어진 이후로 기막힌 일은 다시 일어났다.

1995년도에 다시 1차 시험에 붙고 2차 시험을 준비하던 어느 날 시골에서 어머니가 오셔서 그 당시 가당치도 않은 말씀을 하셨다. 어머니가 다니시던 절의 여승이 T가 조만간 교통사고가 난다면서 부적을 주셨다는 것이다. 그냥 웃어넘기려고 했지만 간곡한 어머니의 당부에 그냥 지갑에 부적을 꽂아 두고 그 후 부적의 존재는 잊고 살았다.

합리적 이성을 삶의 근간으로 삼고 살아가던 T는 자신이 교통사고가 난다는 말을 듣고 그냥 웃음이 나왔었다. (카투사(KATUSA)로 군복무하면서 미국식 안전 운전으로 교통순경과 이야기 한 번 못 해본 T가 사고라니?)

그러나 그해 회계사 2차 시험을 보고 고향으로 내려가던 중 여승의 예언대로 진짜로 큰 교통사고를 겪었다. 사고 당시는 조금도 기억나지 않지만 T는 사고 이후 보름간 혼수상태였고 음식은 호스를 통해 위에 강제로 넣어야만 하는 절망적인 상황이었다. 혼수상태에서 깨어난 후에도 보름간은 인사불성의 상태로 미친 사람으로 살았다고 한다. 담당 의사는 T의 가족에게 이 사람이 의식을 찾기도 힘들지만, 의식을 찾는다 하더라도 기억 상실증이나 언어 장애가 있을 것이라고 했다.

사고 이후 한 달이 지나 T가 의식 불명의 상태에서 깨어나 가족을 알아보고 말을 하는 것을 본 담당 의사가 이런 기적은 처음 본다고 했다. 기적 중의 기적이라는 것이었다. 아무 외상없이 퇴원하던 날 담당 의사는 T에게 이렇게 말했다.

"당신은 죽을 뻔한 것이 아닙니다. 죽었다가 살아났습니다."

외상도 없이 정상인의 몸으로 T가 퇴원하던 당시 주변에 있던 기독교인은 하나님이 살렸다 하고, 불교도는 부처가 살렸다 하고, 유교를 믿는 사람들은 조상이 살렸다고 했던 것으로 기억난다.

왜 각각 그런 말을 했을까?

'사람은 자기가 원하는 것만 본다'는 카이사르의 말대로 신을 믿는 사람들은 자신이 믿는 신이 살렸기를 원했기 때문이라는 것을 훗날 알게 되었다.

그렇다면 T는 어떻게 살아났을까?

T는 여승이 준 부적이 살렸다고 생각한다. (각자 이 일에 대해 다른 견해가 있을 수도 있다. 종교의 자유가 있는 것처럼 생각도 자유이니까.)

그러나 부적이 T를 살렸다고 해서 T는 다시 부적 따위를 믿지는 않는다. T의 운명을 알고 미리 손을 써서 T를 살린 여승은 그 후 본인이 교통사고로 돌아가셨다는 소식을 들었다. 다른 사람의 운명을 바꾸면서도 자신의 삶은 예측 못 하고 죽는 것을 보면 역시 세상일은 알 수가 없다.

T가 경험한 것처럼 보이지 않는 세계가 있으니까 세상에 유일신이 있다는 '목사 씻나락 까먹는 소리'는 하질 말길 바란다.

이 책의 3장이 끝날 무렵 정리되는 '인간이 신을 만들었다는 반론 불가능한 12가지 증거'를 보면 유일신은 분명 인간이 만든 많은 신중의 하나일 뿐이니까.

이 책에는 운명과 부적의 힘과 같은 과학과 이성으로 설명 불가능한 세 가지 이야기와 과학과 이성으로 설명 가능한 12가지의 완벽한 증거가 소개된다.

설명 불가능한 세 가지 이야기는 이성의 시대를 살아가는 독자의 삶에 아무런 도움이 되지는 못하겠지만 과학과 이성으로 설명

가능한 12가지 증거는 독자와 독자 가족들 모두를 행복의 나라로 이끌어 갈 것이다.

T의 생명을 구한 여승처럼 인간의 운명을 바꿀 수 있는 예지력과 능력을 가진 사람이 분명 한국 어딘가에 두어 명 정도 더 있을 것 같다. 그리고 누군가의 삶을 바꿀 수 있는 로또 1등 당첨권을 파는 판매소는 매주 전국에 5곳 정도 된다. T가 겪은 일을 보고 괜히 헛된 것에 시간과 돈을 쓰지 말라는 말이다.

운명과 초자연적인 세계를 경험하면서 깃털만큼 가벼운 죽음을 경험했지만, 병원 문을 나선 후에 과거·현재·미래의 차디찬 절망 속에서 태산만큼 무거운 죽음인 자살을 고민하는 삶을 사는 이야기가 잠시 후에 계속된다.

그리고 세 가지 형태의 기독교 목사들을 만나는 T의 기독교 체험을 소개하는 글이 이어진다. 흔히 무당은 세습무, 학습무, 강신무로 구분한다고 한다.

세 가지 형태의 무당 목사뿐만 아니라 많은 종교 장수들을 두루 경험했고 기독교의 뿌리가 되는 유대 유일신 사상의 진실을 알게 되는 이야기가 소개된다.

중요한 것은 T가 태산만큼 무거운 죽음인 자살을 극복했던 같은 방식으로 기독교의 진실과 유일신 사상의 실체를 알아냈다는 것이다.

그 방법이 궁금하신가? 책을 읽어 내려가다 보면 그 방법을 확인하게 될 것이다.

T는 독자가 이 책을 통하여 맺은 T와의 우연 같은 인연이 독자의 인생에서 결정적인 한순간이 될 수도 있다고 믿는다.

"인연은 우연을 가장한 필연이다."
— 프로이트

T가 개인적으로 좋아하는 말이다.

이 책을 집어 든 독자와 T의 인연이 스쳐 지나가는 우연 같지만, 독자가 세상 너머의 세상에 대한 망상에서 벗어나 자신과 가족을 구하는 우연을 가장한 필연이 되기를 소망한다.

# ❖ 진실로 진실로 너희에게 이르노니

— 이릉의 화(禍)


중국의 역사가 사마천이 살았던 시대는 중국 한 왕조의 전성기를 이끈 한 무제(BC141~87)가 지배하던 절대왕정의 시대였다.

기원전 99년, 마흔일곱 살이 된 사마천은 정말로 깃털만큼 가벼운 죽음을 경험했다. 이른바 '이릉(李陵) 변호사건' 또는 '이릉의 화(禍)'라 부르는 사건이 그것이다.

장군 이릉이 흉노와 싸우다가 중과부적으로 투항하는 사건이 발생했는데, 이때 다른 신하들과 달리 홀로 한 무제 앞에서 이릉을 변호하다가 황제의 노여움을 사, 옥에 갇히게 되었다.

설상가상으로 흉노에게 투항한 이릉이 흉노에게 벼슬까지 받고 흉노에게 병법을 가르친다는 근거 없는 소문이 들렸다. 이에 화가 난 한 무제는 이릉의 가족들을 모두 몰살하고 이 전에 이릉을 변호하다가 옥에 갇힌 사마천에게도 사형을 언도했다.

당시 한나라의 법으로 사형을 면하기 위해서는 속죄금 50만 전을 내거나 궁형(남성을 거세하는 형벌)으로 대신하는 방법이 있었다. 부자가 아니었던 사마천이 많은 돈을 구할 수도 없었고 궁형은 육체적인 고통도 고통이지만 사회적인 명예의 실추로 인해 죽음보다도 견디기 힘든 것이었다.

많은 사람은 궁형을 당하느니 차라리 자살을 선택했지만, 사마천은 오로지 불후의 역사서인 『사기』를 완성하겠다는 일념으로 궁형을 받아들였다.

태곳적부터의 중국 역사를 쓰겠다는 아버지와의 약속을 지키기 위해서는 무조건 살아남아야만 했다.

궁형을 당한 후 '하루에 창자가 9번 뒤틀린다'고 말할 정도로 고난을 당하면서 무수히 자살을 고민했던 사마천에게 죽음은 태산만큼 무거운 것이었다. (『사기』를 완성한 후 자살했다는 설과 다시 왕의 노여움을 사 왕에게 죽임을 당했다는 설이 있다.)

왕 앞에서 왕의 심기를 거슬리는 말 한마디로 사형을 언도받은 것은 깃털만큼 가벼운 죽음인 것이고, 치욕적인 궁형을 받고 자살을 고민하는 것은 태산만큼 무거운 죽음이라 할 것이다.

# 2.
# 운명이라니요?


　앞에서 소개된 T의 기가 막힌 삶을 읽고 짜증이 나는 독자가 있을 것 같다.

　내세울 것 없는 집에서 태어나 지금 사는 게 힘들고 도무지 앞이 안 보이는 상황인데 운명이 있을 수도 있다는 T의 삶을 보면 지금 힘들게 살고 있고 앞으로도 힘들게 살아야 하는 모습이 이미 고정불변의 정해진 것이라는 사실로 보이기 때문이다.

　T가 사고 이후 과거·현재·미래의 절망 속에서 살 때 가장 T를 힘들게 했던 것은 운명이라는 것이 있을 수도 있다는 것을 알았기 때문이다. 열심히 최선을 다하지 않고 살았다는 죄밖에 없는데 그 벌이 너무 가혹하다고 생각했기 때문이었다.

　만약 세상을 지배하는 절대자가 있다면 고통이라는 모진 삶을 설정해놓고 세상에 태어나게 했다는 것은 정말로 억울한 일이었기에 T의 삶을 더 힘들게 한 것이었다.

　태어날 때부터 눈이 안 보이는 장애인 등 세상에는 어렵고 힘든 삶을 살아가야 하는 사람이 부지기수인데 그들의 삶에 각본이 있다는 것이 얼마나 부조리하고 불합리한 일인가?

로마 시내의 유명한 점쟁이 스푸린나가 카이사르에 대해 'Beware the Ides of March. (3월 15일을 경계하라.)'라고 전했다.

'Ides'는 라틴어로 중간, 즉 15일을 의미하므로 이 말은 3월 15일을 조심하라는 말이다. 서양에서는 '흉사에 대비하라'는 관용구로 사용되는 말이다. 참고로 Julius Caesar가 7월에 태어났기에 그의 이름 Julius와 비슷한 July가 7월을 의미한다.

점쟁이 스푸린나는 3월 15일만 조심하고 넘어가면 카이사르가 세상을 호령하는 큰 지배자가 될 것이라는 말도 했다고 전했다. 그리고 카이사르의 죽음을 예언한 점쟁이 말대로 카이사르는 공화파들에 의해 3월의 중간날인 3월 15일에 원로원 회의장에서 처참한 죽음을 맞이했다. (책의 마지막 장 '운명을 말하다'에서 다시 자세히 소개된다.)

그러나 운명의 죽음을 겪은 T와 카이사르의 삶을 통해 운명이라는 것이 있을 수 있다고 하더라도 운명이 어떤 사람들에게는 있고, 어떤 사람들에게는 없는지 등은 알 수 없다. 과학적인 방법으로 확인할 수 없기 때문이다.

1945년 히로시마에 원자 폭탄이 떨어져 7만 명의 일본인이 같은 날 죽었다. 운명이었을까? 각자 판단하길 바란다.

몇 해 전 T가 사는 아파트 바로 옆 도로에서 음주운전 사고로 사람이 죽은 일이 있었다. 음주 사고를 내고 현장에서 즉사한 운전자의 죽음은 '운명'일까? 아니면 '미친 짓'일까? 당연히 미친 짓이다. 음주운전을 한 것은 스스로 죽음을 선택한 것이다. 정말로 중요한 것은 운명이 있는, 없는 인간의 운명은 바꿀 수 있다는 것이다.

운명(運命)의 운(運)은 한자로 '옮길 운'이다. 어느 유명 명리학자가 운명은 노력과 선택에 의해 옮겨질 수 있는 대상이라고 말했다. 그리고 운명학과 관련된 역(易)은 한자로 바꿀 역이다. 한자가 처음 만들어진 3,300여 년 전의 사람들은 운명이라는 것을 옮겨지고 바뀔 수 있는 것으로 인식한 것이다.

다시 말해서 히로시마에 원자폭탄이 떨어져 같은 시간에 동시에 7만 명이 죽었으나 지금 같은 평화로운 이성의 시대가 그때 이루어졌었다면, 일본이 다른 나라를 침략하지도 못했고 죄 없는 사람들이 죽을 필요도 없었다는 것이다. (현재 99%의 전쟁과 테러는 이성의 시대를 거부하는 유대 유일신을 믿는 기독교와 이슬람 간에 벌어지는 일이다.)

음주운전으로 죽은 그 사람도 스스로 음주운전이라는 선택을 통하여 죽음의 티켓을 끊은 것이고 폐렴으로 죽는 많은 사람들도 흡연이라는 죽음의 티켓을 스스로 선택한 것이다.

인간이 태어날 때 운명이라는 것이 행여 정해져 있다고 하더라도 누군가 노력을 하거나 나름대로 신중한 선택을 한다면 결국 다른 사람들의 운명도 다른 이의 선택과 노력에 따라서 바뀌는 것이라 생각한다. 수많은 인간들의 선택과 노력하는 삶이 서로 영향을 주고받기에 정해진 운명이라도 바뀌는 것이다. 따라서 대다수의 점쟁이들의 점괘는 틀릴 수밖에 없다고 생각한다.

다시 말해서 인간이 자기에게 주어진 운명에 굴하지 않고 스스로 그 운명을 개척해 나갈 수 있다면 인간의 삶은 아름다운 것이다. 결국 "운명은 받아들여지는 존재가 아니라, 인간이 바꾸고 개선하는 대상이다."라고 T는 정의한다.

교통사고만 보면, 1988년도에 대한민국에서 한 해 만 명이나 되는 사람이 죽었지만, 지금은 5천 명 이하로 줄었다. 왜 줄어들었을까?
그것은 인간 이성의 발달로 사람들이 보다 더 합리적인 자동차와 교통 체계를 만들었기 때문이다. 즉, 과학과 인간 이성의 힘으로 인간 삶을 (신 따위의 도움 없이) 바꿀 수 있다는 것이다.
마지막 장이 되는 4장 '운명은 이렇게 바꿀 수 있다'에서는 이 책을 다 읽고 세상 너머의 세상에 대한 망상에서 벗어난 개인과 국가가 어떻게 신이나 종교 따위의 도움 없이 어떻게 자신의 운명을 스스로 개척하는지에 대한 실천 가능한 방법이 제시된다.

흙수저로 태어났는가? 그냥 받아들이지 말고 독자의 인생을 스스로 개척해 나가야 한다. 한 번뿐인 인생이기에 독자가 운명을 바꿀 수 있는 방법을 안다면 최선을 다해 시도해 보는 것이 아름다운 삶이라고 T는 믿는다.

# ❖ 진실로 진실로 너희에게 이르노니

— 대한민국 세 대통령의 운명과 메멘토 모리(Memento Mori)

## (1) 대한민국 세 대통령의 생활규범과 운명

앞 장에서 인간의 운명은 '선택과 노력'으로 움직이거나 바꿀 수 있음을 밝혔다. 선택에 의해서 많은 사람들의 운명과 나라의 운명을 결정짓는 대통령 선거는 운명에 관련된 가장 큰 일이라 할 수 있다. T가 책의 개정판을 집필하는 2018년을 기준으로 가장 최근의 세 대통령은 모두 대통령제하의 대한민국에서 대통령에 선출됨으로써 성공의 정점에 다다랐다.

각기 상이한 생활 규범과 가치관을 가진 세 대통령의 성공과 실패를 통해 인간과 국가의 운명을 다시 생각해 본다.

제17대 대통령 취임식(2008년 2월 25일)

독실한 기독교인이었던 어머니로 인해 기독교를 삶의 기둥으로 삼았다. 믿음에 의지해서 가난 속에서도 큰 성공을 이루었고 결국 대통령에 선출되었다.

이명박 대통령은 기독교도들을 중심으로 하는 보수 세력들의 전폭적인 지지를 받고 선출된 이후 여태껏 없었던 자신의 교회 신도들을 국정에 참여 시키는 등 모든 일을 기독교 신앙에 바탕을 둔 삶을 살았다.

서울 시장 재직시절인 2004년 5월 30일 장충체육관에서 열린 청년. 학생 연합 기도회에서 '서울을 하나님께 드리는 봉헌사'를 낭독했다. 중세유럽이나 이슬람의 제정일치 사회가 아닌 21세기 대한민국 수도 서울 시장이 자신을 뽑아준 서울 시민들의 동의도 없이 서울시를 하나님께 바친다는 기가 막힌 망언을 했다.

기독교를 선택한 부모에 의해 기독교 믿음에 충실했던 장로 대통령의 말로는 이 책의 마지막 장에서 알 수 있다.

제18대 대통령 취임식(2013년 2월 25일)

독재자의 딸로 태어났고 세상일을 전혀 경험해 보지 못한 공주로 자랐던 박근혜 대통령의 생활 규범이나 철학은 도무지 찾을 수가 없다.

분명한 것은 독재자의 딸이었기에 민주주의가 무엇인지 모르고 공주로 자라났기에 '부끄러움'을 모르는 사람이라는 것이다.

삶에 관한 고민이나 싱찰이 없었기에 종교를 이용하여 대대로 큰 부자가 된 목사와 그 딸의 허수아비로 살 수 밖에 없었기에 결국 탄핵되었고 평생 교도소에서 살 운명을 스스로 만들었다. (현대 민주주의 사회의 시민으로 살 소양을 딸에게 못 키워준 아버지 박정희의 잘못도 크다고 T는 생각한다.)

제19대 대통령 취임식(2017년 5월 10일)

가난한 피난민의 아들로 태어나 어린 시절부터 혹독한 가난을 겪었고 대학교 재학 시절 학생운동을 이끌며 독재에 항거하다가 투옥됐고 대학에서 제적당했다. 출소 후에는 신체검사도 받지 않은 상태로 군에 강제 징집되었다. 특전사를 제대한 후 복학해 다시 학생운동을 이끌며 군부 독재에 항거하다가 청량리구치소에 투옥됐으나, 옥중에서 사법시험에 합격하면서 극적으로 풀려났다. 사법연수원을 최우수 성적으로 수료했으나 학생운동 전력으로 판사 임용이 거부되자 부산으로 내려가 노무현 변호사와 합동법률사무소를 운영하며 인권변호사로 활동했다.

 문재인 대통령의 생활 규범을 알게 해 주는 일화가 있다.
 청와대에서 열린 신임 대법관 임명장 수여식에선 문재인 대통령과 안철상 신임 대법관의 인연이 화제가 됐다. 안신임 대법관은 부산에서 변호사 생활을 하던 문 대통령과도 법정에서 여러 번 판사와 변호사로 만난 인연이 있다. 이 때문에 안 대법관은 대법관 임명장 수여식 후 문 대통령과 환담하는 자리에서 자신이 부산에서 근무하던 시절의 '문재인 변호사'를 회고했다고 한다. 안 대법관은 이 자리에서 "당시에는 법관과 변호사가 가끔 식사도 하는 게 자연스러운 관례였는데 문재인 변호사는 한 번도 같이 식사한 적이 없다."며 "재판에서 문 변호사를 여러 번 뵌 적이 있는데 한 번도 식사를 못 한 게 오히려 기억에 남는다."고 말했다. 이를 들은 문 대통령은 크게 웃으며 "제가 그런 원칙을 끝까지 지킨 덕분에 대통령까지 하게 된 것이 아닌가 싶다."고 답했다고 한다. (세계일보 2018.1.03.)

'차가운 머리에 뜨거운 가슴'을 가진 문재인 대통령의 생활 규범은 법과 원칙을 지키는 삶이라는 것을 알 수 있다.

### (2) 메멘토 모리(Memento Mori)

과학과 민주주의에 기반을 둔 현대 문명사회를 사는 사람은 로마인에게 고마워해야할 것 같다. 왜냐하면 현대 문명의 이기를 가져온 산업 혁명과 민주주의 사상 모두 유럽에서 시작되었고 그리스 로마 문명의 씨앗을 유럽에 뿌린 이들이 로마인들이기 때문이다. 이 위대한 로마인들이 전쟁에서 이기고 개선식을 할 때 노예가 승리한 장군 뒤에서 외치고 개선 잔치에서도 외치던 건배사가 있다.

바로 메멘토 모리 이다. 영어로는 Remember you will die(너가 죽을 것이라는 것을 기억하라.)이다. 오늘 우리 손에 죽어간 적들처럼 언젠가 너도 죽을 것이라는 것을 기억하라는 말이다. 결코 자만하지 말라는 말로 해석된다.

2017년 촛불 혁명 이후 집권한 문재인 정부가 적폐 청산을 하는 과정에서 3명의 전직 국정원장이나 고위 검사, 장관등 많은 고위층 인사들이 구속되어 법의 심판을 받았다.

최고 대학을 나오고 고시에 합격하여 권력의 중심부에 들어갔을 때 만약 이들이 메멘토 모리를 기억했다면 법을 어기고 감옥에 가는 일은 없었을 것이라는 생각이 든다.

　2018년 지방 선거에서 압승을 거둔 문재인 대통령의 반응을 보자.

　"그러면서도 문 대통령은 "(기뻐하는 것은) 오늘 이 순간까지".라고 했다. 문 대통령은 높은 지지에 대해 "우리 어깨가 많이 무거워졌다는 정도의 두려움이 아니라 정말 등골이 서늘해지는, 저는 등에서 식은땀이 나는 그런 정도의 두려움"이라며 "그 지지에 답하지 못하면, 높은 기대를 충족하지 못하면 기대는 금세 실망으로 바뀔 수 있다."고 말했다. 이를 위해 문 대통령은 유능, 도덕성, 겸손한 태도를 강조했다. (2018.6.19. 동아일보)

　법과 원칙을 지키면서 메멘토 모리를 생각하는 문재인 대통령의 운명 역시 이 책의 마지막 장인 '운명은 이렇게 바꿀 수 있다'에서 살펴본다.

# 3.
# 첫 번째 악(惡)과
# 싸워 이기다!

유신론자 T가 만난 두 악마가 있다.

이 글을 읽고 있는 분의 나이가 아직 어리다면 집중해서 보길 권한다. 왜냐하면 누구나 살면서 전혀 예상할 수 없는 힘든 일을 겪을 수 있기 때문이다.

T가 젊었을 때에는 군사 독재라는 망령 때문에 사는 게 힘들었지만, 민주화가 된 지금은 처절한 생존 경쟁으로 인해 흙수저니, 금수저니 하면서 처지를 비관하는 그릇된 가치관이 세상을 떠도는 것 같다.

어려운 일을 당하더라도 낙담하지 말고 슬기롭게 헤쳐 나가길 바란다. 어려움은 잠시일 수 있다. 어려운 순간만 견디면 밝은 미래가 있을 수도 있으니 절대로 포기하지 말고 그저 물 흐르는 대로 열심히 최선을 다해 살기를 바란다.

T가 만난 두 악마 중 첫 번째 악마는 자살이다.

보름간의 혼수상태를 겪고 한 달간 병원에서 치료를 받은 후 T는 겉보기에는 말짱한 모습으로 병원 문을 나섰다.

그러나 병원 문을 나서 고향으로 향하는 T의 앞에는 과거·현재·미래의 절망이라는 지옥이 기다리고 있었다. 모든 것이 꿈을 꾸고 있는 것만 같았다. 분명히 울어야 하는 비참한 상황인데 울음이 나오지 않았다. 울고 싶어도 어이가 없어서 울 수가 없었다.

'나는 새는 뒤를 돌아보지 않는다'는 독일 속담과 달리 T는 과거를 돌아보며 날갯짓을 할 수 없는 바보가 되어 있었다.

먼저 과거가 절망이었다. 사고 나기 전해에 만약 회계사 시험에 붙었더라면 다음 해 사고가 날 일도 없이 대학원을 졸업하고 출중한 영어 실력으로 세계를 누비고 있어야 할 T가 몸과 마음이 장애인 상태로 웅크리고 있는 상황이 너무나 원망스러웠다. 그 전년도 2차 시험에서 0.5점 차이로 시험에 떨어지게 한 기가 막힌 사연이 있다. 무엇보다도 최선을 다하지 않은 지난 삶이 저주스러웠다.

현재도 절망이었다. 머리를 크게 다쳤기 때문에 의사는 간질병이 올 수도 있다면서 간질약을 처방하였다. 간질약은 머리를 다스리는 약이기 때문에 너무나 독해서 약을 가장한 독약이었다. 약을 먹으면 머리가 혼미해지고 속이 울렁거리고 참을 수가 없었다. 약을 먹기 힘들 때는 약을 휴지통에 던져버렸다. 그 당시 간질에 걸리면 차라리 죽어버리겠다는 심정이었다. 저주받은 인생 차라리 병에 걸려 깨끗이 미련 없이 죽는 게 낫다는 생각이 들었다.

중국의 사마천은 "죽는 것은 쉽다. 그러나 죽음에 처해 사는 것은 어렵다"라고 했다. 어전회의에서 바른말을 했다가 왕의 노여움을 사 한순간에 죽음에 이르렀지만, 이후 궁형을 받은 후 자살을 고민하던 사마천의 삶을 생각해 보면 충분히 납득할 수 있는 말이다.

죽음에 처해 사는 것은 죽을병에 걸려서 시한부 선고를 받았거나 9·11테러 당시 납치된 비행기가 추락할 때 비행기 안에서 죽음을 기다리는 경우가 죽음에 처해 사는 것이다. 정말로 비참한 하루하루를 보냈다.

미래도 절망이었다. 몸과 마음도 정상이 아닌 상황에서 T의 주민등록상 나이가 잘못되어 원래보다 한 살이 많게 되어 있었다. 빨리 사회로 나가 직업도 구해야 하는 데 몸도 비정상이고 나이도 많으니 앞날이 캄캄했다. 그 당시 1990년대 후반으로 치닫는 시기는 김영삼 장로 대통령의 실정으로 한국이 외환위기를 겪으면서 IMF 구제 금융을 받던 시기였다.

T의 인생도 망하고, 나라도 망하고, 아무것도 보이지 않았다. 평생 과거에 대한 원망과 후회로 살면서 남들처럼 취직이나 결혼도 못 하고 살 생각을 하면 울어야 하는데 역시 눈물이 나지 않았다.

그 당시 자꾸 죽고만 싶다는 생각이 들었다. 평생 이렇게 사느니 차라리 죽는 것이 낫다는 생각이 들었다. 자살이라는 악마의 유혹이 항상 T의 주변에 맴돌았다.

무엇보다도 T를 힘들게 한 것은 운명이라는 것이 있다는 것 때문이었다. 이렇게 저주받은 운명을 설정해 놓고 세상에 내보낸 신이 원망스러웠다. (이때까지 T는 신이 있는지 모르겠다는 불가지론자(不可知論者)였으나 죽음과 초자연적인 세계와 기독교를 깊이 경험한 지금은 더 이상 불가지론자가 아니다.)

과거·현재·미래의 절망 속에 빠져 아무런 희망이 없던 T를 잡아준 것은 가족이나 친구도 아니고 '독서'였다.

T가 존경하는 다산 정약용, 사마천, 리영희 선생 등 많은 위인들의 전기를 읽으면서 고난을 딛고 일어선 분들을 닮고 싶었다. 독서에 빠져있는 순간에는 고통을 잠시나마 잊을 수 있었다.

앞이 안 보이던 그 시절에 독서를 통해 힘든 순간을 견뎌내던 T의 인생을 바꾼 책인『죽음의 수용소에서』를 만났다. (이 책은 저자인 빅터 프랭클이 사망한 1997년까지 전 세계에서 1억 권이 팔린 것으로 추산된다.)

오스트리아의 정신과 의사였던 빅터 프랭클은 유대인이라는 이유만으로 악명 높은 유대인 수용소인 아우슈비츠에 수감되었다. 수용소에서의 3년간의 짐승보다 못한 삶을 이겨낸 후 책과 강연을 통해 T뿐만 아니라 세계의 많은 힘든 사람들에게 희망을 주었다. (유신론자 T의 롤모델이다.)

빅터 프랭클은 모든 것을 포기한 채 죽을 날을 기다리며 동물처럼 살던 수용소에 있던 동료 유대인들에게 이렇게 말했다.

"내가 여기서 살아나갈 가능성은 20분의 1도 되지 않는다. 그러나 나는 절대로 포기하지 않는다. 왜냐하면 내일 일을 알 수 없기 때문이다. 내일이라도 연합군이 이겨 해방될 수 있는데 내가 왜 포기하느냐? 절대로 포기 못한다."

실제로 빅터 프랭클은 하루에 배급되는 물 한 컵으로 반은 먹고 나머지 반으로 세수와 면도를 했다고 한다. 다른 사람들과 달리 말끔하기에 노동력이 있어 보이는 빅터 프랭클은 가스실로 끌려가지 않고 결국 살아서 해방될 수 있었다.

앞이 안 보이던 T에게 희망이 생겼다. 그래! 과거에 실패를 모르고 잘나갔던 T가 이렇게 쫄딱 망할지를 예측할 수 없었던 것처럼 지금 상황이 이렇다 하더라도 내일 일을 어찌 아느냐? 절대로 포기할 수 없다(절망의 순간에는 조금의 희망만 있어도 포기 안 한다. 혹시 지금 힘드신 분들은 이 말에서 희망을 찾길 바란다).

책 읽기를 통한 깨달음은 그 후에 실제로 많은 것을 T에게 안겨 주었다. IMF 경제 위기 시절에 외국계 회사에 취직도 할 수 있었다. 물론 1년이 되어갈 때 직무 부적응으로 해고되었지만, 그때도 낙담하지 않았다. 왜냐하면 내일 일은 알 수가 없으니까.

역시 길은 있었다. T가 좋아하는 영어 분야의 길로 들어설 수 있었다. 영어책도 여러 권을 출간하는 등 좋은 일도 있었으나 투자 실패로 어려움도 있었다.

이어지는 유신론자 T의 영적 체험에서는 뼛속까지 기독교인인 한 여인을 만나 결혼을 한 후 겪은 기독교 체험을 소개한다. 자살 충동이라는 악(惡)보다 더 악(惡)스러운 놈을 만나 많은 것을 경험하고 공부하면서 깨달음을 얻었다.

그런데 유일신이라는 인류 최악의 발명품에서 어떻게 T가 벗어날 수 있었을까?

T가 겪었던 많은 목사들과 함께 T가 어떻게 깨달음을 얻고 악(惡)에서 벗어나게 되었는지 이어지는 글을 보고 확인하길 바란다.

더불어 세상 너머의 세상에 대한 망상을 갖는 것이 얼마나 어리석고 위험한 것인지 알게 될 것이다.

그런데 이 책을 통하여 T와 인연을 맺은 독자가 젊은이라면 앞으로 큰 성공을 하거나 큰 실패를 하거나 아니면 보통의 삶을 살게 될 것이다.

먼저 큰 성공을 거두었다면 위대한 로마인들이 개선식 때 외쳤던 '메멘토 모리'를 기억하면서 자만하지 않으면 될 것이고, 반대로 큰 실패를 겪는다면 내일 일은 알 수 없으니 절대로 포기하지 말고 최선을 다해 살라는 빅터 프랑클의 말을 기억해야 할 것이다.

그리고 아직 큰 성공이나 실패를 경험하지 않은 대부분의 독자들은 책의 마지막 장 '운명은 이렇게 바꿀 수 있다'를 읽고 거기에 따른 삶을 살아간다면 분명히 행복한 삶을 살 수 있을 것이라고 믿는다.

# ❖ 진실로 진실로 너희에게 이르노니

— 인류 최악의 발명품 유대 유일신 사상(monotheism)

 

 

유신론자 T가 극복한 첫 번째 악(惡)은 자살이었다. 자살은 사회적인 이유도 있지만, 많은 경우 개인적인 일일 수도 있다. 어느덧 자살이 한국 사회에서 의사표시를 위한 더러운 문화(文化)로 굳어 버리는 것 같아 안타깝다.

그러나 자살보다 더 무서운 존재가 있다. 바로 유대인이 만든 유일신 사상(monotheism)이다. 현재 종교로 인해 많은 가정에 갈등이 있고, 특히 사이비 종교로 인해 많은 사람들의 인생이 망가지고 가정이 해체되고 있다. 종교로 인한 갈등과 분쟁을 유발하는 종교의 중심에는 항상 자기 신만 절대적으로 옳기에 자신과 다르면 틀린 것이라고 믿는 다틀교(기독교와 이슬람교)가 있다.

21세기 이성의 시대에는 국제 연합(UN)이 있고 동서 냉전이 오래전에 끝났기 때문에 국가 간 전쟁은 없어야 한다. 하지만 유대 유일신을 믿는 두 종교 간의 전쟁과 테러는 끝이 없다. (TV에 나오는 테러 뉴스에는 거의 이 두 종교가 엮여 있다.)

다신교로 분류되는 종교인 불교로 인한 갈등을 들어보았는가?

다른 신을 인정하기에 갈등이 없다. 이처럼 유일신을 믿는 두 종교가 인간의 거의 모든 갈등을 유발하기에 유대 유일신 사상을 인류 최악의 발명품이라고 선언하는 것이다. 그리고 유일신 사상을 유대인 밖으로 꺼낸 예수와 무함마드는 인류에게 과연 어떤 존재인가? 각자 생각해 보길 바란다.

현대 사회는 종교의 자유에 의해 다른 사람의 종교도 인정하기에 새로운 다신교 사회라고 한다. 그러나 유일신을 믿는 사람들은 어떠한 일이 있어도 자기 신만 옳다고 믿고 있다. 그들의 망상을 일깨워 주어야 한다. 현대 민주주의 사회는 '다양성과 관용'이 존중받아야 한다. 사회는 다른 이와의 차이를 인정하는 '다양성과 관용'이 존중받아야 한다. 다양성과 관용이 존중되지 않는 사회를 보고 싶으면 중동의 이슬람 국가들을 보면 된다. 국내에서 보고 싶으면 골수 기독교 교인과 만나 10분만 이야기해 보면 알 수 있다. 현대의 유대인들도 안 믿는 구약 신명기 13장에 나오는 구절을 보면 인류 최악의 발명품인 유일신의 성질을 파악할 수 있다.

"여호와 외에 다른 신을 섬기자고 꾀는 사람이 있으면, 그가 부모 형제, 처, 자식 또는 동포(친구)일지라도 불쌍히 여기지도 말고, 덮어 숨기지도 말고, 인정사정 볼 것 없이 돌로 쳐 죽이라는 것이 여호와의 지엄한 명령입니다." (이게 부슨 사랑의 신인가?)

결국 이 책은 인간의 모든 갈등과 분쟁의 99%의 원인을 제공하는 유일신 종교의 실체를 사람들이 알도록 하여 평화를 이루고자 하는 '평화의 책'이 되고자 한다.

# 4.
# 학습무 H목사,
# 결혼도 하고 믿음을 배우다

　햇볕이 따뜻한 어느 봄날, 바닷가 카페에서 38살 노총각인 T는
지금의 아내를 만났다. T와 동갑인 여인은 모든 게 다 좋은데 뼛속
까지 기독교를 믿는 여인이었다.

　그러나 그때까지 유일신 사상의 실체를 몰랐던 T에게 종교는 큰
문제가 되지 않았기에 금방 호감이 갔다. 그리고 만난 지 한 달 만
에 결혼식을 올렸다. 결혼의 전제 조건이 함께 교회를 다니는 것이
었고 실제로 결혼 후 7년 반 동안 열심히 아내의 믿음을 믿었다.
(각종 기도회나 부흥회와 기도원에도 아내가 원하면 함께 참석해서 미친 듯이 기도했
던 T는 결혼 후 잠시나마 진정한 기독교 신도로 살았다.)

　러시아에서 기독교 선교사로 2년간 활동했고 서울의 큰 교회 집
사로 오랜 시간 영적 훈련을 받은 여인은 착한 기독교 신자의 모습
이었다. (신자들은 대개 착하고 순수한 사람이 많다. 너무 착하니까 말도 안 되는
목사들의 거짓말을 과학의 시대에 살면서도 아무 의심 없이 믿는 것이다. 기독교의 문
제는 어리석고 순진한 신도들을 이용하는 종교 장수들이 일으키고 있다.)

　무당은 신과 인간을 연결시켜 주는 존재이다. 흔히 무당은 학습

무, 세습무, 강신무 세 가지로 분류한다. 학습무는 말 그대로 공부를 통해서 신과 세상 너머의 세상에 대해 이야기하면서 돈을 번다. 세습무는 부모가 무당이고 부모의 사업을 세습한 무당이다. 강신무는 무당에게 신이 강림해서 초자연적인 행동을 한다. 날 선 작두를 탄다거나 사람의 과거를 귀신같이 맞히는 무당이다. (인터넷에 '작두 타는 무당'을 검색하면 작두 타는 무당의 동영상이나 사진을 확인할 수 있다. 날 선 작두 위에 올라서지만 피 한 방울 안 흘리는 무당을 보면 역시 보이지 않는 세계가 있을 수도 있음을 알 수 있다. 보이지 않는 세계라기보다는 초능력으로 생각할 수도 있을 것이다.)

T의 고향인 R시는 인구 20만 정도 되는 작은 도시이다. 이 작은 도시에 무려 200개가 넘는 교회가 있다. 앞으로 T가 만난 순서대로 학습무, 세습무, 강신무에 해당하는 목사들을 소개하고자 한다.

아내를 따라 교회를 다니면서 아내의 '믿음을 믿었다'. 지나온 삶이 너무나 힘들었고 어이가 없었기에 그 시절 T는 마음의 상처를 많이 입었었다. 그렇기 때문에 교회에서 신을 만나 진정한 안식을 구하고 싶었다.

아내가 다니던 교회 목사가 타지로 가면서 새로 다닌 교회 목사는 학습무 H목사였다. 지방의 사립대학 사범대 국어 교육과를 나왔고 키가 150이 조금 넘는 단신의 목사는 신도들에게 유달리 성경 공부를 강요했다. 시간이 날 때마다 교회에 가서 많은 성경 공부를 했다. 요한복음을 100번 읽으면 예수가 걸어 나온다는 목사의 말을 듣고 매일 요한복음과 다른 복음서들을 읽었다. 성경 학습은 매일매일 이어졌다.

지금도 가장 인상 깊었던 미국의 조나단 가문과 스미스 가문을 비교한 학습 내용이 기억난다. 미국에서 실제로 열심히 교회를 다닌 조나단 가문과 믿음이 없었던 스미스 가문의 이후 내력을 비교했더니 조나단 가문에서는 부통령, 대법관, 교수, 의사가 몇 명이 배출되었고, 믿음이 없었던 스미스 가문은 반대로 살인, 강도 등으로 교도소에 몇 명이 갔더라는 식의 초등학교 수준의 공부를 통해 T의 믿음은 알게 모르게 성장해 갔다.

T가 가지고 있던 합리적 이성은 어느덧 십자가에 박히는 듯했다. (쇠못으로 이성을 박지 않고 나무못으로 박은 것 같다. 결국 탈출했으니까.)

한편 딸만 셋이 있는 학습무 H목사는 아메리칸 드림을 가지고 있었다. 미국에 한동안 살면서 미국을 경험한 적이 있는 T의 아내에게 미국 생활을 물어보는 과정에서 학습무 H목사의 아메리칸 드림을 알 수 있었다.

몇 달에 한 번씩 휴가를 빙자하여 미국의 한인 교회로 면접 여행을 다니곤 했다. 교인들에게는 신앙의 순수성을 강변하면서 교인들 몰래 미국행을 꿈꾸는 학습무 H목사의 행태는 전형적인 기회주의자의 모습이었다. 결국 학습무 H목사의 아메리칸 드림을 그가 믿는 야훼신은 들어주었다. 미국 뉴욕의 한인 침례교회로 진출하는 쾌거를 이루었다. 미국으로 진출하는 학습무 H목사와의 인연을 정리하고 다른 교회로 옮기기로 했다. 미국 유학파 출신의 젊은 목사가 있는 침례교회로 옮겼다.

# ❖ 진실로 진실로 너희에게 이르노니

— 우산 장수와 종교 장수

    우산 장수의 아들로 태어난 사람이 있다. 배운 것도 없고 가진 것도 없어 결국 아버지의 사업을 물려받았다. 날씨의 영향을 받는 우산 사업은 절대로 안 하려고 다짐했었으나 공부는 지지리 못하고 가진 재산이 없어 결국 우산 장수가 되었다.

    결혼을 해서 아이도 둘이나 있어 매일매일 열심히 일해야만 하지만 하루하루 먹고 살기가 너무 힘든 사람이다. 그런데 만약 길에서 우산을 팔고 있는 이 우산 장수에게 내일 비 올 것 같냐고 물으면 우산 장수는 뭐라고 대답할까? 당연히 비가 온다고 할 것이다.

    마찬가지로 신체적 장애가 있거나 병이 있는 사람, 혹은 절망적인 상황에 있는 사람이 너무 힘들어 기독교 목사에게 정말로 우주에 절대자가 있냐고 물으면 목사는 뭐라 대답할까? 당연히 신이 있다고 해야 한다. 그래야 먹고 사는 직업이 성직자이다. T는 세 유형의 무당 목사들 외에도 많은 기독교 목사들을 접해 보았다.

    결론은 21세기 이성과 자본의 시대를 사는 성직자들은 종교 장수, 그 이상도 이하도 아니었다.

# 5.
# 세습무,
# 믿음에 금이 가다

T에게 기독교 신앙에 대한 많은 지식을 전달해 준 학습무 H목사가 아메리칸 드림을 이루어 미국으로 떠난 후 옮긴 새 교회는 집에서 멀지 않은 침례교회였고 목사는 30대 후반의 젊은 목사였다.

그 당시 매일 성경 읽기와 기독교 방송 청취를 통해 믿음이 차곡차곡 자라나는 유신론자 T의 뒤통수를 때려 T를 깨워준 고맙고도 은혜로운 종교 장수였다.

이 젊은 목사는 기독교 계통의 3류 대학인 S대 철학과를 졸업한 후 미국에 유학을 갔다고 한다. 6년 반 동안 복음주의 성지인 미국 남부에서 신학 공부를 하던 중 아버지 목사가 심장 마비로 갑자기 죽자 귀국하여 교회를 세습했다고 한다.

세습 당시 세습을 반대한 깨어 있는 성도들은 자발적으로 교회를 떠났고, 세습에 찬성하는 맹신적인 신도들이 남아 아들 목사를 옹립하여 교회를 유지했다고 한다.

T가 다니던 그 전의 교회들과 다른 점이 있다면 이 교회에는 유달리 불쌍하고 가난한 사람들이 많다는 것이었다.

교회 성도 중에서 교수, 의사, 변호사와 같은 사회 지도층 인사는 없고, 노동을 하거나 자영업을 하는 사람들이 많은 가난한 이들을 위한 교회였다.

젊은 나이에 아무 노력 없이 중형 교회의 담임목사가 된 세습무 S목사는 믿음이 커가고 있던 유신론자 T의 뒤통수를 때렸다.

젊은 목사의 차는 미제 RV차였고, 큰 아이가 미국 조기 유학을 갔다고 한다. 미국 시민권자이기에 학비가 싸다는 이유로 시골 교회 목사의 큰 딸이 조기 유학을 갔다고 했다. (몇 년 후 둘째아이도 미국 조기 유학을 갔다는 소식을 들었다.)

교회 4층의 넓은 공간을 주거지로 하면서, 외제차를 몰고 맹신적인 신도들이 신으로 떠받드는 세습무 S목사는 젊은 나이에 성공한 잘나가는 종교 장수였다.

해마다 아이를 보러 간다는 이유로 한 달간 미국에서 체류하는 세상 부러울 것 없는 세습무 S목사와 봄빛이 따사해지는 어느 5월 한낮에 목사의 방에서 기독교에 대한 이야기를 한 적이 있다. 목사의 방 한쪽 책이 가득한 책장을 대충 둘러보았는데, 목사에게 어울리지 않은 남파 간첩이 쓴 좌익 계열의 소설책이 눈에 들어왔다. 세습무 S목사에게 저 책을 봤냐고 물어보았더니 출가한 여동생이 친정에 남긴 책을 꽂아 놓았다고 했다. 아무튼 그날 목사의 책장에는 온갖 책이 가득했다.

목사가 타주는 드립 커피를 마시면서 T는 이 젊은 목사에게 성경에 따라 지구와 우주의 역사가 6천 년이라면 도대체 6천 5백만 년 전에 멸종한 공룡은 어떻게 설명할 수 있냐고 물었다.

T의 이 질문에 세습무 S목사는 아무 거리낌 없이 단호한 목소리로 말했다.

"공룡 따위는 모두 마귀들이 만든 것입니다."

현재 발견된 종류만 800여 종에 이른다는 공룡을 부정하다니. (미국의 각 주마다 주를 상징하는 공룡이 있지만, 성경에는 없는 공룡을 학교 교과서에서 빼자고 미국의 복음주의자들은 주장하고 있다고 한다.)

세습무 S목사의 이 당당한 답변은 그날 T의 뒤통수를 강타했다.

'내가 지금 무슨 짓을 하고, 지금 어디에 있는 거야? 합리적 이성을 삶의 근간으로 삼고 살아오던 T가 지금 중세에서 온 철없는 목사의 말을 듣고 있다니…'

갑자기 정신이 버쩍 들었다.

그동안 학습무 H목사의 지속적인 기독교 신앙 학습을 통해서 자신도 모르게 합리적 이성을 십자가에 못 박고 있던 T는 그날 원자폭탄을 맞은 듯했다.

사고로 기억 상실증에 걸린 사람이 갑자기 넘어지면서 땅에 머리를 부딪치고 그 전의 기억을 되찾는 경우도 있듯이 뒤통수를 강하게 얻어맞은 그날에 T는 중세로부터 21세기 이성의 시대로 돌아오기 시작했다.

그날 이후 성경책을 멀리하고 다시 세상의 책을 읽기 시작했다.

영국의 역사가 '에드워드 기번'이 쓴『로마제국 쇠망사』가 아마 T가 십자가에 못 박은 합리적 이성을 빼내기 시작한 후 처음 읽은 책으로 기억한다.

책에는 예수가 죽은 후 추운 갈리아 지방(오늘날의 유럽)에는 기독교 복음의 속도가 더디게 퍼졌고 뜨거운 북부 아프리카에는 복음이 급속도로 퍼졌다고 한다. 초대교회의 땅 시리아의 안디옥과 다메섹(현재 시리아 수도 다마스쿠스)에 대한 기번의 설명은 T의 뒤통수를 다시 강타했다.

'동방의 여왕'이라 불릴 정도로 번성했을 뿐만 아니라 최초로 기독교인(Christian)이라는 말이 생겨날 정도로 뜨거웠던 시리아의 과거 수도 안디옥에 '신의 경고'라고 하는 대지진이 526년에 일어나 인구 절반이 죽은 후 몰락하는 모습은 믿음의 집안인 조나단 가문이 번영했다는 모습과는 정반대의 모습이었다.

그리고 이 책을 통하여 지금 원수가 되어 싸우는 기독교와 이슬람이 같은 야훼를 모시는 '아브라함의 종교(유대교, 기독교, 이슬람교)'라는 것을 알게 되었다.

어찌하여 야훼신은 자신의 배다른 자식들이 천 년이 넘도록 피터지게 싸우게 한 것일까? 의혹은 꼬리에 꼬리를 물고 이어졌다.

유일신 사상에 파묻혀 오랫동안 잊고 있었던 T의 좌우명 '지성의 비관주의, 감성의 낙관주의'가 다시 작동하기 시작했다. T의 주특기인 '창조적 고민'을 다시 하게 만든 세습무 S목사는 지금 돌이켜 보면 T와 T의 가족에게는 은인이었다.

한편 T의 고등학교 친구 중에 가장 불쌍한 친구가 있었다. 서울대를 졸업하고 9급 공무원에 합격하여 시청의 7급 공무원으로 재직한 친구 N이다.

　서울대 출신 7급 공무원!

　혼인 시장에서 최고의 신랑감이지만 40평생 결혼은커녕 여자 친구를 사귄 적도 없는 친구였다. 집안도 교육자 집안이었고 다른 형제들도 모두 자리를 잡았기에 나무랄 데가 없는 듯해 보이지만 이 친구에겐 심한 언어 장애가 있었다. 다른 사람 앞에서 말을 심하게 더듬고 얼굴색이 심하게 빨개지는 (장애수당도 못 받는) 큰 장애를 가지고 있었다. 심성이 천사보다 착한 이 친구는 전방 군대에 가서도 말 못하는 서울대생이라고 상급자들에게 심한 구타를 당했다고 한다. 자살 시도도 한 적이 있었다.

　주민센터에서 일할 때에는 말 못하고 동작이 느리다고 민원인들에게 많은 상처를 입었다. 부모님 모두 돌아가시고 나이 많으신 할머니와 단둘이 살고 있는 친구 N에게 여자도 3명이나 소개시켜주었으나 말 못하고 동작이 이상한 친구 N을 모두 외면하였다. 이 불쌍하고 고독한 친구 이야기를 세습무 S에게 해 주었다. 당장 교회로 데려오라는 세습무 S의 말을 따라 친구 N을 교회로 전도했다.

　교회에서 안식을 찾길 바라면서 친구를 위한 기도도 많이 했다. (교회에 대한 의심의 칼을 빼 들었으나 여전히 연약한 인간이기에 T는 이성과 신앙 사이를 왔다 갔다 했다. 무엇보다도 가정의 평화를 위해서는 믿음을 믿어야 했다.)

　설교 시간마다 설교 제목을 영어와 한글로 써 놓고 설교하는 세습무 S목사의 설교가 역겨워지는 시점에 다른 교회로 온 가족이 떠났다.

특히 온 가족이 미국에 있는 딸을 보기 위해 한 달간 해외여행을 다니고 교회 앞에 세워져 있는 목사의 미제 RV차를 볼 때에는 왜 한국의 대형교회 목사들이 자식에게 기를 쓰고 교회를 물려주려고 하는지 알 것 같았다.

시골의 성도가 200명밖에 안 되는 교회가 이러할진대 성도가 1,000명만 넘어도 목사는 한 왕국의 왕으로 사는 것이다.

세습무 S목사의 교회를 떠나 강신무 K목사가 있는 교회로 가서 다시 가정의 평화를 위해 아내의 믿음을 믿기 시작한 시점에 한 통의 다급한 전화가 걸려왔다.

세습무 S목사의 침례교회에서 알게 된 고등학교 후배 집사였다. 친구 N이 출근을 하지 않아 집에 가 보니 친구 N이 스스로 목에 칼을 꽂고 죽어 있었다는 소식이었다.

너무나 참담했다. 죽기 얼마 전 친구가 전화상으로 "주의 음성을 들었다. 주께서 주의 종이 되라고 하셨어."라고 했는데 친구가 죽다니….

주의 종이 되겠다는 친구의 전화를 받고 이 친구는 절대로 자살은 하지 않을 것이라는 생각이 들었다. 역시 기독교는 사람을 살리는 종교라는 생각을 했었는데 너무 기가 막혔다. 갑자기 세습무 S목사의 기름진 얼굴이 떠올랐다.

불쌍한 친구를 맡겼는데 죽게 하다니….

## ❖ 진실로 진실로 너희에게 이르노니

— 못을 박은 이와 못 박은 이

행복은 성적순일까?

많은 이들이 행복은 성적순이 아니라고 강변한다.

그러나 인생을 50년 정도 살면서 생각해 보면 행복은 성적순인 것 같다. 더 정확히 말하면 공부를 잘하면 행복해질 가능성이 높다고 해야 할 것 같다.

반대로 공부를 못하면 반드시 불행해지는 것은 아니지만 불행해질 가능성이 높아진다. 과거 80년대에 T가 나온 R고등학교는 전국 최고 명문고였다. 특목고가 없던 시절에 몇 안 되는 비평준화 고교였기에 한 해 서울대에 50명 이상 갔었다. 그 당시 R고등학교에 다닌다는 것만으로도 큰 자부심이었다.

그렇다면 과연 행복은 성적순일까? 나름대로 조사를 해 보았다. 입학 당시 전교 1등은 서울대를 수석 졸업한 후 현재 잘나가는 외국계 은행 임원이고, 2위는 서울 의대를 나온 후 미국으로 진출했다고 들었다. 전교 3등도 서울대를 나온 후 현재 대기업 임원이다. 그 외의 확인 가능한 동창들을 보면 교수나 변호사 등 소위 출세를 했다.

이처럼 확인 가능한 성적 최상위 동창생들의 궤적을 보면 거의 다 사회 지도층 인사가 되었다. 이렇듯 T가 아는 수준에서 대체로 성공 가도를 달리는 것을 보면 행복은 성적순일 수 있다. (좋은 직장에서 어린 나이에 임원이 되었기에 행복하다고 단정할 순 없지만 최소한 돈 걱정은 없으니까 다른 사람보다 행복할 가능성은 높다고 본다.)

세습무 S목사의 철없는 목회와 목사의 사치스러운 생활을 보고 교회에서 위안 대신에 좌절만 느끼다 자살한 친구는 전교 10등 안에 들지는 못했다.

자살한 이 친구는 죽은 동창 가운데에서 가장 불행한 친구이지만, 살아있는 동창 가운데에서 가장 불행한 친구 H가 있다. 학창시절 공부는 최상위권이었지만 나이 50이 되도록 기간제 임시 교사로 떠돌고 있고 결혼을 못해서 가정을 이루지 못했다. 가정을 이루기는커녕 아직까지 여자 손목도 제대로 못 잡아 봤다고 한다.

주목할 점은 이 친구의 집안은 3대가 기독교를 믿었던 신실한 집안이고 친구 H는 모태신앙인으로서 50이 된 지금까지 십일조와 주일 성수를 목숨처럼 지키는 온전한 기독인이라는 것이다. 친구 H는 과거 전교생 700명이 넘는 중학교에서 전교 1, 2등을 다투다가 R고등학교에는 전교 8등으로 들어갔다. 고교시절 성적은 최상위권이었고 첫해 서울대 최상위학과에 지원했으나 불합격했다. 전기에 서울대에 떨어진 후, 후기로 서울 소재 K대학의 치의예과에 합격을 했다고 한다. 그러나 친구 H는 서울대에 대한 미련을 못 버리고 치의예과 대신에 재수를 선택했다. 재수를 하면서 이과에서 문과로 전환을 했고 어릴 적 꿈꿔오던 선생의 길을 걷기 위해 서울대 사회 교육과로 진학을 했다. 서울 사대를 졸업하고는 교직 대신 굴지의 은행에 들어가 몇 달을 다녔다고 한다. 그렇지만 직장 생활에 회의를 느껴 신학대학원과 교육 대학원 사이에서 고민하다가 교사가 되기 위해 교육 대학원에 진학을 했다. (아침잠이 많은 친구는 새벽 기도에 대한 부담 때문에 신학대학원은 포기했다고 한다.)

이처럼 인생의 고비마다 친구 H는 남다른 선택을 했다. (기도로 응답받지 않고 자기 식대로 의사결정을 해서 망했다는 '목사 씻나락 까먹는 소리'는 사절입니다.)

주목할 점은 엘리트 코스를 걸었던 친구 H는 대학 시절을 남들과 전혀 다르게 보냈다는 것이다. 박사 학위 표절로 말썽 많은 O 목사가 담임인 강남에 있는 대형교회인 S교회에 철야 예배가 있는 금요일부터 가서 아예 주일날까지 살았다고 한다.

다시 말해서 일주일의 4일은 이성의 시대에 살고 금요일부터 일요일까지는 중세 신앙의 시대를 산 것이다.

과거에는 서울 사대 출신이면 어느 학교든 교사로 갈 수 있었으나 시절이 바뀌어 어려운 임용고시를 합격해야만 정식 교사가 될 수 있는 시절이 되었다. 임용고시에 여러 번 낙방했다고 한다. 잠시 입시 학원에서 사회 강사 생활도 했으나 비인기 과목 강사라 돈벌이는 쉽지 않았다.

임용고시를 거친 정식 교사가 아닌 임시 계약직 교사로서 그동안 설움도 많이 받으면서 어려움이 많았지만, 이 친구는 오직 신앙의 힘으로 모든 것을 이겨냈다.

어느덧 나이 50이 되었지만 이 친구는 안정적인 직장도 없고, 돈도 없고, 가정도 없는 딱한 처지가 되었다. 다만 남들에게는 없는 신앙은 여전히 가지고 있다. 계약직 선생이지만 받는 급여의 10%는 어떤 일이 있어도 교회에 내는 온전한 그리스도인이다.

지난여름 이 친구와 술을 한잔 하면서 시리아와 북한 이야기를 조심스럽게 꺼냈다. (외로운 이 친구의 전화가 오면 무조건 만나줘야 한다는 의무감이 생겼다. 왜냐하면 T도 친구가 겪을 외로움을 과거에 겪었었기 때문이다.)

지성과 영성을 두루 갖춘 이 친구는 선조들 모두 한때 세계 최고의 기독교 국가였지만 지금은 지옥이 된 시리아와 북한의 현실을 묻는 T의 질문에 한마디로 일갈했다.

"이보게 T야, 하나님의 일은 이성으로 생각하는 게 아니야!"

여러 분야의 1,000권이 넘는 장서를 소장한 지성인의 입에서 나온 말이다. 합리적 이성을 십자가에 못 박은 기독인의 전형을 보았다.

만약 친구 H가 모태신앙이 아닌 정상적인 가정에서 자라고, 대학 시절 4일은 이성의 시대에서 살고 3일은 신앙의 시대에서 살지만 않았더라면, 머리가 좋고 심성이 착하기에 사회 지도층으로 번듯한 가정을 이루고 삶았으리라.

친구 H는 절대적 고난도 크지만 상대적 고난이 큰 친구이다. 충분히 잘살 수 있는 여건을 타고났었지만, 잘못된 선택으로 인해 힘든 삶을 살기에 더욱 한이 맺혀있을 것이라 생각한다.

하지만 이 친구는 삶을 포기한 서울대 출신 7급 공무원인 친구 N의 길을 가지는 않을 것이다. 왜냐하면 유일신이라는 믿음에 합리적 이성을 오래전에 못 박았기에 절대로 종교의 가르침을 저버리지는 않을 것이기 때문이다. 어찌 신이 준 고귀한 생명을 버리겠는가?

자살한 친구 N도 세습무 S목사를 통해 기독교 신앙을 받아들였지만, 그 친구는 삶을 포기했다. 그 친구는 H처럼 어릴 적부터 확실하게 흔들림 없이 십자가에 이성을 박지 못했기 때문 아닐까?

인간의 운명(運命)은 선택과 노력에 의해 바꿀 수 있다고 한다. 그래서 T는 현명한 선택을 도와주는 책 읽기를 강조한다. 장서가 1,000권이 넘는 친구 H가 왜 올바른 선택을 하지 못했을까? 그것은 부모가 태어날 때부터 전해준 인류 최악의 발명품인 유대 유일신 사상 때문이다.

(최근 친구 H가 드디어 임용 고시에 50이 넘어 합격하여 중학교 정교사로 임용되었다는 소식을 들었다. 할렐루야!)

# ❖ 외전: 영적인 체험, 아주 유쾌한 상상

새벽에 일어나기 전에 불현듯 아주 유쾌한 상상을 했다. T도 이제 공자 말대로 세상 이치를 알게 된다는 지천명(知天命)의 나이 50이 되었다. 그래서 50을 기준으로 T보다 어린 분들과 T보다 나이가 많은 분들을 대상으로 아침에 했던 상상을 소개하고자 한다. 유신론자 T의 영적인 체험과는 상관없는 단순한 상상이기에 외전(外傳)으로 소개한다.

세월이 흘러 지금은 (현재 이 책을 보고 있는) 젊으신 분들이 가정을 이루고 이 책으로 깨달음을 얻은 후 세상 너머의 세상에 대한 망상이나 신의 도움을 구하는 바보짓 없이 행복하게 살 때, 아이들이 다음과 같이 묻는 상상이다. (이미 유일신의 정체를 아는) 아이가 "아빠, 아빠도 사는 게 힘들어 교회도 다니고 교회에 깊이 빠질 뻔도 했잖아, 그런데 우리 왜 이렇게 행복해?"

아이의 이 질문에 "응, 아빠도 신이 있길 원했기에 십일조와 주일 성수를 지키면서 기독교가 몸에 유익한 된장이라고 생각한 적이 있었어. 그런데 자신이 유신론자라고 주장하는 T라는 인간의 책을 보게 되었어. 인간이 신을 만들었다는 반론 불가능한 12증거를 본 후 기독교가 진실이 아니란 것을 알고 더 이상 인간이 만든 신의 노예가 되는 것을 거부하고 열심히 살았기에 이렇게 우리가 행복한 것이란다."

다음은 모태신앙으로 태어나 평생 교회에 충성하다가 50이 넘은 중년 나이에 T의 책을 보고 깨달음을 얻은 후 집안 식구 모두 교회에 못 다니게 한 후 자식들 모두 신의 도움 없이 열심히 살게 하여 건강한 사회의 구성원이 되게 한 C씨의 마지막 날에 관한 유쾌한 상상이다.

두 번째 유쾌한 상상 이전에 누구나 만나게 되는 죽음에 대한 생각부터 하고자 한다. 최근 '웰 다잉(well-dying)'이라는 말이 세간에 돈다. 죽을 때에도 의미 있게 죽자는 말인 것 같다.

독일의 철학자 니체는 할아버지, 외할아버지, 아버지가 목사였지만, 결국 '신이 인간을 만든 게 아니라, 인간이 신을 만들었다.'고 선언했다.

신에게서 벗어난 니체는 평소에 우정을 강조했다. 그래서 죽을 때 친구들이 옆에서 담소를 나누는 것을 보면서 죽고 싶다고 했다고 한다. 그러나 그는 죽을 때 옆에 친구 하나 없이 쓸쓸히 정신병원에서 생을 마감했다.

반대로 조선의 연암 박지원은 실제로 죽는 날 친구들을 불러 주안상을 차려주고 친구들의 담소 소리를 들으면서 죽었다고 한다. (유시민, 『어떻게 살 것인가?』, 아포리아, 2013. 333p, 6~11)

T는 진정한 무신론자로서 죽음을 두려워하지 않으면서 의연하게 연암처럼 죽고 싶다. (이미 한 번 죽음을 경험했기에 T는 죽는 것이 두렵지는 않

다. 다만 사랑하는 가족과 일찍 헤어지는 것이 아쉬울 뿐이다.)

한편 유신론자 T가 쓴 유일신 사상의 진실을 알게 하는 이 책을 본 후에 더 이상 인간이 만든 신의 노예가 되길 거부하고 살았던 C가 죽는 날 친구들과 마지막을 보내며 벌어지는 일이다.

죽어가는 C 옆에서 술잔을 기울이던 한 친구가 C에게 묻는다.

"이보게 C야, 자네도 중년에 이를 때까지 열심히 교회 다니면서 교회 안 다니는 우리들과 만나지도 않고 교회 일만 열심히 하지 않았는가? 그런데 어찌 어느 날 갑자기 교회 안 나가고 열심히 살아 이렇게 행복하게 생을 마감하는가?"

이 질문에 C는 숨을 고르게 쉬면서 작은 소리로 대답한다.

"그래, 나도 어리석은 인간이었고 모태신앙인이었기에 인간이 만든 신의 노예로 사는 게 행복의 조건인 줄 알았었지. 그런데 책 한 권을 통해서 자신이 유신론자라고 주장하지만 100% 무신론자인 T라는 인간을 알게 되었어. 그 사람이 쓴 인간이 신을 만들었다는 반론 불가능한 12가지 증거와 다른 글들을 보고 우리 가족 모두 신을 멀리하고 세상 너머의 세상에 대한 망상 없이 열심히 살아 나와 내 자식들 모두 잘살게 되어 내 집안이 명문가가 된 것 아닌가?"

T의 유쾌한 상상이 현실이 되기를 '이성의 이름으로' 축원하는 바이다.

# 6.
# 강신무,
# 믿음을 버리다


세습무 S목사가 과거 지구를 오랫동안 지배했던 공룡 따위는 모두 마귀들이 만든 헛된 것이라는 말에 뒤통수를 크게 맞고 정신이 버쩍 든 T는 자살이라는 첫 번째 악과 싸워 이겼던 방식으로 다시 기독교를 검증하기 시작했다. 역시 책 읽기가 T를 구했다.

가정의 평화 유지와 신이 있기를 마음속 깊이 원했기에 성경도 여전히 봤지만, 세상에 관한 많은 책을 읽으면서 세습무 S목사에 의해 깨어난 합리적 이성의 문이 활짝 열리기 시작했다.

학습무 H목사에게서 배웠던 기독교의 역사에 비추어 반드시 천국에 있어야 할 사람들(기독교를 공인하고 국교로 만든 로마의 두 대제와 초대 교회 믿음의 땅, 중세, 해방 전 기독교 국가였던 북한)의 후손들이 모두 지옥 같은 삶을 살았고 지금도 지옥에서 사는 현실은 기독교의 불편한 진실을 깨닫게 해주었다.

그러나 한편으로는 30년간 기독교를 믿어 왔고, 러시아에서 선교사로 활동할 정도로 기독교 믿음이 투철한 아내를 생각하면 가정의 평화를 위해 가끔씩 합리적 이성을 십자가에 다시 못 박아야만 했었다.

하나님 나라와 이성이 지배하는 인간 세계의 경계에 머무르던 그 시절이 정말로 힘들었다.

T의 이성이 확인하는 기독교의 진실과 T가 희망하는 하늘나라의 허상이 충돌하는 그 시기에 과감히 가족 모두 세습무 S목사의 교회를 떠났다. (아내도 세습무 S목사의 짓거리에 두 손 두 발 다 들었다.)


새로 옮긴 교회의 목사는 세습무 S목사와는 전혀 다른 목사였다. 새벽기도 때마다 손수 교회 차를 운전해 신도들을 태워오고 청빈한 삶을 살아가는 가난한 교회의 가난한 목사였다. (세습무 S목사의 아들은 장래 꿈이 목사라고 하지만 이 교회 목사 아들은 교회를 힘들게 개척하는 아빠를 보고 자신은 절대 목사를 안 하겠다고 했다.)

힘든 신도들을 찾아다니며 상처 입은 자들의 영혼을 어루만지는 데 시간과 노력을 아끼지 않는 진정 보기 드문 목회자였다.

항상 하나님이 옆에 있다고 생각하면서 신도들을 대하는 목사이기에 감기라도 걸린 신도가 있으면 달려가 신도의 머리에 손을 얹고 신에게 감기를 낫게 해 달라고 큰 소리로 기도했다.

강신무 K목사의 예배 시간은 중세 유럽의 시골 교회와 같다고 보면 된다. 특히 주일 오후 찬양 예배를 할 때에는 예배당의 모든 신도가 감동에 휩싸여 통곡을 하는 것을 여러 번 보았다. (신도들은 영적인 카타르시스를 느끼며 다시 신의 임재를 확인한다.)

암에 걸린 사람, 딸아이가 얼마 전 자살한 사람, 이혼한 사람, 아이가 장애가 있는 사람, 사업이 실패하여 신용 불량자가 된 사람 등 세상에 치이고 상처 입은 사람들로 교회는 하루하루 부흥했다.

강신무 K목사의 교회에서 상처 입은 영혼들을 위로하고 잠시나마 위안을 주는 교회의 순기능을 확인했기에 모든 종교 시설을 없앤다는 발상이 얼마나 위험한지를 알게 되었다.

그래서 T는 종교의 자유라는 헌법적 가치가 보장하는 '다신교 사회'를 꿈꾼다. 원시 다신교 사회에서 종교 때문에 분쟁이 없었듯이 현대 다신교 사회에서도 종교의 자유에 의해 종교로 인한 분쟁이 없어야 한다. 하지만 같은 유대 야훼신을 믿는 두 종교 간 싸움은 영원히 지속될 것이기에 T는 유대 유일신 사상의 진실을 세상에 널리 알리고자 하는 것이다.

강신무 K목사는 교회만 출석하는 무늬만 기독교인이었다고 했다. 그런데 남도의 시골에서 태권도장을 운영했던 K목사는 어느 날 3층 건물에서 추락하는 사고를 당했다. 3층에서 떨어졌지만 아무런 상해를 입지 않은 그날 이후 K목사의 삶은 180도 바뀌었다. 살인 빼고는 모든 나쁜 짓을 다 했었다는 K목사는 자신이 3층에서 떨어지고도 멀쩡한 이유는 하나님이 자신을 귀하게 쓰려 함이었다는 생각을 했다.

결국 K목사는 태권도장을 정리하고 신학교로 진학을 했고 예배 시간마다 자신의 '부활'을 말하며 태권도장을 떠나 목사가 된 자신의 모습을 정당화했다.

3층에서 떨어지고도 무사했기에 하나님이 자신을 살렸다고 믿는 이유는 무엇일까? 역시 '사람은 자기가 원하는 것만 본다.'는 카이사르의 말대로 K목사는 하나님이 자신을 주의 종으로 쓰기 위해 살렸다고 원하기에 그렇게 믿은 것이다. 만약 T도 사고 당시 기독교도였다면 필시 살아난 이유가 있을 것이라는 '목사 썻나락 까먹는 소리'를 하며 신학교로 갔을지도 모른다.

　'창조적 천재'라 불리는 카이사르의 이 말에 대해서 르네상스 시대의 대 사상가였던 이탈리아의 마키아벨리가 인간성을 이보다 더 잘 나타낸 말이 없다고 극찬을 했다고 한다.

　카이사르의 이 천재적인 말에서 유신론자 T는 교회 다니면서 가졌던 궁금증을 해소할 수 있었다.

　기독인들은 자기가 원하는 것을 이루게 해 달라고 열심히 기도를 한다. 기도를 해서 조금이라도 될 기미가 보이기라도 하면 하나님이 역사하셨다고 선언하면서 주위에 떠들고 다닌다. 반대로 기도대로 안 되면, "하나님이 또 다른 좋은 것을 주시려고 하는 것일 거야." 혹은 "지금은 아니지만 기다리면서 기도하면 결국에는 들어주실 거야."라고 생각하는 것을 볼 수 있다.

　과학이 없던 시절에, 인간을 항상 위협했던 자연재해로부터 안전하게 하고 누구나 겪어야 하는 죽음 이후에도 잘살 수 있게 해 주는 어떤 초자연적인 대상이 있기를 원하게 만들었고 그렇게 희망 사항대로 만든 것이 신이라는 것을 마침내 깨달았다.

신이 인간을 만든 것이 아니라 인간이 신을 만들었다는 것을 깨달은 그날 T는 진정 너무나 행복했다. 그전까지는 하늘 어딘가에서 절대자가 무슨 일을 하든 항상 T 자신을 지켜보고 있다는 생각을 했었는데 그런 존재가 없다는 것을 알고 나니 자유로운 이 세상이 너무나 행복해졌다. (신에게서 벗어난 그날은 조선이 일본의 압제에서 해방된 날의 기쁨만큼이나 좋았다.)

어느 주일 날, 강신무 K목사의 설교 내용은 1907년 평양 대부흥운동에 관한 것이었다. 100년 전 온전히 기독교를 믿고 따랐던 북한의 기독교인을 본받자는 설교 내용이 주제였다. 그날 점심시간에 우연히 목사 옆에서 점심을 먹게 되었다. (강신무 K목사의 카리스마 넘치는 기운은 사람들이 쉽게 다가서지 못하게 하는 힘이 있었다.)

용기를 내어 T는 강신무 K목사에게 물어보았다. "목사님, 그런데 말입니다. 100년 전 북한의 기독교인들은 모두 천국에 가서 예수랑 같이 있을 텐데 지금 왜 북한은 지옥이 되었지요?"

T의 이 용기 있는 질문에 강신무 K목사는 잠시 멈칫하더니 다음과 같이 일갈했다.

"하나님이 곧 구해주실 거예요. 하나님이 어떤 분이신데 가만두겠습니까?"

이 황당하지만 그럴 수도 있는 대답에 T는 아멘이라고 대답했다.

문제는 그다음 주에 일어났다. 다시 강신무 K목사 옆에서 식사를 하게 된 T는 강신무 K목사에게 물었다.

"북한은 이제 구해주시면 될 것이고, 초대교회의 땅 시리아는 2

천 년이 흐르는 오랜 기간 동안 왜 저렇게 지옥이 되었지요?"

그 순간 태권도 유단자인 목사가 무서운 눈빛을 보이며 다시 말을 던졌다.

"하나님의 일은 이성으로 생각하는 게 아니에요!"

물어본 T가 바보였다. 합리적 이성을 십자가에 못 박으라는 강신무 K목사의 우문현답(?)이었다.

# ❖ 진실로 진실로 너희에게 이르노니

— 지성의 비관주의, 감성의 낙관주의

힘든 순간을 넘어가게 하고 사물에 대한 인식의 한 단계 상승을 가져다주는 T의 좌우명이다. (좌우명 없는 분들에게 저작료 없이 거저 드립니다.)

젊은 날 이탈리아의 사상가 안토니오 그람시의 평전을 보다 그의 좌우명인 '지성의 비관주의, 의지의 낙관주의'를 약간 변형한 것이다.

살아가면서 일상에서는 낙관적인 사고를 유지하지만, 머리를 쓰면서 이성적으로 사물을 대할 때 비관적으로 의심하면서 대상을 보라는 것이다.

과거, 현재, 미래의 절망 속에서 아무것도 안 보일 때 감성적으로는 낙관적인 태도를 가지려고 애썼다.

반대로 머리를 써야 하는 경우에는 비관적으로, 회의적으로 사물을 보려고 했다.

학창 시절에 영어 공부를 할 때에도 남들과 다른 시각으로 영어를 공부했기에 적은 노력으로 출중한 영어 실력을 갖추게 되었고 자살에 대한 고민을 할 때에도 막연하게 자살을 동경하는 것이 아니라 비판적으로 자살의 실체를 알게 되면서 자살을 이겨냈다.

아내를 통해 기독교를 접했을 때도 막연하게 목사들의 말을 어린아이처럼 믿는 것이 아니라 비판적으로 때로는 회의적으로 보게 되었기에 유일신의 실체를 알게 된 것이다.

# 7.
# 종교와 가정 평화
# 그리고 이순신

유신론자 T가 세습무 S목사와의 공룡에 관한 이야기에서 뒤통수를 강하게 맞은 이후 십자가에 못 박았던 대못을 꺼내기 시작하면서 T의 가정에는 피바람이 불기 시작했다. (종교로 인해 불화를 겪는 분들에게 도움이 되는 글입니다. 필히 마음에 새기어 인간이 만든 종교 때문에 가정이 깨지는 일이 없기를 바랍니다.)

여기서 잠깐 마태복음 10장에 나오는 예수의 말을 보자. (가족이라도 다르면 틀리니까 모두 적이 된다고 예수가 말했다.)

34 내가 세상에 화평을 주러 온 줄로 생각하지 말라 화평이 아니요 검을 주러 왔노라 (Do not think that I came bring peace on earth. I did not come to peace but a sword.)
35 내가 온 것은 사람이 그 아버지와 딸이 어머니와 며느리가 시어머니와 불화하게 하려 함이니 (For I have come to set a man against his father, and a daughter against her mother, and a

daughter-in-law against her mother-in-law.)

36 사람의 원수가 자기 집안 식구리라 (And a man's enemies will
be those of his own household.)


　T가 사고 이후 과거·현재·미래의 절망 속에서 인생 밑바닥에 있
던 순간에 그토록 원했던 가정이었는데…. 그 가정이 깨질 수 있는
절체절명의 순간이 흘렀다.

　그놈의 독서가 문제였다. 그냥 바보같이 다른 신도들처럼 목사의
말을 무조건 아멘 하면서 어린아이처럼 믿어야 하는데 세습무 S목
사를 통해 꺼낸 이성의 칼은 다시 세상의 다양한 책을 보게 하여
종교 바보가 되어 가던 T를 깨어나게 했다.

　처음에는 사랑하는 아내를 바꾸어 중세에서 꺼내고 싶었다. (실
제로 많이 바뀌었다.) 심성은 곱지만 불같은 장인의 성질을 물려받아
다혈질인 아내와의 종교 전쟁은 경찰을 부르기도 할 정도로 살벌
한 전쟁이 여러 번 있었다.


　아내의 믿음을 믿으면서 가정 평화를 위해 이성의 눈을 닫은 바
보로 교회에 끌려가 살기엔 T가 가진 양심과 이성이 허락하지 않
았다.

　다혈질인 아내와의 논쟁은 허락되지 않지만, 아내의 눈앞에서 집
에 온 목사들과 여러 번 논쟁이 있었다. 아내도 놀라는 눈치였다.
(현재까지 8전 8KO승이다.)

현란한 세상과 성경 지식에 기반을 둔 완벽한 논리에 목사들은 얼굴을 붉혔다. 그러한 논쟁을 여러 번 관전한 아내는 더 이상 십일조 같은 바보짓을 하지 않는다. 혼자 있을 때에도 기독교 방송을 보지 않는다. 그래도 중요한 결정을 해야 하는 날에는 처녀 시절부터 해오던 방식대로 새벽 기도를 가는 아내는 진정 '호모 릴리지우스'이다. (호모 릴리지우스는 '신을 만드는 종교적 인간'을 의미하며 2장, 공리 1에 나온다.)

아내는 T가 본 여자 중에서 가장 눈치가 빠르고 두뇌회전이 빠른 여자이기에 T는 아내를 가끔 '여자 카이사르'라고 부른다. 이런 아내를 30년 넘게 속인 기독교는 정말로 대단한 종교라고 생각한다.

아내의 입장도 이해한다. 아내 주변의 오랜 시간 동안 관계를 맺어온 모든 사람들이 중세를 사는 기독인들인데 그들에게 신을 안 믿는다고 하면 그 사람들이 아내와의 관계를 유지할까?

반대로 T의 주변에 있는 친구나 선후배 모두 합리적 이성을 근간으로 사는 사람들인데 만약 T가 어느 날 창조론을 믿고 중동 이슬람 국가들과 같은 신정일치사회를 말한다면 T를 인간으로 취급할까?

노병천 씨가 쓴 『명량 진짜 이야기』라는 책이 T에게 길을 보여주었다. 이순신 장군은 전쟁에서 23번을 싸워 모두 이겼다.

그 비결이 무엇일까? 저자 노병천 씨는 이순신 장군 전승의 비결을 이렇게 보았다. "이순신 장군은 질 것 같은 전투는 피했다. 승산이 있을 경우에만 싸움에 임하고 승산이 없을 경우 여건을 만들어 싸웠다. 명량해전은 승산이 없었지만 나라의 운명이 걸린 전투이기에 죽기 살기로 싸워 이긴 것이다." (노병천, 『명량 진짜 이야기』, 바램, 2014. 202p, 17~19)

바로 이것이었다.

어차피 유일신을 구주로 믿는 사람들은 이성적으로는 이길 수 없다. 신을 의심할 자유도 없거니와 자신이 원하는 것만 보고 원하는 것 이외에는 보지 않는다.

이순신 장군의 전략대로라면 아내와 싸워도 안 되고 바꾸려고 해도 안 되는 것이다. "지는 것이 이기는 것이다."가 정답이었다.

이러한 깨달음을 얻은 이후부터 아내를 바꾸려고 하지도 않고 깨우침을 주려고도 하지 않는다. 다만 아내에게 헌법이 부여한 '종교의 자유'가 있는 나라에서 사는 아이들이 나중에 커서 스스로 종교에 대해 결정하게 하자는 당부를 잊지 않는다.

계속되는 종교 갈등을 끝내고 2013년 1월부터 T의 가족은 더 이상 교회에 나가지 않게 되었다. T와 함께 자신도 교회에 안 나가겠다는 아내의 동의가 너무나 반갑고 고마웠다.

아내의 아는 후배에게 아내가 교회 안 나가니 너무 좋다고 했다는 말을 전해들었다. 믿을 수 없는 일이었다. 30년이 넘도록 유일신의 포로로 살던 아내가 교회를 안 나간다는 것은 기적이기 때문이다. 그리고 실제로 2년 반 동안 T의 가족은 교회 근처에 가지도 않았다. 그러나 신에 대한 아내의 반항은 오래갈 수 없었다. (신에 대한 아내의 반항에 대한 이야기는 2장, 공리 2에서 다시 소개한다.)

종교로 인해 가정 내의 불화를 겪는 분들에게 일러드리고 싶습니다.

먼저, 신앙이 있는 가족분들에게 조상은 천국 보좌에 앉아 있지만 현재 지옥인 시리아와 북한의 현실을 말해 주세요. 만약 상대가 젊고 이성적인 면이 있다면 이 책에서 제시하는 신이 인간을 만든 것이 아니라, 인간이 신을 만들었다는 '반론 불가능한' 증거 12가지를 말씀드려도 좋습니다.

하지만 이미 신의 포로가 되어 있는 분에게는 다른 논리적인 설명보다 '약속의 종교' '계시 종교'인 기독교의 과거와 현재라고 할 수 있는 초대교회의 터전이었던 시리아와 해방 전 온전한 기독교 국가였던 북한의 현실만 말씀하세요. 그러면 기독인들은 꼬리를 내립니다.

더 이상 기독인들은 자신의 영적 자부심을 드러내거나 함께 교회 가자는 말 안 합니다. 물론 자신과 다르니까 더 이상 마음의 문을 안 열 수도 있습니다.

그리고 무신론적인 자신의 영적 정체성을 당당히 말씀하세요. 그리고 종교 이야기는 가급적 하지 마세요. 스스로 깨우치기 힘들지만 어떻게 합니까? 함께 살아야 하는 가족이니까 그냥 지켜볼 수밖에 없습니다.

# 8.
## 아내의 허락과
## 경제적으로 독서하기 예고

세습무 S목사 덕에 십자가에 못 박으려던 합리적 이성을 다시 꺼낸 이후 T의 좌우명인 '지성의 비관주의, 감성의 낙관주의'에 따라 '창조적 고민'이라는 암소의 젖을 다시 짜기 시작했다.

기독교가 거짓에 기초했다고 무조건 반대하는 것이 아니라 강신무 K목사의 교회에서 본 불쌍한 성도들이 진정한 안식을 얻을 수 있는 건강한 교회를 고민했다.

그리고 만약 T의 기독교와 종교의 실체와 진실을 밝히는 이 책을 통하여 신을 멀리하게 된 사람(자유를 찾은 사람)이 신의 도움 없이 세상 너머의 세상을 보는 망상 없이 스스로 자기 운명을 개척해 나가는 '실천 가능한' 방법도 알게 되었다. (이 책은 반대만을 위한 책이 아니라 대안이 있는 책입니다.)

1995년도에 있었던 큰 교통사고로 죽음을 겪은 후에 운명의 존재를 알게 된 T는 항상 자신의 생존 이유를 찾고자 했다.

처음에는 영어인 줄 알았다. T만의 독창적인 학습법에 의해 적은 노력으로 영어를 남들보다 잘하게 된 T만의 비법이 있고 지금까지 그 비법을 소개하는 영어책도 여러 권 출간했다. 그럼에도 불구하고 한계가 있었다. 영어 작문과 문법에 있어서는 한국 최고라고 자부하지만 영어 듣기와 말하기가 부족해서 영어는 T의 생존 이유가 아닌 것을 알 수 있었다. 무엇보다도 영어로 날고 기는 사람이 너무 많다.

자살 예방 강연도 존재의 이유가 될 수 있지만 뭔가 부족한 느낌이 든다. 이 일은 T가 늙어 죽을 때까지 할 예정이지만, 사람들이 말로는 중요하다고 하면서 자꾸 피한다는 느낌이 든다. 사람은 자기가 원하는 것만 보기에 힐링, 소통, 자기계발 등의 강연은 찾지만 죽음에 대한 강연은 꺼리는 것이다.

결국 T가 결혼 후 10년 넘게 경험한 기독교와 종교의 진실을 알려 세상에 기여하는 것이 T의 생존 이유라는 생각을 하게 되었다. T처럼 죽음, 초자연적인 세계와 기독교를 깊이 경험한 사람이 세상에 또 있을까?

누구보다도 T가 살아온 길을 알고 있는 아내이기에 2016년 초 아내에게 조심스럽게 유일신에 관한 책을 써도 되는지 물어보았다.

아무리 T가 가진 생각이 세상과 누군가의 운명을 바꿀 수 있는 좋은 것이라도 T가 가장 소중히 여기는 것이 가정이기에 가정이 우선이었다.

**아내가 허락했다!**

아내의 허락을 받은 날 잠을 이룰 수가 없었다. 사고 이후 겪었던 그 죽음의 날들을 생각하면 이제야 T가 '두 번째로 사는' 인생의 의미를 찾은 것이었다.

아내의 허락을 얻은 이후 T는 자신의 영적인 깨달음을 종교에 관심 있는 사람들의 검증을 받기 위해서 인터넷의 각종 종교 카페에 가입을 했다.

순수 기독교 카페에 글을 올리면 바로 다음 날 '마귀야 물러가라'라는 댓글이 달리고 강제탈퇴가 되었다. 다르면 틀리다고 믿는 '다틀교'의 속성상 자신들과 다른 세상을 사는 T가 그들에게는 마귀였다.

그래서 기독교 안티 카페나 기독인과 안티와의 대화를 도모하는 여러 카페에 가입을 했다. 글을 올리면서 너무나 행복했다. 왜냐하면 그동안 T가 깨달은 진실들을 다른 많은 사람들에게서 인정을 받기 시작했기 때문이다.

T가 글을 올리면 많은 이들이 좋은 글 감사하다는 말로 T를 응원했다. 특히 어떤 나이 드신 분은 자신은 모태신앙이고 사람들 앞에서 자신보다 더 예수 열심히 믿은 사람이 있으면 나와 보라고 할 정도의 신실한 기독인이었는데 요즘 교회를 안 나가고 유일신에게서 벗어나서 너무 행복하다는 글이 감동적이었다.

원래 T는 이미 합리적인 이성을 십자가에 못 박고 인간이 만든 신의 노예가 된 기독인들은 구제불능이라 생각했었다. 그래서 T의 책은 아직 유일신의 존재를 모르는 젊은 세대들을 초점으로 잡으려고 했었다.

그런데 나이 드신 분도 바뀔 수 있다는 가능성을 보고 많은 보람과 사명감을 느꼈다. 종교에 관심 있는 네티즌들의 좋은 반응은 다시 T에게 새로운 희망을 갖게 하였다.

그런데 이 책을 읽는 독자가 주목할 점은 인생의 고비마다 T를 구한 것이 있었다는 것이다. 첫 번째 만난 자살이라는 악마와 싸울 때에도 있었고, 두 번째 큰 악마인 유일신과 싸울 때에도 있었다. 그리고 가정의 평화를 구할 때에도 있었다.

바로 T의 운명을 바꾸는 좋은 선택을 가능하게 했던 '책 읽기'였다.

T가 만약 책 읽기를 하지 않고 주어진 환경에 수동적으로 살았다면 결혼 전에 과거·현재·미래의 절망 속에서 자살을 했거나 결혼 후에 만난 인류 최악의 발명품인 유일신 사상(monotheism)의 노예가 되어 있었을 것이다. 정말로 생각만 해도 끔찍한 일들이다.

물론 독서가 만병통치약은 아니다. 왜냐하면 3대가 믿음을 지킨 집안에서 태어나 모태신앙이고 나이 50이 되도록 믿음을 지킨 R고등학교 수재였던 친구 H도 1,000여 권의 장서를 자랑하는 독서광이기 때문이다.

책을 많이 보면서도 유일신 사상의 허구를 깨우치지 못하는 이유는 무엇일까? 그것은 그들 부모의 잘못된 선택으로 인해 어릴 적부터 중세신앙의 시대를 살아왔기 때문이라고 생각한다. 즉, 합리적 이성을 십자가에 어릴 적부터 못 박았기 때문이다. (부모의 선택이 자식의 운명을 바꾼 것이다.)

그런데 2009년 어느 날 독서를 하면서 회의감이 생긴 적이 있다. 귀중한 시간을 들여 책을 본다 해도 망각의 동물인 인간이기에 어차피 잊어버리고 마는 것이 아닌가?

다시 '지성의 비관주의, 감성의 낙관주의'라는 T의 좌우명에 따라 '창조적 고민'이라는 암소의 젖을 다시 짜기 시작했다. 결과는 대성공이었다.

누구나 납득할 수 있고 쉽게 따라 할 수 있는 합리적이고 경제적인 독서법을 고안했다. 시간 낭비 없이 자신이 귀중한 시간을 들여 접한 가치 있는 정보나 지식을 머릿속에 가두는 획기적이지만 누구나 납득할 수 있는 방법이다.

독서가 중요한 줄은 누구나 알지만 많은 사람들은 독서 외에도 할 일이 너무 많기에 시간이 절대적으로 부족하다(고 주장한다).

시간이라는 경제적 자원이 한정되어 있고, 읽는다 해도 인간이기에 다 잊어먹게 마련이다. 시간이라는 자원이 부족하고 망각할 수밖에 없는 인간이라는 두 가지 제약 조건을 극복하는 법이 T가 고안한 '경제적으로 독서하기'이다.


짧게 그 비결을 엿보면 다음과 같다. 농부가 여름 내내 고생하여 거둔 곡식을 만약 집 마당에 쌓아두기만 하면 귀중한 곡식은 바람에 날려가거나 도둑이 훔쳐가거나 들짐승이 먹어 치운다. 그래서 농부는 곳간을 만들어 곡식을 보관한다.

마찬가지로 책이나 매체를 통해 좋은 정보나 지식을 그냥 보고 느끼기만 하면 어차피 시간이 지나면 모두 망각의 강으로 흘러가 버린다. 이를 막기 위해서는 농부가 곳간을 만들어 곡식을 지키는 것처럼 '지식 곳간'을 만들어야 한다. 지식 곳간을 만들면 귀중한 시간을 들여 접한 정보나 지식이 모두 자기 것이 될 수 있다.

이 책의 마지막에 가면 세상 너머의 세상에 대한 망상을 버린 독자의 삶을 바꿀 '경제적으로 독서하기'가 소개된다.

시간 낭비 없는 독서와 지식 쌓기를 통하여 독자는 무엇보다도 항상 배우는 자세를 유지하면서 하루하루 더 현명해지게 된다. 더 현명해진 독자는 더 현명한 선택을 하여 자신의 삶을 보다 좋은 방향으로 스스로 일구어 나가게 되는 것이다.

# 9.
# 극복 못할 절망은 없다

극복 못할 절망은 없다!

아내의 허락을 받은 후 책 집필을 시작했다.

지난 세월 지옥 같았던 순간들이 유일신 종교의 진실을 알려 인류 평화를 지키고 누군가의 운명을 바꿀 수 있는 책을 쓰고 있다고 생각하니 책을 쓰는 순간은 너무나 행복한 시간이었다. 책을 완성하는 데에는 많은 시간이 걸리지 않았다. 세습무 S 목사에게 뒤통수를 얻어맞은 이후 T의 주특기인 '창조적 고민'과 종교에 관한 의문 해소를 위한 독서를 계속 했고 무엇보다도 T만의 독창적인 독서법으로 T가 본 책의 내용을 숙지하는 효율적인 독서 장치가 있기 때문이었다. (마지막 장 '경제적으로 독서하기' 참조하세요.)

책 완성 후 처음 원고를 본 법조인 친구는 세상을 뒤집을 책이라고 하면서 명예훼손과 관련된 법적인 조언을 해 주었다. (이 친구의 조언 때문에 명예훼손 방지를 위해 한국의 성공한 목사들 실명을 대신해서 북한의 지도층 이름을 이용했다.)

그리고 저자이시면서 강연 활동을 하시는 C선생님은 '근래에 보기 드문 좋은 책이다'라고 극찬을 해 주셨다.

누구나 이해하기 쉽고 흥미롭게 단박에 읽을 책을 쓰는데 주력을 했기에 세상에 내놓을 만하다는 자신이 생겼고, 드디어 여러 유명 출판사에 출간 의뢰를 했다.

그러나 돌아오는 답은 모두 출간 거절 이었다. "원고는 좋은 데 출판사와 입장이 다릅니다."라는 같은 거절 내용이었다. 이미 사회의 큰 권력으로 자리 잡고 있는 거대 종교의 진실을 밝히는 책 내기를 꺼리는 것이었다. 충분히 이해가 가는 거절이었다.

'세상에서 가장 힘든 일은 자신이 겪은 고난이 아무 의미가 없다는 것을 알 때이다.' 라는 빅터 프랑클의 말이 생각나는 순간이었다.

종교로 인해 싸우는 인류에게 평화를 안겨주고 누군가의 운명을 바꿀 수 있는 책이라 생각했지만 세상에 나올 길이 막힌 것이었다.

암담한 순간이었다. 설상가상으로 심각한 좌절 속에 찾은 집 근처 야산에서 발을 헛디뎌 발목을 크게 삐었다. 정말로 포기하고 싶은 순간이었다.

몸은 정상이 아니고 마음도 찢겨진 그 순간 힘들어 하는 T를 잡아준 것은 가족이나 친한 친구가 아닌 T가 학생들 앞에서 하던 T의 강연 내용이었다. (T의 강연 제목은 '극복 못 할 절망은 없다'이다.)

내일 일은 알 수 없으니 어떠한 고난이 있더라도 절대로 포기하지 말고 그저 물 흐르는 대로 가라는 T의 강연 내용은 다시 T에게 굳은 삶의 의지를 안겨 주었다. 잠시 몸과 마음을 추스르고 독일의 철학자 니체(1844~1900)를 생각했다.

목사인 아버지, 할아버지, 외할아버지를 둔 니체가 현재까지 독일어로 출간된 책 중에서 가장 많이 팔렸다는 '짜라투스트라는 이렇게 말했다'를 집필하고 출판사에 출간 의뢰를 했을 때 모두 거절당했다고 한다. 하는 수 없이 니체는 자비로 28권을 출간했고 결국 현재까지 세계인에게 널리 읽히는 인류의 고전이 되었다.

T도 니체가 했던 방식대로 자비 출간을 하기로 마음먹었고 의뢰한 첫 번째 출판사에서 바로 계약을 하자는 연락이 왔다.

다행히 실력 있는 좋은 출판사와 인연이 닿아 종교의 진실을 밝히고 종교에서 벗어난 인간이 스스로 자신의 운명을 개척해 나가게 하는 세상에 없던 책이 태어나게 되었다.

내심으로는 지루한 니체의 책이나 다소 어려운 도킨스의 책들보다 쉽고 재미있는 책이라고 생각했기에 많은 기대를 했으나 주변에는 그저 T의 책을 읽고 한 가문이라도 구원을 얻으면 족하다는 말을 했다. (진실로 한 가문이라도 이 책으로 구원을 얻는다면 지난 T의 고난이 열매를 맺는 것이다.)

그리고 책 출간 후 실제로 구원을 얻은 가문이 등장하기 시작했다.

# 10.
# 30년 만에 만난 친구,
# 책 한 권에 무너지다

    책을 집필하기까지 오랫동안 갇혀 있었던 '글 감옥'에서 나와 지역 축제에 나들이를 가게 되었다. 축제장을 돌아보던 중 누군가 아는 척을 했다. 다시 보니 졸업 후 30년 만에 보는 고등학교 친구였다.

    서울의 중견 건설 회사의 이사가 된 친구도 마침 휴가라 지역 축제에 왔다는 것이었다. 오랜만에 만난 친구와 이런저런 이야기를 나누던 중 이 친구가 성도가 3천 명이 넘는 대형 교회의 집사라는 것을 알게 되었다.

    종교(특히, 유일신교)에 미치면 대대로 알거지가 된다는 것을 누구보다 잘 알기에 친구에게 기독교의 진실에 대한 이야기를 해 주었다. 하지만 이미 합리적 이성을 못 박은 친구에게는 소귀에 경 읽기 였다.

    친구랑 헤어지면서 T가 쓴 책을 보내 주기로 하고 즉시 책을 친구에게 보내 주었다. 친한 친구는 아니었지만 학창시절 조용하고 착한 친구였기에 친구 가문에 진정한 도움을 주고 싶었다.

친구가 T의 책을 읽고 어떤 반응을 보일지 궁금했지만 이미 정상인과 다른 친구의 눈빛은 T의 마음을 내려놓게 했다.

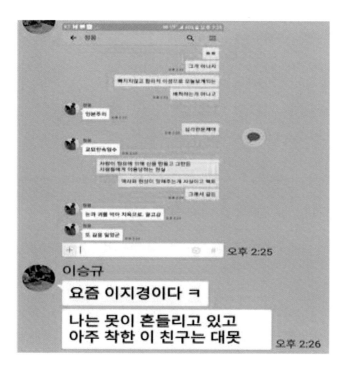

책을 보낸 후 친구의 심경을 알 수 있는 메시지가 도착했다. T의 책을 읽고 나서 친구는 십자가에 못 박았던 합리적인 이성이 흔들리고 있었고 주변 중세인들에게 책 내용을 이야기 했을 때 주변의 중세인들은 이성을 십자가에서 빼내고 있는 친구를 마귀 취급한다는 것을 알 수 있었다. 친구는 과연 중세에서 벗어날 수 있을까?

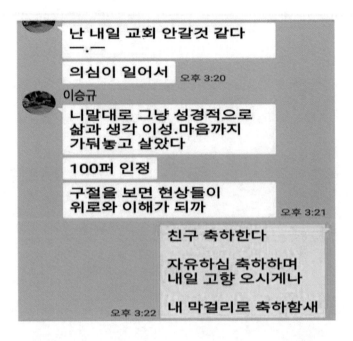

난 내일 교회 안갈것 같다
ㅡ.ㅡ

의심이 일어서    오후 3:20

이승규

니말대로 그냥 성경적으로
삶과 생각 이성.마음까지
가둬놓고 살았다

100퍼 인정

구절을 보면 현상들이
위로와 이해가 되까    오후 3:21

친구 축하한다

자유하심 축하하며
내일 고향 오시게나

오후 3:22    내 막걸리로 축하함새

　　다시 며칠 뒤에 온 메시지에서는 친구가 드디어 유일신 종교인
기독교에서 벗어났음을 확인할 수 있었다. 친구는 가깝게 지내던
교회 성도들을 구원해 주고 싶어서 책을 추천했지만 그들은 애써
피하더라고 친구는 전했다. 이미 인간이 만든 유일신의 노예가 된
그들은 자신이 원하는 것만 보려할 뿐이지 보고 싶지 않은 것은
피하려고 하기 때문이었다.

　　몇 달이 지난 후 친구에게 조심히 물어 보았다. (착한 이 친구가 다시
신의 노예가 되어있을 수도 있기에 친구의 상태를 물어 보는데 조심스러워야만 했다.)

　　다행스럽게도 완전한 자유를 얻고 행복해하고 있음을 알았다.

나중에 친구에게 책의 어떤 내용이 친구의 마음을 돌리게 했는지 물어 보았다. 친구 말이 기독교 목사들이 설교 시간에 항상 제시하는 참된 기독인의 전형인 초대 교회 기독인들과 해방 전 까지 기독교 국가였던 북한에서 기독교 믿음을 지켰기에 죽은 후 분명히 천국에 가 있을 믿음의 조상들이 천국에 간 직후 현재까지 거지나 노예로 살고 있는 후손들을 천국에서 보고 있는 사실이 친구에게는 큰 충격이었다고 했다.

기독교 목사들이 그토록 따르라고 하는 초대 교회는 현재 내전으로 지옥이 된 시리아 땅이고 시리아 수도인 다마스쿠스는 성경에 나오는 믿음의 땅 다메섹이다. (자세한 내용은 3장 기독교 천국의 저주 참고하세요.)

## 11.
## 살림 적자가 나도 십일조 내던 여자,
## 인생의 터닝 포인트

책을 읽은 지인들의 많은 격려와 찬사가 이어졌다.

하지만 책은 세상의 등불이 되지 못 한 채 바람에 꺼져가는 촛불처럼 위태로운 지경이 되고 있었다. 그 이유를 군대 생활을 함께 했고 책에 대한 소양이 깊은 국문학 박사인 J형이 알게 해 주었다.

먼저 시각적인 것에 익숙한 현대인이 보기에 그림 한 장 없는 책의 단조로움과 북한과 시리아의 믿음의 조상들과 노예가 된 후손들 이야기가 반복되어 책의 완성도가 떨어진다는 J형의 솔직한 지적은 T를 부끄럽게 했다.

수준 낮은 책을 세상에 내어 놓고 말로는 100년 이상 가는 책. 세상에 없던 책을 떠들어댔으니 할 말을 잃게 만들었다. (이 책에서 본의 아니게 반복되는 것들로 인한 순간의 짜증이 결국에는 독자님의 가문을 지키는 밀알이 될 수도 있습니다. 본의 아니게 반복되는 내용은 반드시 마음에 새겨야 교회나 종교장수들에게 속지 않습니다.)

다시 개정판에 대한 욕심을 꿈꾸던 중 독자의 메일을 한 통 받았다.

가계부가 적자가 나도 돈을 박박 긁어 어떤 일이 있어도 십일조를 내야만 했던 열성 기독교인이었다고 한다. 그런데 T의 책을 읽고 부부가 큰 깨달음을 얻고 인생이 바뀌었다는 메일을 소개한다. (메일 앞부분에 나오는 여인의 신앙 여정은 생략하고 중간 글부터 소개한다.) T가 책을 통해 의도하였던 것을 제대로 받아들이신 분이시다.

일단 님의 책을 읽고 짜릿한 쾌감을 느꼈습니다. '신은 결국 인간이 만들어 낸 거니까 이제 신 따위에 의지하지 않고 내 인생 내가 주체적으로 소신껏 살아가자!'라는 생각이 들면서 너무 큰 자유와 해방감을 맛보았습니다.

너무나 멋진 어록들. 그리고 세계사와 역사에 대한 내용들을 보면서 세계사에도 관심이 생기고 처음으로 독서에 대한 흥미를 느꼈습니다. 외적인 성향을 가진 저인데 이제 뭔가 내적인 힘이 길러진 거 같고 혼자 조용히 독서하는 시간을 즐길 수 있을 것 같아서 너무나 감사합니다.

님의 책을 통해 이젠 정말 신이 없다는 걸 알기에 제 스스로를 믿고 인생을 멋지게 개척해나가며 제 운명을 아름답고 멋지게 장식해나갈 수 있을 것 같습니다. 제게 너무나 값진 책이고 제 인생의 터닝 포인트가 될 책입니다.

오늘 먼저 모태신앙인이지만 믿음이 거의 바닥수준인 저의 사랑하는 친구에게 제가 읽은 이 책을 사랑의 편지와 함께 전달했습니다. (그 친구는 본인의 믿음이 바닥인 것에 대해 늘 안타까워하며 삶에 많이 지쳐있고 우울감이 있는 친구입니다. 그냥 모태신앙인이기에 습관석으로 남편과 함께 주일예배만 참석하는) 그 친구도 저처럼 이 책을 통해 합리적인 이성과 사고를 통해 꼭 기독교라는 모태신앙의 굴레에서 벗어나 자유의지를 갖고 인생을 멋지게 살 수 있는 용기를 가지게 되었으면 좋겠네요. (T: 있지도 않은 천국에 목매달고 한 번뿐인 이 세상을 인간이 만든 거짓 신의 노예로 사는 것이 얼마나 큰 비극인가?)

이 친구를 시작으로 주위에 많은 기독교 지인들에게 이 책을 널리 전파하겠습니다. 그리고 그 후기도 메일로 보낼게요.

오늘도 운동을 마치고 와서, 집안 청소를 끝내고, 따뜻한 아메리카노 한잔에 책 한권을 꺼냈습니다. 이젠 책읽기를 통해 신랑과도 대화가 잘 통할 것 같습니다.

이젠 제가 변화되어 독서를 통해 신랑과 깊이 있는 많은 대화를 할 수 있을 것 같아 기대가 됩니다. 어제 저희 신랑과 님 책을 읽고 나서 잠자리에 누워서 이런 저런 대화를 하다가 저희 신랑이 남긴 멋진 어록 하나 남겨드리며 이만 끝낼께요.

"아는 게 많아지면, 두려울 게 없다."

(T: T도 신은 인간의 망상이라는 것을 깨닫고 자유함을 느꼈지만 인간이기에 막연한 두려움이 있었다. 그러나 그 두려움을 없애기 위해 더 많은 독서를 했고 독서를 하면 할수록 신에 대한 두려움은 갈수록 없어지고 진정한 평화와 자유를 향유하게 되었다. 이 글을 지금 읽는 독자도 두려움을 느낀다면 그럴수록 이 책을 반복해서 여러 번 읽길 권한다.)

최근 T의 책을 읽고 자유함을 얻은 30년 전 고등학교 친구를 만나 식사를 함께 했다. 이제 완전히 신의 굴레에서 벗어난 친구가 누리는 행복을 보고 많은 보람을 느꼈다.

이처럼 자유함을 얻고 행복한 삶을 누리기 시작하는 사람이 여럿 생겼지만 T는 여전히 많은 배고픔을 느낀다.

책의 문제점을 제대로 지적한 J형의 충고를 반영하여 지금 이렇게 책을 개정하는 이유는 T의 이 얇은 책을 통하여 더 많은 사람들을 진정한 행복으로 이끌고자 하는 바람이 생겼기 때문이다. (한 권의 책이 누군가의 운명을 바꿀 수 있다.)

T가 가진 가장 큰 꿈은 죽기전에 자서전을 남기는 것이다. 절대로 포기하지 않고 살아서 인류 평화에 기여하고 누군가의 운명을 바꾸는 T의 삶을 읽는다면 절망에 빠져 삶을 포기하려는 자에게 큰 희망을 줄 것이기 때문이다. (그 전에 이 독자 분처럼 이 책을 통하여 구원을 얻은 이들의 수기를 모아 책을 만들고 싶습니다. 이 책을 읽고 진정한 자유를 찾은 분들은 T에게 메일(tparadox@hanmail.net)로 자신의 경험을 알려주세요. 누군가의 삶을 바꾸고 가문을 구할 수 있습니다. 사업 비밀이 누설되어 지금 분노하시는 종교 장수 분들도 메일 주세요. 책이 더 재미있을 것 같습니다.)

# ❖ 진실로 진실로 너희에게 이르노니

— 다양성과 관용

2016년 방영된 EBS의 다큐멘터리 '강대국의 비밀'은 오늘을 살아가는 사람들에게 많은 교훈을 전해주는 좋은 프로그램이었다. 이 프로그램은 역사상 세계를 지배했거나 지배하고 있는 강대국들인 로마·몽골·영국·네덜란드·미국 등 다섯 나라의 사례를 통해 강대국이 되기 위한 필요조건을 찾는 내용이다.

한니발과의 전쟁에서 풍전등화와 같았던 로마가 궁극적으로 이긴 원인은 무엇일까? 10만 병력에 불과했던 몽골이 광활한 제국을 형성할 수 있었던 이유는 무엇일까? 변방에 불과했던 영국이 스페인 무적함대를 물리쳐 세계 역사를 바꾸고, 경상도보다 조금 더 큰 네덜란드가 17세기 경제적 초강대국이 된 것은 왜일까?

답은 '다양성'과 '관용'이었다.

'다른 생각'을 허용하고 성공 경험을 과감하게 포기할 줄 알며 새로운 것을 받아들이는 능력과 어제의 적도 동료 시민으로 받아들이는 포용이다. 로마는 패한 적들을 로마 시민으로 삼았고, 속주 출신이 로마 왕이 되기도 했다. (일제 강점기 조선인이 일본의 수상이 되는

격이다.)

이러한 사실은 인류 최악의 발명품인 유일신 사상(monotheism)의 '다르니까 틀리다' 일명 다틀교를 믿는 기독인들이 새겨 볼 내용이다. 다양성과 관용은 현대 민주주의 사회의 기본적인 가치라고 할 수 있다.

그런데 현재 이 가치를 무시하고 사는 사람들이 있다. 바로 유대 민족의 유일신 사상을 믿는 다틀교인 기독교도와 이슬람교도 들이다. 자기들이 가진 신앙만이 '어떠한 경우에도 옳은' 절대선(絕對善)이고 자기들과 조금이라도 다른 것들은 모두 악한 것들이므로 제거의 대상으로 본다.

유일신을 구주로 알고 믿는 사람들은 '종교의 자유'에 의해 다른 종교를 인정해야 하는 현대 다신교 사회를 부정한다.

만약 세상 사람들이 종교에 의해 구분되고 종교에 의해 서로 싸운다면 그 세상은 다시 중세 지옥이 되는 것이다.

오랜 기독교 경험을 통해 기독교인들은 바뀌기 힘들다는 것을 안다. 하지만 아직 유일신의 진실을 모르는 젊은 세대들에게 유일신의 진실을 알려 어떤 종교도 다른 종교를 무시할 권리나 자격이 없다는 것을 알려 다양성과 관용이 존중되는 사회 창조에 기여하고 싶다.

## ❖ 진실로 진실로 너희에게 이르노니

— 고대 세 민족의 생활 규범과 도대체 정의란 무엇인가?

『로마인 이야기』의 저자 시오노 나나미 씨는 자신의 책에서 서방의 고대인들 중 자신의 문자가 있고 문명 국가였던 나라들을 이야기한다.

자신들의 문자가 있고 나름대로의 문명이라는 것이 있었던 고대 서양 문명국가였던 그리스는 철학을, 로마인은 법을, 유대인은 신앙을 자신들 삶의 규범으로 했다.

이 세 나라를 제외한 대부분의 유럽 국가들은 문자나 정치 체계도 없는 야만 국가였다. 그나마 덜 야만 국가였던 프랑스조차도 그때까지 살아있는 산 사람을 제물로 바쳤는데 카이사르가 금지시켰다고 한다. 영국을 비롯한 유럽의 야만 국가들은 카이사르가 이끌던 로마에 의해 앞선 그리스 로마 문명을 전수받고 문명 세계의 기본을 만들었기에 현대 유럽은 카이사르가 창조한 것이나 다름없다고 많은 역사학자들이 말한다.

그런데 철학은 그 내용을 이해해야 하는데 모든 사람들이 다 이해하지 못하고, 신앙은 모두 믿어야 하는데 믿지 않는 사람들이 있게 마련이다. 그러나 법은 배운 사람이나 못 배운 사람이나 종교가 있거나 없거나 부자나 가난한 자나 모두 따라야만 한다. 결국 법에 기반을 둔 삶을 살았던 로마가 세계를 제패했다는 것은 주지의 사실이다.

인간이 신을 만들었기에 만들어진 신이라도 있다고 믿기에 유신론자가 된 T는 롤스의 『정의론』이나 마이클 샌델 교수의 『정의란 무엇인가』라는 책을 아직 읽지 못했다. 대신에 세계사에 관심이 많아 역사 속에서 정의가 무엇인지를 확인할 수 있었다.

세계사에 대한 연구와 인간 삶에 대한 고찰을 통해, 유신론자 T는 인류를 잘살게 하고 인류 문명이 계속 발전하기 위해서 필요한 정의는 '법치주의'라는 것임을 깨달았다.

법치주의(法治主義)란 말 그대로 법이 다스리는 삶을 의미한다. 250년 전 계몽주의 철학자 루소가 "법이 다스리는 모든 나라는 공화국이다."라고 했다. 거의 모든 나라 이름에 공화국이라는 이름이 있으므로 세상은 법치주의가 실현되어 정의로운 국가여야 하나 실상은 그렇지가 못하다.

해방 전 기독교 국가였던 북한의 정식 명칭이 조선민주주의 인민 공화국이고, 2000년 전 초대교회의 땅 시리아도 나라 이름에 공화국(republic)이라는 말이 들어간다.

시리아의 공식 명칭은 Syrian Arab Republic이다. (두 나라 모두 백성은 개돼지이지만 지배자가 부귀영화를 누리고 아들이 그 지위를 세습했다.)

백성이 개돼지로 사는 두 나라를 보면 무조건적인 법치주의가 아니라 민주주의가 기본 전제 조건이 되어야 한다. 민주주의가 정착되고 인권이 존중되는 나라에서 민주적 절차에 의해 법이 만들어지고 그 법에 따라 사람들이 살게 하는 것이 바로 정의(正義)인 것이다.

그런데 슬프게도 현재 민주주의의 핵심 가치인 '다양성'과 '관용'을 무시하는 사람들이 있다. 바로 유일신을 믿는 사람들이다.

유일신을 믿는 자신들과 사상은 '어떠한 경우에도 옳은' 절대선(絕對善)이기에 다른 사람들의 신앙이나 생각은 모두 틀린 것으로 본다.

결론적으로 민주주의와 법치주의를 근간으로 하는 사회를 이 땅에 이루기 위해서는 더 많은 사람들이 세상 너머의 세상에 대한 망상과 유대 유일신의 실체를 알고 다양성과 관용을 존중하는 민주 시민으로 거듭나야 할 것이다.

T는 이 얇은 책이 유일신의 실체를 알려 더 많은 사람들이 함께 자유 민주주의 사회를 이루어 가는 데 도움이 되기를 간절히 소망한다.

# ❖ 진실로 진실로 너희에게 이르노니

— 사마천이 본 바른 세상

T가 대학에 다닐 때까지만 해도 사회의 타당한 구조가 자본주의냐 사회주의냐 하는 논쟁이 있었지만, 소련과 동구권의 몰락으로 이제는 자본주의에 바탕을 둔 자유 민주주의가 세상의 대세가 되었다.

T가 존경하는 중국의 역사가 사마천은 2천 년 전에 이미 자본주의가 더 나은 체제임을 그의 책에서 밝혔다.

2천 년 전, 한 무제의 절대 왕정 국가에서 살았던 사마천은 그의 저서 『사기』의 화식열전(貨殖列傳)에서 다음과 같은 말을 했다.

"최선의 위정자(爲政者)는 백성의 마음에 따라 다스리고, 차선(次善)의 위정자는 이익을 미끼로 해서 백성을 인도하고, 그다음의 위정자는 도덕으로 백성을 설교하고 또 그다음의 위정자는 형벌로 백성을 다듬어 가지런히 하며 최하의 위정자는 백성과 다툰다."

— 사마천, 『사기열전』, 삼성출판사, 1999. 553p

공화정이나 민주정과 같은 정치 체제를 꿈도 꿀 수 없는 2천 년 전 중국이기에 그는 위정자라는 말을 썼지만, 현대적으로 말을 바꾸면 '정치체제'라고 할 수 있다. 그가 인간에게 가장 유익한 제1로 본 체제는 백성의 마음에 따라 다스리는 것, 즉 자유민주주의라 할 수 있다. 그리고 제2로 본 체제는 이익을 미끼로 다스리는 것, 즉 자본주의이다.

1990년대 동서 냉전이 끝나면서 세계는 자본주의 체제를 기반으로 하는 자유 민주주의가 정답이라는 것을 알게 되었다. 제3체제부터는 인간에게 도움이 안 되는 것들을 언급하고 있다. 도덕으로 설교하는 체제는 조선 시대의 유교 사회나 중세 유럽의 기독교 중심 체제이다. 이러한 종교 중심 체제는 종교 장사꾼들인 사제에게는 천국이요 일반 백성은 개돼지로 사는 세상임이 역사적으로 입증되었다.

제4체제는 진시황이 법가 사상으로 백성을 쥐어짰던 체제이고 최악의 체제인 백성과 싸우는 체제는 한국의 일제 강점기나 군사 독재 정권이다. (왕정이 당연시 여겨졌던 2천 년 전 이미 인간에게 복된 체제를 간파한 사마천은 진실로 천재라 할 수 있다. 서양의 천재인 카이사르가 사마천과 동시대를 잠시나마 산 것은 기가 막힌 우연이다.) 사마천이 으뜸으로 꼽은 자유 민주주의 체제는 '다양성'과 '관용'이라는 핵심 사상을 근간으로 한다. 다른 사람의 가치와 선택을 존중하는 것이 중요한 것이라는 말이다. 그러므로 다른 사람의 종교를 인정하지 않는 유일신 사상은 자유민주주의 사회에서는 해로운 존재가 될 수 있다.

다시 한 번 T의 이 얇은 책이 유일신 사상의 진실을 세상에 알려 '다양성'이 존중되는 참된 '다신교' 세상을 만드는 꿈을 꾼다.

# II

## 세 개의 공리와 기독교

T가 세습무 S에 의해 뒤통수를 맞은 후 세계사에 대한 연구를 하면서 두 가지 큰 의문이 생겼다.

가장 의문스러운 것은 왜 기독교 종교 장수들이 설교 시간에 그토록 따르라고 하는 믿음의 조상들을 가진 후손들은 조상이 천국에 간 이후부터 현재까지 한 번도 정상적인 삶을 살지 않고 세상의 거지나 누군가의 노예로 사느냐이다.

예수는 자기만 믿으면 후손들까지 복을 받는다고 했지만 역사는 그 말이 새빨간 거짓말임을 증명해주었다. (3장 기독교 천국의 저주 참고하세요.)

두 번째 의문점은 기독교 신자가 천국만 가면 그 후손들은 모두 영원히 거지나 노예로 사는 것을 알게 해 주어도 대부분의 기독인들은 전혀 자신의 종교나 신에 대해 의심을 하지 않는 가였다.

이 장은 이 두 가지 의문에 대한 답을 제공해 주는 장이다.

그리고 T는 이 책을 시작하면서 나름대로 두 가지 원칙을 세웠다.

첫째, 논리나 이성이 통하지 않는 기독인들을 위하여 보다 더 객관적이고 합리적으로 이야기를 풀어가고자 하는 것이었다.

둘째, 단지 신과 종교의 진실을 알리는 것뿐만 아니라 신과 종교의 허울에서 벗어난 인간이 어떻게 살아가야할 지에 대한 대안을 제시하는 것이었다.

특히 첫 번째 원칙을 따르기 위해서 주로 경제학에서 논리 전개를 위해 사용되는 공리(公理, axiom)에 입각한 이야기를 하고자 한다.

공리란 증명 없이 바르다고 하는 명제, 즉 조건 없이 전제된 명제이다. 예를 들어 '해는 동쪽에서 뜬다'라는 명제는 굳이 증명할 필요가 없는 명제이다.

그리고 유신론자 T는 세습무 S목사에 의해 정신을 차린 후 오랜 연구 끝에 기독인의 신앙 형성 3단계 과정을 알게 되었다.

1단계, 인간이 자신의 희망 사항이던 신을 만든다. (신이 자신의 형상대로 인간을 만든 것이 아니라 인간이 자신의 희망대로 신을 만든 것이다. 만들어진 신이기에 자신의 추종자들이 천 년 동안 서로 싸우고 죽이는 것을 말리지 않는다. 그리고 천국에 있는 믿음의 조상들을 가진 지상의 후손들이 지상에서 영원히 거지나 노예로 살도록 내버려 두는 것이다. 신은 희망사항이다.)

2단계, 합리적 이성을 십자가에 못 박는다. (T는 이 직전 단계에서 탈출했다.)

3단계, 인간이 만든 신의 노예가 되어 행복하다고 스스로 노래한다.

이 기독교 신앙 형성의 세 단계는 이 장에서 소개되는 세 가지 공리와 궤를 함께 한다. 그리고 이 장에서 소개되는 세 가지 공리 자체가 하나의 영역을 개별적으로 이루는 것 같지만 결국 기독교의 불편한 진실이라는 한 길로 이어진다.

# 1.
## 첫 번째 공리(公理):
## 사람은 자신이 원하는 것만 본다

많은 사람들이 긍정의 힘을 말한다. 특히 기독교 목사들은 유일신이 도와주실 것이라는 자신의 희망 사항을 더하여 유독 긍정의 힘을 강조한다.

T도 힘든 시절에 좌우명에 따라 긍정적인 마음이 많은 도움이 되었던 것을 기억한다. 그러나 막연한 긍정의 힘은 자칫 돌이킬 수 없는 나쁜 결과를 가져올 수 있기에 T는 다른 식의 접근을 주장한다.

'사람은 자기가 원하는 것만 본다.'는 카이사르의 말대로 근거 없는 희망 사항을 현실로 오해하여 때로는 부정적인 결과를 초래할 수 있다. 자기가 원하는 것만 보는 것이 아니라 최악의 상황을 고려해야만 어떤 일이든 실패가 작아지는 것이다.

막연한 낙관론에 기댄 근거 없는 자기 최면을 가지고 많은 사람들이 각종 사업을 시작한다. 그러나 국세청 통계 연보에 따르면 자영업자 폐업률은 85%이다. 최근 보도에 따르면 자영업자 3년 생존율은 15%라고 알려져 있다.

사업이 잘될 것이라는 희망 사항을 가지고 시작하지만 자신들의 긍정적 전망과 달리 다수의 자영업자들의 사업은 망한다는 말이다. 그러므로 막연한 긍정의 힘 대신에 '방어적 비관주의'가 필요하다.

방어적 비관주의는 앞으로 일어날 일에 대한 기대치를 낮추고 발생 가능한 모든 일을 상상해보고 검토하는 것이다. 다시 말해서 어떤 일을 추진할 때 지금 자신이 원하는 것만 보는 것인가 하고 자신에게 반문할 때에 보다 좋은 결과를 얻을 수 있다는 말이다.

카이사르의 이 말은 T에게 인간이 왜 신을 만들었는지에 대한 가르침뿐만 아니라 인간의 정신세계와 관련된 많은 일들을 설명해 주는 말이다. 강신무 K목사의 교회에서 유신론자 T에게 신에 대한 깨달음을 준 이 말을 명심하면 독자의 삶에 많은 이득이 될 것이라고 생각한다.

다시 말해서 세상 너머의 세상에 대한 망상을 갖는 것만큼이나 방어적 비관주의 없이 막연하게 긍정의 힘에 의지하는 것도 위험할 수 있다는 말이다.

인류 역사상 인간성에 대한 가장 통찰력 있는 카이사르의 이 말 한마디로 설명되는 인간이 만든 종교와 관련된 이야기들을 소개한다.


### (1) 인간과 종교의 탄생

많은 고고학자들이나 역사학자들이 모든 민족들이 종교를 가지고 있다고 말하는 점에 주목해 보자. 지진이나 홍수 같은 무자비한 자연재해의 힘 앞에 속수무책으로 당할 수밖에 없던 약한 인간

을 과학이 지켜주지 못했던 시대의 사람들은 강력한 절대자가 우주에 존재하고 자신을 지켜주길 원했을 것이다

저명한 심리학자 프로이트가 말하길 종교는 심기가 허약한 사람들의 환상 또는 환각적 믿음이라고 했다. 과학이 인간의 안위를 지켜주지 못했던 시절에 약한 인간은 누군가 자기를 지켜주길 원했던 것은 아닐까?

프로이트는 인간이 죽음이라는 고통스러운 수수께끼를 피할 길이 없으므로, 곧 죽음이 닥쳐올 것이라는 생각에 전반적으로 무기력해지며, 바로 그 때문에 종교나 하나님을 구한다고 말했다.

힘든 현실 속에서 현세의 고통이 너무 힘들어 죽고 나면 천국이 있길 원했던 사람들이 천국을 마음속에 그린 것은 아닐까? 주변에 악하고 못된 사람들은 죽어서 지옥이 있어서 지옥에 가길 원했기에 천국과 함께 지옥이 있길 원했던 것이다.

T에게 교통사고가 날 것을 예언하고 부적을 줘서 T를 살린 여승처럼 과거에도 미래를 내다보고 초자연적인 행위를 한 사람이 분명 존재했을 것이다. 그리고 오늘날과 같은 과학과 이성이 없던 시절의 사람들은 절대자가 우주에 있다는 성직자들의 말에 더 귀를 기울였을 것이다.

18세기 프랑스의 계몽주의 대표적인 철학자 볼테르는 과학의 발달과 인간 이성에 대한 신념 때문에 "앞으로 100년이면 성경은 골동품이 되어 먼지에 쌓여 있게 될 것"이라고 자신 있게 예언을 했다.

그는 생전에 교회를 비평하는 많은 책을 썼다. 다른 종교처럼 기독교는 100년이 지나면 더 이상 존재하지 않는 과거의 종교가 될 것이고, 성경 역시 단순한 동화가 될 것이라고 주장했지만 기독교는 여전히 세계의 중심 종교로 자리 잡고 있다. 비록 유럽에서 기독교의 쇠퇴는 오래전에 진행되었지만 여전히 많은 나라에서 유대 유일신을 믿는 사람들이 많이 존재하고 있다. (현재 유럽에서는 기독교가 쇠퇴한 자리를 또 다른 유일신교인 이슬람이 차지해 나가고 있다고 한다.)

볼테르가 간과한 것은 '사람은 원하는 것만 본다.'라는 카이사르의 말처럼 사람들은 비록 이성으로 이해는 할 수 없더라도 절대자가 우주에 있기를 원하는 속성이 있다는 것이다.

이 책의 3장에서는 기독교의 불편한 진실이 소개되고 신이 인간을 만든 것이 아니라 인간이 신을 만들었다는 반론 불가능한 증거가 12개나 정리된다.

그러나 아무리 사실적이고 객관적인 접근을 통해 종교의 진실을 밝힌다 하더라도 일부 신앙인들은 자신이 믿는 신을 찾아서 교회나 절로 갈 수밖에 없다. 왜냐하면 약한 인간은 본능적으로 자신의 처지를 의탁할 신이 있길 원하기 때문이다.

### (2) 호모 릴리지우스(Religius)

오스트랄로피테쿠스가 역사 교과서의 첫 장을 장식하는 이유는 간단하다. 이들을 현생인류의 조상으로 여기기 때문이다. 하지만 이들은 현생인류에 속하지 않는다. 왜냐하면 현생인류에게는 호모(homo)라는 속명이 붙기 때문이다. 그러므로 앞에 호모가 붙지 않는 오스트랄로피테쿠스는 현생인류의 조상일 뿐 현생인류는 아니다.

그렇다면 현생인류는 언제 탄생했을까?

현생인류의 화석에는 사람 속을 뜻하는 호모(home)라는 학명이 들어간다. 그 가운데 가장 오래된 것은 호모 하빌리스(Homo habilis)이다. 이는 '손을 쓰는 사람'이라는 의미로 약 150만~200만 년 전에 사하라 사막 이남 아프리카에 살았던 것으로 추정된다.

호모 하빌리스의 뒤를 이어 등장한 호모 에렉투스(Homo Erectus)는 '똑바로 선 사람'이란 의미인데, 160만 년 전인 홍적세 초부터 번성했으며 약 25만 년 전에 멸종된 것으로 알려져 있다.

동굴에서 거주한 최초의 인류인 호모 에렉투스는 불을 사용했다는 점에서 이전의 존재들과는 판이한 생활 방식을 갖게 되었다.

이제 우리가 속하는 '지혜로운 사람', 즉 호모 사피엔스(Homo sapiens)에 대해 알아볼 차례다. 그런데 호모 사피엔스가 모두 우리 같은 인간을 말하는 것은 아니다.

현생인류, 즉 우리는 호모 사피엔스 사피엔스에 속하는 반면 네안데르탈인이나 크로마뇽인이니 하는 존재들은 호모 사피엔스에 속하지만 호모 사피엔스 사피엔스에는 속하지 않는다는 점이다.

(김홍식, 『세상의 모든 지식』, 서해문집, 2015)

한편 마지막 빙하기가 1만 3천 년 전에 끝나고 지구의 온도는 급격히 상승하기 시작했다. 그때까지 동굴에서 살면서 사냥감과 야생 식물을 찾아 옮겨 다니던 인간은 따뜻해진 동굴 밖으로 나와 야생 식물을 재배하기 시작했다.

야생 식물 재배의 성공은 인간이 사냥감을 찾아 돌아다닐 필요 없이 대량으로 수확한 작물을 저장하고 체류하는 정주형 생활을 가능하게 했다. 이는 농업 혁명 혹은 신석기 혁명이라 불리며 현대의 산업 혁명에 견줄 만한 획기적인 일이라고 할 수 있다. 정주형 생활과 함께 야생 동물의 가축화도 성공을 거두었고 그 결과 인간의 수는 급격히 증가하기 시작했다. 농업 혁명 이후 인구수의 비약적인 증가는 도시를 만들고 문자 제작 등으로 이어지면서 인류 문명은 급속히 발전했다.

그러나 여전히 인간은 죽음을 피할 수 없고, 자연재해나 맹수의 위협에 시달려야 했다. 온갖 위험과 죽음의 공포에 시달렸던 인간은 초자연적인 어떤 존재가 자신들을 지켜주길 원하게 만들었다. (사람은 자기가 원하는 것만 본다.) 결국 인간은 자신들을 지켜줄 초자연적인 존재인 '신'과 종교를 만들기 시작했다.

이 무렵의 인간들이 바로 '신을 만드는 인간' 혹은 '종교(religion)적 인간'으로 명명되는 호모 릴리지우스(Homo Religius)이다. (동굴 속에 살던 원시인들도 초자연적인 신을 찾았을 수도 있으나 무리 혹은 부족 사회가 형성되기 전이므로 신으로 장사하는 '종교업'의 형태를 갖추기 힘들기에 신은 개인적이면서 지극히 사적인 영역에 있었을 것이라 추정된다.)

과학과 인간 이성의 발전으로 지진이나 해일 같은 자연계의 신비로운 현상들이 밝혀진 현대에도 죽을병에 걸렸거나 죽음이 두려운 이들은 '아버지들의 아버지들이 만든 신'을 찾고 그 신을 통하여 문제를 해결하려고 한다.

완벽한 무신론자인 T와 함께 사는 T의 눈치 빠르고 지극히 현명한 아내마저도 신앙과 이성 사이를 헤매는 이유가 바로 이 때문이다. 인간은 신을 만드는 호모 릴리지우스(Homo Religius)이기 때문이다.

그런데 지금까지 언급한 다분히 과학적이고 실증적인 주장들을 기독교인은 모두 부정한다. 대신에 과학이 없던 17세기에 살았던 아일랜드의 대주교 제임스 어셔(James Ussher)가 구약 성서에 나오는 장자들의 나이를 기반으로 추정하여 6천 년 전에 하나님의 말씀으로 온 우주가 만들어졌다고 결론짓는 창조설을 흔들림 없이 신봉하고 있다.

초등학생도 이해할 수 있는 과학적 사실들을 기독인들이 부정하는 이유는 크게 두 가지가 있다.

첫째는 기독인들은 성경이 참이고 신이 있길 진실로 원하기 때문에 자기들의 희망 사항에 반대되는 주장들은 보고 싶지 않기 때문이다.

그리고 두 번째 이유는 다음에 소개되는 두 번째 공리를 보면 확인할 수 있다.

### (3) 믿음은 바라는 것의 실상이고, 보지 못하는 것들의 증거이다

Now faith is the substance of things hoped for,

the evidence of things not seen.

— 히브리서 11장 1절

신약성서에 나오는 말이다. 이 말에 대한 어느 개신교 목사의 설교를 들여다보자.

"많은 신자들이 밤새도록 '믿습니다'를 반복하면서도 진정한 능력이 나타나는 믿음이란 무엇인가를 정확히 모르고 사는 분들이 많습니다. 진정한 믿음이란 내가 바라고 믿는 바를 마음과 생각으로 그림을 그리는 것입니다. 꿈을 꾸는 것입니다. 즉, 바라는 목표물이 아직 이루어지지 않았지만 생각과 마음으로 그 목표물의 실상을 그리는 것입니다. 그래서 본문에 나타난 예수님의 말씀대로 '믿음은 바라는 것들의 실상'이라고 했습니다. 즉, 믿고 바라는 것을 마음에 실상을 그리는 것입니다."

이 성서 구절의 핵심은 결국 믿음(faith)은 인간의 희망 사항이라는 것이다.

기독교뿐만 아니라 모든 종교가 인간들이 바라는 것, 즉 절대자가 자기를 지켜주기를 원하기 때문에 인간이 결국 신을 만들었다고 생각한 사람은 대표적으로 독일의 철학자 니체가 있다. 할아버지, 외할아버지, 아버지 모두 목사인 집안에서 태어나 어릴 적에는 '꼬마 목사'로 불릴 정도로 완벽한 기독교도였던 니체는 인간이 신을 만들었다고 선언했다.

"아, 형제들이여, 내가 꾸며낸 이 신은 다른 모든 신과 마찬가지로 인간의 작품이자 인간의 망상이었다." (프리드리히 니체, 『차라투스트라는 이렇게 말했다』, 민음사, 2004. 45p, 11~12)

'사상의 은사'로 불리는 리영희 선생도 같은 주장을 하셨다. T가 감명 있게 본 책 중에 리영희 선생의 자서전격인 『대화』가 있다. 젊은 날 치열한 사상적인 고민과 연구를 통해 선생은 신이 인간을 만든 것이 아니라 인간이 신을 만들었다고 단언하셨다.

그리고 한국의 보건복지부 장관을 지냈던 유시민 선생도 책에서 비슷한 말을 했다. "신은 오직 그 존재를 믿는 사람에게만 존재한다." (유시민, 『어떻게 살 것인가?』, 아포리아, 2013. 318p, 1~2)

T도 이분들처럼 인간이 신을 만들었다고 주장하지만 T와 이 선각자들과 다른 점이 있다. 다른 분들은 주장에 대한 논리적인 근거를 밝히지는 않지만, 유신론자 T는 반론 불가능한 12가지 증거를 찾았다는 것이다.


### (4) 가장(家長)의 선택

유대인들의 전유물이었던 유일신 사상은 2천 년 전 사도 바울에 의해 기독교라는 이름으로 옷을 갈아입고 세계의 중심지였던 로마로 전해졌다. 기독교가 로마에 전해질 당시 로마제국은 최전성기의 세계 최고의 강대국이었다.

유일신 사상이 전해지기 전의 로마 다신교 사회에서의 신은 인간을 심판하고 단죄하는 절대적인 신이 아니라 언제든지 기댈 수 있는 친구와 같은 존재였다. 따라서 이런 로마의 다신교적인 전통을 무시하고 오직 야훼 유일신만이 절대선(絶對善)이라는 기독교 유일신 사상은 합리적인 로마의 가장들에게 호감을 얻을 리 없었다.

그 당시 기독교 사회의 주된 신도들은 여자들과 노예들이었다. 억압받는 계층이었던 여자들과 특히 노예들은 '하나님 앞에서 모두 같은 형제자매다'라고 하는 기독교 사상에 열광하였다. 무엇보다도 이 세상 너머에 천국이라는 세상이 있다는 기독교의 가르침은 하루하루 힘든 삶을 살았던 노예들에게는 큰 희망이었다.

왜 그랬을까? 역시 '사람은 자기가 원하는 것만 본다'는 카이사르의 말대로 억압받던 여자와 노예들이 고통 대신에 평화만이 있는 세상 너머의 세상이 있기를 원했기 때문이다.

그렇지만 남자 가장들 중에서도 기독교 신자들은 있었다. 로마 군인들이었다.

당시 세계 최강의 전력을 가졌지만 여전히 낯선 곳에서 야만인들과 싸워야 하는 로마 군인들은 항상 죽음에 대한 두려움이 있었다. 죽음이 두려웠던 로마의 군인들도 비록 전쟁터에서 죽는다 해도 세상 너머의 세상이 있다는 기독교를 받아들인 것이다.

로마에서 전래 초기에 탄압받던 기독교는 391년 테오도시우스 대제가 기독교를 로마의 국교로 삼으면서 결국 모든 사람들이 기독교 신자가 되었다. 기독교가 국교가 된 다음 해인 392년에는 우상 숭배라 하여 올림픽 제전이 폐지되고 기존에 있던 신전들은 파괴되기 시작했다. (T는 기독교가 로마 국교가 되어 세계화되기 시작한 이때를 중세의 시작으로 본다. 313년 밀라노 칙령으로 기독교가 허락된 이후 콘스탄티누스 대제의 노력으로 이미 기독교가 상당히 퍼졌지만 로마의 국교가 된 시점에 본격적으로 세상의 중심 종교가 되었기에 신앙의 시대인 중세가 시작된 것이다. 최소한 18세기까지 사제는 부자, 민중은 개돼지로 살았기에 중세는 1,400년간 유럽인들의 숨통을 죄었다. 물론 한국의 기독교인에게는 아직 중세가 끝나지 않았지만.)

그런데 로마제국의 모든 가장마저 신도가 되게 하였던 사건인 기독교 로마 국교 이후 100년도 되지 않아 천 년을 이어왔던 로마제국은 게르만의 용병 대장에 의해 476년 멸망하고 말았다.

기독교가 로마제국의 국교가 되는 데 가장 큰 공헌을 한 사람들은 최초로 기독교인(Christian)이라는 말이 생긴 안디옥과 현재 시리아 수도인 다마스쿠스(성서의 다메섹)에서 활약한 '초대교회 사람들'이었다. 사자에게 물려 죽으면서도 찬송가를 부르는 초대교회 사람들을 보고 다신교 사회에서 살던 로마인들은 기독교라는 종교에 관심을 갖게 되었다. 거의 모든 사람들이 믿었다고 여겨지는 과거 시리아 사회의 가장들도 기독교 믿음을 가졌음이 틀림없다.

그 당시 로마 속국이었던 시리아 사람들은 고려 시대에 종교의 힘으로 몽골 제국과 맞서려 했던 고려 사람들처럼 신의 힘으로 로마의 지배에서 벗어나고 싶었기 때문이었을 것이다.

'사람은 자기가 원하는 것만 본다'는 카이사르의 말대로 과거 시리아 사람들은 하나님의 도움으로 로마의 지배에서 벗어나고 싶었기 때문이었다. (보다 자세한 내용은 이 책의 3장 '사실(史實)과 불편한 기독교'에서 확인할 수 있다.)


유럽에서 중세가 저문 한참 후인 1880년대 조선의 상황을 보자. 조선 후기로 접어들면서 백성들의 삶은 갈수록 비참해졌다. 관리들의 수탈은 극에 달했고 자연재해로 인해 매년 흉년으로 많은 사람들이 굶어 죽었다. 무엇보다도 나라 조선의 국운이 다해 가면서 주변 열강은 호시탐탐 조선을 노렸다. 이처럼 앞이 안 보이는 절망의 땅 조선에 드디어 사람들이 원하는 것을 보여주는 기독교가 전래되었다.

미국장로교 선교부의 정식 파송을 받은 선교사 언더우드(H.G. Underwood) 목사와 미국 감리교의 정식 파송을 받은 선교사 아펜젤러(H.G. Appenzeller) 목사와 그의 부인이 1885년 4월 5일 부활절에 인천에 상륙하였으며 그들의 뒤를 이어 두 교파의 남녀 선교사들이 속속 들어오게 되었다.

남한에도 개신교가 널리 퍼지기 시작했으나 남한에는 불교가 워낙 강했기 때문에 북한보다는 복음의 속도가 느린 편이었다. (부처의 진신 사리를 모신 '적멸보궁'이 한반도에 5군데 있는데 적멸보궁 모두 남한에 있을 정도로 남한은 불교 국가였다.)

북한에는 1907년 '평양 대부흥 운동' 이후 전국 방방곡곡에 기독교가 퍼졌기에 평양은 바티칸에 의해서 '동방의 예루살렘'이라 불렸다. 해방 당시 북한 전역에 2,000개가 넘는 교회가 있었고 주일날에 가족들끼리 교회에 가는 모습이 일상적인 모습이었다. 남한보다 불교의 세가 약했던 북한의 어리석은 인간들은 '기도만 하면 된다'는 기독교 선교사들의 말에 열광했을 것이다. 나라가 흔들리고 피폐한 삶 속에서 앞이 안 보이던 북한 사람들에게 드디어 그들이 원하는 것만 보게 해 준 것이다.

# ❖ 진실로 진실로 너희에게 이르노니

— 기독교 가문이 망할 수밖에 없는 두 가지 이유

현재 이 책을 읽고 있는 독자가 만약 기독교를 믿는 집안의 가장(家長)이라면 먼저 용기에 박수를 보냅니다.

유일신의 불편한 진실을 만천하에 밝히는 이 책을 어떻게 집어들게 되었는지는 모르겠지만, 책 내용에 대한 언질을 들었을 수도 있고 무엇보다도 책의 들어가는 말에서 기독교를 부정하는 내용을 보았을 수도 있습니다.

그럼에도 불구하고 지금까지 책을 덮지 않았기에 용기가 있다고 하는 것입니다. 그러나 이 용기가 독자님의 가문을 구할 것이라고 말하고 싶습니다.

앞으로 계시 종교 혹은 약속의 종교라고 할 수 있는 기독교를 믿었던 곳 모두 지옥이 되었다는 것을 보면 종교 장수들의 설교가 거짓이라는 것을 알 수 있습니다.

그러나 현재 이성의 시대가 정착되어 가는 한국에서 기독교가 세상을 이끌어 갈 가능성은 없기에 독자님이 기독교 가정의 가장이라고 해서 집안이 망할 가능성은 적습니다. (지난 총선에서 기독교 당에서 비례 대표로 추천한 국회의원을 한 명도 배출하지 못했다는 것만 보아도 기독교가 세상의 주인이 될 가능성은 없습니다.)

그러나 두 번째 이유는 독자님 후손들에게 치명적입니다.

만약 같은 구약을 보고 같은 유대신 야훼(아랍어로 알라)를 믿는 이슬람 국가에서 자녀들에게 진화론과 사제가 정치까지 하는 신정일치사회를 부정하는 교육을 한다면 자녀들은 집 밖에 나가면 위험해집니다. 모든 사람들이 세상 너머의 세상에 대한 망상을 하면서 신정일치사회를 당연시하는 이슬람 국가에서 그에 반대되는 교육을 받는다면 자녀들의 신변이 위태롭기 때문입니다.

그러나 반대로 법과 이성이 지배하는 대한민국 사회에서 만약 자녀가 진화론을 부정하고 목사가 정치까지 하는 세상이 와야 한다고 친구들 앞에서 말한다면 자녀의 친구들이 독자님의 자녀들을 인간 취급하겠습니까?

앞에서 제가 '유쾌한 상상'에서 밝혔듯이 이 책을 통하여 독자님과 가정이 인간이 만든 신에게서 벗어나는 구원을 얻고 법과 상식이 지배하는 자유 민주주의 이성의 사회에서 인간답게 사시기를 '이성의 이름으로' 축원합니다.

무엇보다도 더 이상 교회에 돈을 바치지 않게 된다면 이 책은 돈 벌게 하는 책입니다.

만약 신이 자신의 형상대로 인간을 만들었다면 중동 이슬람 국가들이 당연시하는 창조론이 맞는 것이고 반대로 신아 있기를 원했던 인간이 자신의 희망사항대로 신을 만들었다면 진화론이 맞는 것이다. 대표적인 제정일치사회인 사우디아라비아에서는 이미 오래전부터 학교에서 창조론만 가르쳐왔고 터키도 앞으로 창조론만 가르칠 예정이라고 한다.

만약 보통의 한국인이 자신이 학교에서 배운 대로 이들 나라에서 진화론을 이야기한다면 죽임을 당할 수도 있다. 반대로 사우디 출신의 젊은이가 한국에 와서 창조론만 옳다고 주장한다고 해서 죽임을 당하지는 않는다. 하지만 사람들은 이 사우디 청년을 더 이상 문명인으로 보지 않는다.

T는 이러한 현상을 '문화적 거지'라고 부른다. 그러므로 시리아나 북한처럼 조상이 천국만 가면 지상의 후손들 모두 거지가 되거나 아니면 조상이 천국 가기 전에 지상에서 거지가 되는 것을 보면 어쨌든 유일신 종교에 미치면 대대로 거지가 된다.

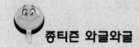
### 종티즌 와글와글

유신론자 T가 이 책을 구상하고 연구한 것은 2010년경부터입니다. 약 6년간의 기독교에 대한 치열한 연구와 검토가 있었습니다. 책 내용에 2010년대 지나간 신문 보도 내용이 등장하는 이유입니다.

그리고 아내의 집필 허락을 받은 2016년부터 본격적인 저술을 시작하면서 T의 기독교에 대한 생각을 인터넷에 올리기 시작했습니다. 순수 기독교 카페에서는 제가 글을 올리면 바로 '마귀야 물러가라'라는 글과 함께 즉각 강제탈퇴

당했습니다. 대신에 안티와 기독인의 대화를 주선한 카페나 기독교 안티 카페에서는 활동을 할 수 있었고 많은 지지자들을 만났습니다.

앞으로 종교에 관심 많은 네티즌을 '종티즌'이라고 부르겠습니다. 종티즌 중에서 유일신을 굳게 믿는 사람들의 반론을 싣습니다. 유일신을 믿음으로 인해 일반인과 뇌 구조가 달라진 사람들을 엿볼 수 있을 것 같아 소개합니다.

### 😵 외치x

ㅎㅎ 하느님 믿는다고 잘살아야 한다는 법은 없지만 시리아 난민은 장차 닥쳐올 피난의 전조 증상에 불과하오. 전쟁터에 무신론자는 없다고 자연계의 전복과 설명될 수 없는 재난들을 통해서 무신론은 자연히 소멸될 것이오. 때는 늦겠지만…

### 😵 스피x

분명하게 정립하세요. 예수님을 죄 가운데 죽을 수밖에 없는 우리를 살리신 분이고, 마귀와 귀신들은 인간을 속이고 죽이고 있는 살인마들이죠.

### 😵 대포x

세상에서 당하는 고난은 천국에서 누리는 것에 비하면 아무것도 아닙니다. 우리가 아무리 고난을 당해도 주님이 당하신 고난에 비하면 아무것도 아닙니다.

### 😵 주방xx

복음과 함께 고난을 받으라, 하는 가르침도 있습니다.

## (5) 전쟁과 종교

이 책에서 종교라 하는 것은 주로 기독교와 이슬람교이다.

불교의 교주인 부처는 원래 신이 아닌 인간이었지만 부처의 제자들은 그가 죽은 후에 그들의 스승이 영원히 자신들과 함께 있을 수 있는 신이길 원했기 때문에 신으로 만들었을 뿐이다. 따라서 엄격하게 말하면 불교는 종교라 할 수 없고 자기 수행을 위한 가르침이나 철학이라 할 수 있다.

부처가 살아생전에 아무런 기적을 보인 일이 없다는 것이 그가 신이 아닌 증거이다. 살아있는 부처님을 운운하면서 신자들의 충성을 바라는 불교의 종교 장수들은 그렇게 해야만 신도들이 모이기에 그렇게 할 수밖에 없을 것이다.


이성의 시대인 현대에는 2차 세계 대전 이후 발족한 국제 연합(UN)이 있기 때문에 유엔 회원국이 다른 나라를 상대로 전쟁하는 것은 거의 불가능하다.

다른 회원국들을 상대로 전쟁을 벌이는 순간 전 세계가 전쟁을 시작한 나라의 적이 되는 것이다. 그리고 이념으로 인한 동서 냉전도 오래전에 끝났기 때문에 더 이상 지구상에 전쟁은 없어야 한다.

그럼에도 불구하고 기독교와 이슬람교 간의 종교 분쟁으로 인해 거의 매일 테러와 전쟁이 세계 도처에서 일어나고 있다.

유대교의 야훼 신을 믿는 종교가 기독교와 이슬람교이다. (믿음의 조상인 아브라함을 뿌리로 하는 종교이기에 유대교와 함께 이 종교들을 아브라함의 종교라 부른다.)

이슬람교를 만든 예언자인 무함마드는 코란에서 신의 사도 혹은 예언자로 불리며, 아브라함, 모세, 예수를 잇는 '최후의 예언자'로 자리매김했다.

이슬람교에서는 기독교 복음서에 나와 있는 보혜사(paraclete)의 약속은 하나님의 가장 위대한 마지막 사도인 무함마드의 이름을 예상했고 그의 출현으로 하나님의 약속이 이루어졌다고 주장한다. (그리스어인 보혜사(paraclete)는 무함마드와 동일한 뜻이라고 한다.)

같은 아버지를 둔 종교이기에 두 종교 모두 유대인의 구약 성서를 믿고 있다. 같은 구약을 믿지만 기독교는 신약 성서를 가지고 있고 이슬람교는 코란을 가지고 있다.

기독교에서는 무함마드가 유대인의 조상인 아브라함이 여종에게서 낳은 이스마엘의 후손이라고 보고 있다. 그러나 이러한 이야기는 기독교인이 종교적 우월감에서 지어낸 이야기라고 에드워드 기번은 말한다. (에드워드 기번, 『로마제국 쇠망사』, 청미래, 2004. 564p, 21~23)

유대인의 조상인 아브라함이 100세에 낳은 아기는 이삭이다(창세기 21장).

창세기 22장에는 하나님이 아브라함의 믿음을 시험하기 위하여 아브라함이 100세에 낳은 이삭을 제단에 바칠 것을 명하고, 아들을 제물로 바치기 위해 칼을 잡고 이삭을 죽이려고 하는 순간 하나님의 사자(使者)가 나타나 하나님이 너를 시험하기 위함이었다고 하면서 이삭의 죽음을 막는 유명한 이야기가 나온다.

이 아동 학대적인 이야기는 이슬람교의 구약에도 나온다. 그러나 이슬람교의 구약에는 이삭 대신에 이스마엘이 나온다.

결론적으로 유대교의 야훼 하나님은 엄청난 추종자를 거느린 예수와 무함마드라는 두 아들이 있다. (그래서 T는 모든 종교로 인한 갈등을 만든 유대 유일신을 인류 최악의 발명품이라고 선언하는 것이다.)

그런데 세상의 어떤 아버지가 배다른 자식이 아무리 극악무도한 짓을 했다고 해서 다른 아들을 시켜 죽이라고 시킬 수 있을까?

미국의 젊은이 4천 명과 수십만 명의 죄 없는 이라크인을 죽인 이라크 전쟁을 일으킨 미국의 43대 대통령 부시(George W. Bush)는 신으로부터 이라크를 침공하라는 말을 들었다고 했다. 조지 부시는 백악관에서 아침마다 성경을 읽는 것으로 일과를 시작했다. 매주 목요일에는 목사를 초청해 예배를 보았다. 그야말로 전형적인 미국 텍사스의 복음주의 기독교인이다.

신의 목소리에 따라 행동한 사람이 역사적으로 또 있다. 1970년대 13명의 젊은 여인들을 살해하여 영국 전역을 공포에 몰아넣은 '요크셔의 살인마'인 피터 셧클리프는 여자들을 죽이라는 예수의 목소리를 또렷이 들었다고 했다.

두 사람의 차이는 '요크셔의 살인마'는 종신형을 받았고, 부시 전 대통령은 수십만 명을 죽인 것에 대해 아무 처벌도 받지 않았다는 점이다.

부시가 이라크 전쟁을 시작할 때 아버지 부시와 의논했냐고 기자가 묻자 이렇게 대답했다. "나에겐 두 분의 아버지가 계시다. 나를 낳아주신 아버지는 텍사스에 계시고 한 분의 아버지는 하늘에 계신다. 나는 더 높이 계시는 아버지께 말씀드리고 결정했다."

그런데 배다른 자식을 죽이라고 한 하늘에 계신 부시의 아버지가 왜 대량살상무기가 없다는 얘기를 안 해줘서 야훼 아버지의 후손인 미국인 젊은이 4천 명과 수십 만 명의 죄 없는 배다른 자식들을 죽이게 했는지는 알 수가 없다.

노벨상 수상자인 미국의 스티븐 와인버그(Steven Weinberg)가 한 말이 생각난다.

"종교가 있든, 없든, 선한 사람은 선행을 하고 나쁜 사람은 악행을 한다. 하지만 선한 사람이 악행을 하면 그것은 종교 때문이다."

요크셔의 살인마와 미국의 부시 대통령이 신의 목소리를 들었다고 믿은 것은 자신들이 하고자 하는 일을 신이 시켰다고 원했기 때문일 뿐이다.

즉, 자신이 원하는 것만 본 것이다.

### (6) 상상 치유와 예수 무당

예수 무당으로 불리는 사람들이 있다.

아픈 사람들 머리 위에 손을 얹고 기도를 하여 사람의 병을 치유하는 의식을 하고 때로는 그로 인하여 돈도 버는 사람들이다.

아내와 친한 예수 무당이 있다. T의 집에도 여러 번 온 적이 있어 자주 얘기를 나누었다. 한 번 집회를 인도하면 많을 때에는 한 번에 500만 원도 번다고 했다. 덕분에 이 목사의 아들은 돈이 많이 드는 운동인 펜싱을 한다고 했다.

병 걸린 많은 사람들이 목사에게 전화하면 전화로 기도를 통하여 병 고침을 이루게 하려고 하는 이 목사는 자신의 일에 많은 자부심을 느끼고 있었다.

한편 이송미 씨가 쓴 『몸과 마음을 살리는 기적의 상상 치유』(한언, 2010)에 따르면, 인간의 뇌가 현실과 상상을 잘 구분하지 못한다는 것을 밝힌 '뇌과학'이나 인간의 생각이 면역세포에 직접적인 영향을 준다는 것을 규명한 '심리신경면역학'과 같은 과학의 발전은 인간의 생각이 인체의 세포와 유전자를 변화시키고, 나아가 세상을 바꾸는 무한한 동력이라는 사실을 밝혀냈다.

어떤 절망적인 환자라고 해도, 자신의 건강한 모습을 열심히 떠올리면 현실과 상상을 잘 구분하지 못하는 뇌는 그 가상의 기쁨을 실제라고 믿고 도파민, 엔도르핀, 엔케팔린, 세로토닌, 옥시토신 같은 신경전달물질과 호르몬을 생산한다. 이들 생체 화학물질은 바로 온몸으로 전해지고 면역계의 중심인 백혈구를 강화하는 생리적 변화를 낳는다. 즐거운 상상이 곧 생화학 변화를 통해 치유 작용을 촉진하는 것이다.

이러한 상상 치유가 세상을 만든 절대자의 능력이 더해진다고 믿어진다면 더 큰 효과를 낳는다는 것은 자명한 일이다.

예수 푸닥거리(?)로 가문을 크게 일으키고 세상의 부귀영화를 누리는 한국 기독교의 유명 목사는 과거에 병자의 병을 치유시킨 일이 있다고 한다. 목사의 기도를 받은 100명의 병자 중 하나가 운 좋게 성공했다면, 목사나 기독인들은 치유가 안 된 99명은 잊어버리고 치유가 된 한 명만 얘기한다. 왜냐하면 그들은 자기가 원하는 것만 보기 때문이다.

그런데 만약 예수 무당의 푸닥거리에 의해서건 상상의 힘에 의해서건 병이 치유되어 '하나님이 역사했다면'을 두 글자로 하면 뭐가 될까?

'은혜'다.

그렇다면 치유가 안 되어 '하나님이 역사하지 않았다면'을 두 글자로 하면 뭘까?

'말고'다.


### (7) 자연재해와 기독교

2011년 3월에 일본 도호쿠 지방에서 일본 관측 사상 최대인 리히터 규모 9.0의 지진이 발생하여 1만 8천여 명이 죽거나 실종되었을 때의 일이다.

한국 기독교를 대표하는 유명 목사는 인터뷰에서 일본의 대지진을 얘기하면서, 일본인들이 하나님을 멀리하고 우상숭배, 물질주의 등으로 나가기 때문에 하나님의 경고가 지진으로 표출되었다고 말했다. 이웃 나라의 불행에 대해 위로는 못 할망정 난데없는 기독교의 잣대를 들이댄 것이다.

지구 내부의 지각판이 충돌하여 지진이 발생한다는 과학의 설명이 있기 전에 인간들은 대개 지진 현상을 신의 뜻으로 해석했다. 하지만 과학에 의해 지진의 원인이 밝혀진 21세기에도 기독인들은 지진을 하나님이 보내는 경고로 보고 지진 피해자들을 매도하고 있다.

그런데 일본에서 대지진이 발생하기 한 달 전에 뉴질랜드에서 두 번째로 큰 도시인 크라이스트처치(Christchurch)에서도 큰 지진이 발생하였다. 이 지진으로 수백 명이 사망하였다. 2011년 한 해에 지구상에서 지진이 발생한 곳은 손으로 꼽을 정도인데 왜 하필 그리스도 교회라는 이름을 가진 도시에서 지진이 발생했을까?

여기에 대해서 기독교 목사들은 입을 닫는다. 왜냐하면 자신들이 원하지 않는 일이기에 보고 싶지 않기 때문이다.

지진과 기독교를 말하면서 1,500년 전으로 거슬러 올라가 보자. 최초로 기독교인(Christian)이라는 말이 생기게 했고, 최초로 선교사를 타국에 파송한 시리아의 과거 수도였던 안디옥이라는 도시가 있다. (현재 많은 교회들이 이 초대교회를 따르고자 안디옥이라는 교회명을 사용하고 있다.)

로마, 콘스탄티노플과 더불어 고대의 세계 3대 도시 중 하나였고 '동방의 여왕'이라 불릴 정도로 번성했던 도시이다.

기독교만을 삶의 축으로 삼았던 이 큰 도시에 AD 526년 대지진이 발생하였다. 대지진으로 말미암아 도시 인구의 절반이 죽었다고 한다. 대지진 발생 이후 이 도시는 쇠락을 거듭하였고 고대 로마 다음의 대도시였으나 결국 터키 변방의 작은 소도시로 전락하였다. 지진을 하나님의 경고라고 말하는 기독교 목사들은 1,500년 전 기독교의 발상지인 안디옥의 대지진에 대해서는 뭐라 말할까?

역시 아무 말이 없을 것이다.

왜냐하면 자신들이 원하지 않는 것은 보고 싶지 않기 때문이다.

2016년 9월에 한국의 경주에서 역사상 유례없는 진도 5.8의 강진이 있었다. 경주는 알다시피 불교의 땅이다. 경주 남산을 중심으로 절이 즐비하고 가는 곳마다 불교 유적지가 있는 도시이다.

경주에 지진이 일어났을 때 많은 목사들은 쾌재를 불렀을 것이라 여겨진다.

실제로 〈크리스찬 투데이〉 9월 15일자에 실린 어느 목사의 궤변을 확인할 수 있다.

"경주 지진에 더없이 두려운 경고가 담겨 있다는 것이다. 하나님을 경외하지 않는 자들에게는 크나큰 재앙이 찾아온다는 사실이다. 우리는 그 증거를 일본의 대지진과 쓰나미를 통해 경험한 바 있다."

몇 년 전 T가 강신무 K목사 교회에서 실제로 겪었던 일이다.

많은 사람들이 여름 장사로 먹고사는 R시에 여름 내내 계속해서 비가 내렸다. 관광 도시인 R시에 한 달 내내 내린 여름비는 큰 재앙이었다.

돈을 빌려 여름 장사를 준비한 많은 사람들이 파산했고 여름이
거의 끝나갈 즈음에야 마침내 비가 그쳤다.

비가 그친 그 주의 일요일에 강신무 K목사는 자신이 비를 그치
게 해달라고 기도를 했더니 비가 그쳤다고 주님의 은혜에 감사하
자고 열변을 토했다. 이 강신무 K목사의 설교에 대해서 교인들은
아멘을 외치며 환호성을 울렸다. 코미디가 따로 없었다.

하루 종일 강신무 K목사의 설교 생각만 해도 웃음이 나왔다. 기
도로 한 달간 내리던 비를 그치게 했다면 미리 좀 할 것이지, 왜 여
름이 다 끝나고 모두 망한 이후에 비가 그치게 했는지 목사에게 묻
고 싶었다.

교인들은 하나님이 비를 그치게 했길 원하기 때문에 강신무 K목사의
말에 아멘을 외친 것이다. 로버트 퍼시그란 사람의 말이 떠오른다.

"누군가 망상을 하면 정신 이상이라 하고, 다수가 망상을 하면 종교라 한
다."

## 좀티즌 와글와글

👀 외xx

내가 예전에도 말했듯이 하늘과 땅과 바다에서 일어나는 대규모의 수많은 재난들, 즉 잦은 지진과 해일, 폭우와 태풍, 폭설과 산불, 기아와 질병, 전쟁과 살인, 민족과 민족, 인종과 인종 간의 대립과 갈등, 가정의 해체와 존비속 간의 살해 등을 자연재해나 우발적인 일이라고 절대로 안일하게 생각지 말아라.

## ❖ 진실로 진실로 너희에게 이르노니

— 세상 너머의 세상에 대한 망상과 보조국사 지눌의 땅땅땅!


"하늘나라에 대한 희망을 말하는 자들을 믿지 마라. 그들은 스스로 알든

모르든 독을 타서 퍼뜨리는 자들이다.

더없이 괴로워하는 자만이 경험할 수 있는 저 짧은 행복의 망상. 그것이

세상 너머의 세상이다."


세계적인 고전이 된 『짜라투스트라는 이렇게 말했다』에 나오는

독일의 철학자 니체가 한 말이다.

한국에 기독교가 전해졌던 1884년에 발간된 이 책은 현재까지

독일어로 나온 책 중에서 가장 많이 팔렸다고 한다. (엄격하게 말하면

'신은 죽었다'는 말은 틀린 말이다. 어떤 존재가 죽기 위해서는 잠시라도 살아 있어야

하는데 신은 살아 있은 적이 없고 단지 신도들의 희망 사항일 뿐인데 어찌 죽을 수가

있겠는가?)

세상 너머의 세상에 대한 망상에 빠진 사람들은 '유일신교에 빠

진 사람들'이다. 특히 기독교에 미쳤던 '초대교회 사람들'의 후손인

시리아와 1907년 '평양 대부흥 운동' 이후 해방 당시 전국에 2천 개

가 넘는 교회가 있을 정도로 기독교에 미쳤던 북한 사람들의 후손들이 지금 지옥인 것을 보면 세상 너머의 세상을 보는 것이 얼마나 위험하고 어리석은 짓인지를 알 수 있다. (중세 1,400년은 더 했다.)

세계 사이비 종교의 대부분이 유대인의 구약을 보는 유일신교에서 시작한 것들이 많다. 사이비 종교에 빠져서 가산을 탕진하고 거지가 된 사람들을 보면 종교, 특히 유일신교에 미치면 거지가 된다는 말은 맞는 말이다.

한편 고려 중기의 고승인 보조국사 지눌이 한 말을 되새겨 보자.

> "땅에서 넘어진 자는 땅을 짚고 일어서야지, 땅을 짚지 않고는 땅에서 일
> 어설 수 없다."

여기서 땅이란 다름 아닌 인간이 지금 살고 있는 현세를 말한다.

종교 장수들은 사람들에게 자꾸 세상 너머의 세상에 대한 망상을 말해주어야 돈을 벌 수 있는 사람들이다. 세상 너머의 세상에 대한 망상 같은 것은 하지 말고 지금 우리가 살고 있는 이 땅을 천국과 극락으로 만들어야 하지 않을까?

이 지상의 천국과 극락이 바로 '사람 사는 세상'이다.

다양성과 관용이 널리 퍼져있고 준엄한 법치주의와 따뜻한 자본주의가 물결이 되어 흐르는 '사람 사는 세상'을 이 땅 위에 지금 만들어야 한다.

# 2.
# 두 번째 공리(公理):
# 기독교와 자유

카이사르의 '사람은 자기가 원하는 것만 본다'는 인간에 대한 엄청나게 통찰력 있는 말과 다양한 독서를 통해 유신론자 T가 기독교와 종교의 진실을 알게 되었고 그 결과 1945년 일제 해방 당시와 같은 큰 기쁨을 누렸다.

신에게서 벗어나는 큰 기쁨을 겪은 T는 다른 사람에게도 이 복음(福音)을 전하고 싶었다. (복음이란 복을 주는 소리이다. 기독교가 한때 번성했던 시리아와 북한이 현재 지옥인 것을 보면 기독교 복음은 복 대신에 파멸을 주는 소리이다.)

특히 인류 최악의 발명품인 유일신 사상을 발명한 유대인 때문에 인류가 전쟁과 테러를 지금까지 겪고 있고, 십자군 전쟁 때문에 인류가 신에 대해 의심하게 된 이후 지금 이렇게 잘 살게 되었다는 깨달음을 대다수의 사람들이 공감해 주었다.

그런데 초등학생도 이해 가능한 T의 이러한 이야기들을 기독인들은 전혀 공감하지 못했다. 못 하는 것이 아니라 안 하려고 하는 모습을 보였다.

일반적인 사람들과는 뇌 구조 자체가 다른 사람들이 바로 온전한 기독교인들이었다. 물론 자신들이 원하는 이야기가 아니기 때문에 애써 피하려 하지만 교양 있고 지성이 있는 기독인들도 T가 제시하는 복음을 듣고 전혀 공감하지 못한다는 인상을 받았다.

간혹 겉으로는 T의 객관적이고 이성적인 주장에 대해 공감하는 기독인들도 자신들의 믿음에 대해서만은 조금도 의심을 안 하고 있었다.

왜 그럴까?

기독인들이 자신의 신앙에 대해 의심하지 못하면서 신에게서 벗어나는 생각을 전혀 못 하는 이유를 영국의 철학자 존 스튜어트 밀(J.S. Mill)에게서 찾을 수 있었다.

앞의 '공리 1'에서 인간이 스스로 신을 만든 이유를 알 수 있었다면 '공리 2'에서는 왜 인간이 신을 만든 이후 자신의 합리적 이성을 십자가에 박고 신을 떠날 수 없는지에 대한 이유를 알 수 있다.

### (1) 존 스튜어트 밀의 자유와 종교

인문학의 고전이 된 유명한 『자유론(on liberty)』을 쓴 영국의 철학자 존 스튜어트 밀(1806~1873)은 인간의 자유를 억압하는 것은 크게 두 가지로 보았다.

밀은 인간의 자유를 억압하는 것은 크게 폭력적으로 자유를 억압하는 것과 비폭력적으로 자유를 억압하는 것이 있다고 했다.

폭력적으로 인간의 자유를 억압하는 것은 과거 일본 제국주의나 1970년대 한국의 군사 독재와 같은 것들이라 할 수 있다.

반대로 비폭력적으로 자유를 억압하는 것들은 무지나 미신, 종교와 같은 것들이다.

이 책의 3장에 나오는 초등학생들도 이해 가능한 인간이 신을 만들었다는 반론 불가능한 12가지 증거를 보고도 많은 기독인들이 자신이 믿는 신에게서 벗어날 수 없는 가장 큰 이유가 신을 벗어날 자유가 없기 때문인 것이다. (신에게서 멀어지면 큰 벌을 받을 것이라 생각하기에 기독교인들은 신에게서 벗어날 용기도 없다.)

밀에 따르면, 폭력적으로 자유를 억압하는 것들은 시간이 지나면 모두 없어지는 것들이라고 한다. 일본 제국주의와 군부 정권의 잔인한 자유에 대한 억압은 역시 시간이 지나면서 모두 사라졌다고 할 수 있다.

반대로 종교나 무지(無知)처럼 인간의 자유를 비폭력적으로 억압하는 것들은 아무리 시간이 지나도 잘 사라지지 않는다고 했다.

대학 시절 군대 가기 전 어느 날, 대학 도서관에서 접한 밀의 글은 T에게 무지나 미신에 얽매이지 않는 영원한 '자유인'에 대한 소망을 주었다. 그 후 T는 무지로부터 자유로운 '자유인'이 되기 위해서 지금까지 책 읽기를 즐겨 하게 되었다.

책 읽기와 '지성의 비관주의, 감성의 낙관주의'라는 T의 좌우명에 따른 비판적인 사고 습관으로 인하여 미신이나 종교로부터는 자유로워지는 듯하나 무지로부터는 여전히 자유롭지 못하다는 것을 살면서 많이 느낀다. 그렇기에 나이가 들수록 더욱 책 읽기를 즐기고 있다.

한편 우리가 흔히 사용하는 유토피아(Utopia)라는 말은 1516년 영국인 토머스 모어가 만들어 낸 말이다. 세금도 가난도 범죄도 없는 사회 체계를 가진 섬을 묘사하면서 그곳을 유토피아라고 불렀다. (베르나르 베르베르, 『상대적이며 절대적인 지식의 백과사전』, 열린책들, 2009. 156p, 3~10)

토머스 모어는 '유토피아적인' 사회의 가장 큰 특징은 '자유로움'이라고 했다.

T도 신이 인간을 만든 것이 아니라 인간이 신을 만들었다는 깨달음을 얻게 되었을 때 느꼈던 가장 큰 행복은 '자유로움'이었다.

그전까지는 저 하늘 어딘가에서 누군가 항상 나를 보고 있다는 생각을 했지만 그런 존재는 인간의 망상이라는 것을 알게 되니 정말로 자유로움 속에서 큰 행복을 느낀 것이었다. 그리고 현재 이 책을 읽고 있는 사람이 기독교 종교 장수라면 이 책으로 인하여 신자들이 쉽게 교회를 떠나지 않을까 걱정할지도 모른다.

하지만 걱정하지 마시라! 기독교에 심취한 신자일수록 기독교 안의 세상이 유토피아라고 생각하고 있고 무엇보다도 기독교 밖의 세상으로 나갈 자유가 없기에 충성했던 교회의 담임목사에 의해 기가 막히는 일이 생기더라도 쉽게 유일신에 대한 믿음을 바꾸는 일은 없기 때문이다.

그리스어 '우(u)'는 부정의 접두사이고, 토포스(topos)는 장소를 뜻한다. 따라서 유토피아는 '어디에도 존재하지 않는 장소'를 의미한다. (문자적인 의미만 보면 '세상 너머의 세상'도 유토피아다.)

과연 기독교 안의 세상이 종교 장수들의 주장대로 진정한 유토피아인지, 아니면 '어디에도 존재하지 않고' 믿는 이의 마음에만 있는 세상인지는 이 책을 계속 읽어보면 알 수 있다.

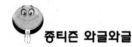 **종티즌 와글와글**

**잠언 16:4**

주께서 모든 걸 제 목적대로 만드셨으니 악인까지도 재앙의 날을 위하여 만드셨다!

**로마서 9:20, 21**

사람이 무엇이기에 감히 하나님께 말대꾸한단 말입니까?

토기 그릇이 자기를 만든 사람에게 "나를 왜 이렇게 만들었소?"라고 말할 수 있습니까? 토기 그릇을 만드는 사람이 똑같은 진흙으로 귀하게 사용할 그릇과 천하게 사용할 그릇을 만들 권한이 없단 말입니까!

무슨 노예의 자유가 저렇게 생겼나요?

## (2) 인간은 자유롭게 태어나지만 어디서나 쇠사슬에 묶여 있다

이 말은 지금으로부터 250여 년 전 중세의 신앙에 기반을 둔 신의 통치가 아닌 인민주권의 원리에 기반을 둔 근대민주주의 국가를 제시한 불후의 명저『사회 계약론』에서 장 자크 루소가 한 말이다.

과연 루소의 말대로 인간은 자유롭게 태어나지만 어디서나 쇠사슬에 묶여 있을까?

현실은 그렇지 못하다. 중동의 이슬람 국가들을 제외한 21세기 이성의 시대를 살고 있는 대부분의 자유 민주주의 국가들이나 그밖의 대다수의 평범한 국가들의 국민들은 거의 자유로운 삶을 살아가고 있다. 그러나 (천국에 있을) 믿음의 조상들을 가지고 있는 시리아와 북한은 알 아사드나 김정은 독재 권력에 의해 국민들은 폭력적으로 자유를 억압당하고 있다.

북한이나 시리아에서 태어나는 기독교 믿음의 후손들은 결코 자유롭게 태어나는 것이 아니라 태어날 때부터 억압과 불행이라는 짐을 어깨에 지고 태어나는 것이다.

그리고 종교가 삶의 근간인 이슬람 국가들을 제외한 현대 이성의 시대를 살고 있는 대다수 자유 민주주의 국가의 국민들은 자유롭게 살고 있다.

그러나 비록 폭력적으로 자유를 억압당하고 있지는 않지만 비폭력적으로 자유를 끊임없이 억압당하는 사람들이 있다.

바로 '세상 너머의 세상'에 대한 망상을 마음속에 품고 이제는 유대인도 버린 유대 유일신을 굳게 믿는 대한민국의 기독교인들이다.

(다른 나라의 기독교인들을 체험해 보지 못해서 그들 상태를 알 순 없지만, 유대 유일신을 믿는다면 일반인과 다른 그들의 뇌 구조를 짐작할 수는 있다.)

이 책의 '들어가는 말'이나 '공리 1' 내용만 보아도 자신들이 믿는 신에 대해 조금이라도 의심을 해야 하지만 지금까지 유대 유일신에 대한 의심을 조금도 하지 않는 기독인들은 자신들의 기독교 믿음이 좋아서 그런 것이 아니라 신에게서 벗어나거나 신을 의심할 자유가 전혀 없기 때문이다.

한때 가장들까지 믿음을 가졌던 세계 최고의 기독교 믿음의 땅이었지만 지금은 지옥이 되어 버린 시리아와 북한이 지옥인 된 현실에 대한 T의 지적에 대해 강신무 K목사가 "하나님의 일은 이성으로 보는 게 아니에요."라고 한 것은 자신의 영업 비밀을 지키려는 종교 장수의 궤변일 수도 있으나, 서울대 출신으로 천여 권의 장서를 가지고 있고, 나이 50이 될 때까지 안정된 직업이나 가정이 없지만 주일 성수와 십일조를 목숨처럼 지키는 친구 H가 전혀 이성적인 판단이나 의심을 하지 못하는 이유는 친구 H에게 자유가 없기 때문이다.

더 엄밀하게 말하면 기독인들은 자신들의 합리적 이성을 십자가에 강철못으로 박은 것이다.


### (3) 17년간 키운 목사 아들과 성도의 자유와 용기

2016년 10월 17일, KBS 프로그램 '제보자들'에 방송된 인천 모

교회의 김요셉 집사와 담임목사 이야기가 세상을 놀라게 했다. (이제 너무 자주 나오는 주제라서 더 이상 놀라운 일이 아닐 수도 있다. 몇 해 전 경기도의 모 교회에서 목사가 자신의 불륜을 문제 삼는 아내를 살해하고 시신을 벽에 도배한 후 경찰의 수사망이 좁혀오자 자수한 사건과 쌍벽을 이루는 사건이다.)

17년간 키워온 아들이 목사와 비슷해 유전자 검사를 했더니 자신과는 유전자가 다르고 자신이 20년간 충성한 담임목사의 아들이었다는 이야기는 한국 기독교회의 실체를 알 수 있는 많은 이야기 중 하나이다.

그런데 반드시 짚고 넘어갈 것이 있다. 주일 마다 교회 앞에서 1인 시위를 하고 있는 김요셉 집사가 교회를 옮길 수는 있어도 유일신에게서 벗어날 수 있을까?

기도로 성도를 임신시킬 수 있는 이 목사의 교회 성도들은 주일날 교회 앞에서 시위를 하는 김요셉 집사를 보면서도 신에 대한 의심을 1%라도 할 수 있을까?

앞에서 소개된 자유에 대한 밀의 주장에 따르면, 이미 합리적인 이성을 십자가에 못 박고 인간이 만든 신의 노예가 된 사람들이기에 성도들의 믿음에는 변화가 없어야 한다.

실제로 기도로 임신까지 시키는 목사의 성도들은 이럴 때일수록 목사를 위한 기도를 많이 해야 한다며 더 많은 성도들이 예배에 출석했다고 한다. 인면수심의 목사는 성도들에게 의리를 강조하는 설교를 했다고 한다. 기가 막힌 일이다.

이 교회 신도들의 뇌 구조는 이 사건을 보면서 분노하는 일반인들의 뇌 구조와 다르지만 이슬람 IS 대원들과는 유사할 것으로 보인다. 왜냐하면 이들은 자신들이 원하는 것만 보고 인간이 만든 신에게서 벗어날 자유가 없기 때문이다.

한편 20년간 충성한 목사에 의해 소중한 가정과 인생을 망친 김요셉 집사의 현재 상태를 보여주는 기사 내용이 있다.

"아들에게는 다른 것은 신경 쓰지 말고 우선 학업에만 전념하라"고 말했다.
"나이 오십에 인생이 망가져서 미래가 안 보인다. 자살 사이트를 찾아보며
자살을 생각하기도 했는데 아이들이 눈에 밟혀 지금은 다른 교회에서 기
도를 하며 버티고 있다. 빨리 재판이 끝나고 모든 것을 정리하고 싶다"고
말했다.

— <일요신문> 2016. 11. 09.

역시 밀의 말대로 20년간 충성한 교회 목사에 의해 인생이 망가진 김요셉 집사는 믿음을 버리거나 믿음을 의심할 자유조차도 없는 사람이 되어 있었다.


**(4) 내 안에 거하라, 진리가 너희를 자유롭게 하리라**
신약성서의 요한복음 8장 31절과 32절에 기독교인의 자유에 대한 유명한 구절이 있다. 일반인과 다른 뇌 구조를 가진 사람들의 자유에 대한 언급이다.

"그러므로 예수께서 자기를 믿는 유대인들에게 이르시되, 너희가 내 말에 거하면 참으로 내 제자가 되고, 진리를 알지니 진리가 너희를 자유롭게 하리라."

(Then Jesus said to those Jews who believed Him, If you abide in My word, you are MY disciples indeed. And you shall know the truth, and the truth shall make you free.)

성경에서 제시하는 진정한 궁극적인 자유는 예수 그리스도 안에서 진리로 구원받고, 죄와 사망에서 해방되는 것으로 본다. 즉, 예수를 따르는 자만이 행복하게 살 수 있다고 보는 것이다.

마치 모이가 있는 큰 새장 안에 갇혀 있는 새들이 나가서 힘들게 먹이 사냥을 할 필요가 없기에 새장 안에 갇혀 지내는 것이 더 좋다고 느끼는 모습이다.

그렇다면 과연 예수 안에서 대다수의 사람들이 사는 사회가 진정 행복한 사회일까?

T가 최근에 읽은 책 중에서 감명 깊게 읽은 미국의 종교사회학자 필 주커먼 교수가 쓴 『신 없는 사회』에 보면, 흥미로운 사실이 많이 등장한다. 인구의 90% 이상이 하나님을 믿는 기독교 국가인 미국에 왜 범죄와 총기 난사가 넘쳐나며, 선진국 중 가장 빈부격차가 큰 미국과 반대로 대다수의 국민들이 종교가 없지만 범죄율이 낮고 사람들이 행복한 덴마크나 스웨덴에 대한 이야기는 이 책의 3장에서 소개된다.

복음주의 목사들이 보면 도저히 믿어지지 않는 이 책의 내용을 보면 현대를 사는 우리에게 종교와 행복에 대해 시사 하는 바가 크다.

예수 안에 거해야만 자유롭게 된다는 것은 결국 예수 밖을 벗어나면 자유롭지 못하다는 말이다. 예수 안에서만 사는 세상이 어떠한지는 중세 1,400년의 유럽 사회가 잘 보여주고 있다.

신앙이 지배하는 사회는 야만과 광기가 지배하던 암흑의 시대(the Dark Age)였고 중세 인간의 자유는 신과 교회 예배당 안에 갇혀 있었다.

유일신이 지배했던 사회는 중세 1,400년간의 유럽을 보면 알 수 있고, 현대에서 그런 사회를 보고 싶으면 중동의 이슬람 국가들을 보면 알 수 있다.


## (5) 아내의 반란

가족 모두 교회 나가기를 그만두었다. 지난 30년간 인간이 만든 신의 노예로 살았기에 뇌 구조가 달라진 아내가 먼저 가족 모두 교회 나가는 것을 그만두자고 했다.

2013년 1월부터 전 가족이 새해 첫날 예배부터 가지 않았다. 그 전년도까지만 해도 새해 첫날 교회에 가서 '말씀 카드'를 뽑는 것으로 한 해를 시작했지만, 가족 모두 '세상 너머의 세상'에서 나와 '지상'에 내려왔다. (T는 이때부터 가족의 이름으로 해마다 연탄은행에 기부를 하고 있다.)

합리적 이성으로 무장한 T와 신앙의 시대를 지향하는 아내와의 싸움은 중지되었고 드디어 가정의 평화가 찾아온 것이다. 그 당시 아내의 한 후배가 전하는 바에 따르면, 아내가 교회 안 나가니 너무 좋다고 했다는 말을 전했다.

있을 수 없는 일이 실제로 일어난 것이었다. T의 아내는 절대로 유대 유일신에게서 벗어날 자유가 없는데 아내가 믿음을 가진 지 30년 만에 신에 대한 반란을 도모한 것이었다. 이제는 일요일마다 교회에 가기 위해서 분주히 서두를 필요가 없는 너무나 일상적인 일요일을 누리게 된 것이다.

그 누구보다 기독교의 진실을 확실히 알게 된 T에게는 너무나 큰 선물이었다. 그 당시 끊임없는 독서와 사색을 통해 '인간이 신을 만들었다는 반론 불가능한 12가지 증거'를 정리할 정도로 T의 반유일신 사상은 절정에 이르렀기에 교회에 가서 강신무 K목사의 말도 안 되는 거짓말을 듣는 것은 참을 수 없는 고통이었다.

강신무 K의 교회명이 과거 시리아 수도인 '안디옥'일 정도로 초대교회의 성령을 강조하였다. 그러나 집에 와서 TV 뉴스 속의 '시리아 난민'과 지옥이 된 시리아 뉴스를 보는 것은 지상 최대의 영적인 모순이었다. 무엇보다도 지상 최대의 거짓말을 T의 아이들이 듣고 배우는 것을 지켜보는 것은 지상 최대의 고문이었다. 그렇기에 아내의 결정은 가진 것 없는 T와 결혼해 준 것만큼이나 고마운 일이었다.

그렇게 2년 반 동안 T의 집안은 더 이상 기도나 찬양이 없는 가정이 되었다. 물론 절대로 손해 볼 일을 하지 않는 영민한 아내는 주변의 기독인들에게 교회 안 나간다는 말을 하지 않고 이 교회 저 교회로 정처 없이 다니고 있다고 거짓말을 했다.

그러나 반란은 오래가지 않았다. 다른 마귀들이나 목회자에 의해 반란이 진압된 것이 아니라 아내 스스로 2015년 여름부터 교회에 다시 나가기 시작했다. 이제 막 교회에서 벗어난 아이들까지 데리고 지역에서 가장 큰 감리 교회에 열심히 나가기 시작했다. (T에게는 더 이상 교회를 강요하진 않았기에 T는 교회와 완전히 결별했다.)

다시 교회에 나가는 아내는 더 이상 헌금은 하지 않고 오래전부터 익숙한 방식으로 마음의 안정과 위안을 찾으러 가는 듯했다. (하지만 만약 어떤 안 좋은 일이 닥치면 아내는 헌금을 안 해서라고 생각하고 다시 헌금을 열심히 할 것은 분명하다.)

역시 30년이 넘도록 유일신의 노예로 살아서 뇌 구조가 바뀐 아내에게 교회를 옮길 자유는 있어도 신을 떠날 자유는 없었다. 사실 러시아에서 선교사 생활을 2년간 할 정도로 유일신의 노예로 산 아내의 교회로의 복귀는 이상한 일이 아니었다.

사랑하는 아내의 결정에 대해서 T는 어떠한 반대도 할 수 없었다. 왜냐하면 종교의 자유에 의한 '다신교 사회'를 주장하면서 사랑하는 아내의 결정을 반대하는 것은 심각한 자기모순이기 때문이었다. 다만 아이들이 컸을 때 아이들에게 아빠가 진실을 말하고 아이들이 스스로 결정하게 하여야 한다는 당부는 했지만 아내가 그렇게 할지는 알 수가 없다.

# 3.
# 세 번째 공리(公理):
# 행복은 자기만족에 있다

앞의 두 공리를 접한 기독교 신자 중, 이 책을 계속 봐야 하나 고민하는 사람도 있을 것이다. 하지만 이번 공리는 기독교나 다른 종교가 인간에게 주는 두 번째로 좋은 이유를 밝힌다.

기독교를 포함한 종교의 가장 좋은 이유는 인간에게 '선(善)한 에너지'를 주는 것이지만 두 번째로 좋은 이유는 인간에게 자기만족을 통한 행복을 준다는 점이다. (몇 해 전 태안에서 기름 유출 사고가 있었을 때 종교가 있는 신앙인들이 많이 참석했다는 기사를 본 적이 있다. 기독교 신자들은 원래 선한 사람이 많다.)

교회에는 유달리 삶에 지친 영혼들이 많이 찾아온다. 그들이 자본주의 사회에서 약육강식의 논리에 의해 삶이 망가지고 지쳤을 때 누가 그들을 위로해 주겠는가?

세 번째 공리를 경제학적인 관점에서 살펴보고 종교는 반드시 개인적인 것이 되어야 한다는 점도 함께 거론된다.

고대 그리스의 철학자 아리스토텔레스는 '행복은 자기만족에 있다'고 했다. 예수가 만든 기독교 신앙생활을 통하여 현재 많은 사람들이 자기만족을 하며 지금 행복해 하고 있다. 그들만의 축제에 가면 서로를 챙겨가며 자신들끼리 너무 행복해하는 것을 쉽게 볼 수 있다. T의 아내도 새벽 기도회를 힘들게 가는 이유가 기도를 통해 행복해지기 때문이다.

현재 기독교가 '개독'이라 놀림을 받고 세상 사람들이 측은한 눈으로 기독교를 본다고 해서 기독교를 없앨 수 없는 이유가 바로 이 점에 있다.

국가나 사회복지제도로도 어쩔 수 없는 사람들의 정신적 공허함과 고달픔을 채워주는 기독교를 포함한 모든 종교는 반드시 인간과 함께해야 한다.

무엇보다도 '자기가 원하는 것만 보는' 무기력한 인간이기에 기독교는 영원히 인류와 함께할 것이므로 기독교는 '제거'의 대상이 아닌 '바로잡음'의 대상이다.

그리고 인간은 기본적으로 신까지 만드는 종교적 인간인 호모 릴리지우스(Homo religius)이기 때문이다.


### (1) 기독교와 효용(utility)

경제학 원론 두 번째 시간쯤에 '경제 주체인 개인은 왜 소비하는가?'를 공부하고 개인 소비의 목적은 '효용의 극대화'라고 말한다. 여기서 효용이란 '재화를 소비함으로써 얻는 개인의 주관적 만족도'라고 정의한다.

같은 빵이라도 배고픈 사람들은 빵을 통해 만족도가 높아지고 배부른 사람들은 만족도가 높지 않다. 만족도에 대한 결과가 지극히 주관적이라는 것이 중요하다.

교회를 진정으로 열심히 다니는 사람들은 예배와 찬양을 통해 많은 위안과 행복을 얻는 듯하다. 즉, 교회는 개개인의 영혼을 구제해주는 것처럼 보인다.

T처럼 이성의 칼을 가지고 다니면서 기독교를 다른 시각으로 보는 거짓 신자(?)를 제외하고 많은 기독교인들은 목사의 말에 항상 아멘을 외치고 행복해 한다.

T도 그런 기독교인들을 보면 부러웠다. 하지만 세습무 S목사를 통하여 교회에 대한 의심을 하게 되고 여러 책을 본 이후로 예배에 대한 효용은 갈수록 떨어졌다.

예수가 2천 년 전 인간들에게 남긴 경제적 상품(?)은 '내다시오마'라는 재림의 약속이었다. '내다시오마'라는 재림의 약속을 마음에 새기고 많은 기독교 신자들은 2천 년 동안 기다렸지만 재림은 이루어지지 않았다. 새로운 밀레니엄이 되기 이전 능력 있다고 자처하던 많은 목사들이 2000년 이전에 재림이 이루어질 것이라고 신도들에게 설교했지만 재림에 대한 외침은 공허한 것이 되었다.

한국 기독교의 아이콘인 유명 목사도 구역장 모임 설교에서 1998년 전에 휴거가 되기 때문에 교회 공동묘지를 사지 않는 것이라고 했고 해당년도가 지난 후에도 시한부 종말론을 계속 주장하여 왔다. (〈교회와 신앙〉, 1994. 01. 149p) (목사가 그 후에 재림에 대한 자신의 설교 내용에 대해 뭐라고 말했는지 궁금하지만 알 방법이 없다.)

그러나 재림이 곧 이루어질 것이라고 '자신이 원하는 것만 본' 신도들은 그 설레는 기다림만으로도 효용이 극대화되었음은 틀림없다.

많은 신자들은 십일조, 감사헌금, 건축헌금 등 온갖 명목으로 교회에 돈을 낸다. 그 막대한 돈이 만약 투명한 방법으로 집행되고 어려운 사람들을 위해 옳게 사용된다면 돈을 낸 신자들의 효용이 상승해서 다시 더 많은 돈을 내고 사회에 어려운 약자들의 삶이 바뀌는 유쾌한 상상을 해 본다.

### (2) 종교와 인간의 행복

인터넷 게시판에서 어느 분이 T에게 문의를 했다.

T의 기독교에 관한 글을 보고 종교가 없어져야 한다면 종교 때문에 행복한 사람들은 어찌 하냐는 것이었다. (종교가 없어져야 하는 것이 아닌 유일신 종교에 대한 T의 비판을 보고 이분은 종교 자체를 부정하는 것으로 오해한 듯하다.)

T의 생각은 이렇다. 행복은 자기만족에 있고 효용은 객관적인 만족이 아닌 주관적인 만족이기에 종교로 인한 행복도 다분히 주관적이라고 봐야 한다는 것이다.

만약 누군가 유대 유일신을 믿어 행복하다면 그 신은 그 사람에게 유익한 것이 될 수 있다. 그러나 모든 사람들이 그들의 유일신을 인정하는 것은 아니다. T와 같은 무신론자들도 있고 불교신도들도 있다.

기독인들끼리 교회당에 모여서 자기들끼리 찬송하고 큰 소리로 기도하는 것은 자유민주주의 사회에서 다른 사람들에게 아무런 해가 되지 않는다.

그런데 교회를 나와 정치에 끼어들거나 과학과 민주주의 기본 개념을 부정하면 그때부터 교회는 문명사회를 위협하는 존재가 되어 버린다.

그러기에 종교는 철저하게 개인적이고 사적인 영역에 머물러야 한다고 생각하는 것이다. 종교가 공적인 영역에 들어와 신정일치 사회가 된 중동 이슬람 국가들이나 기독교가 도그마로 군림했던 중세 유럽의 암흑시대(The Dark Age)를 보면 종교(특히 유일신교)는 절대로 세상의 지배 이념이 되어서는 안 된다는 것을 알 수 있다.

T는 특정 종교를 배척하는 대신에 모든 종교가 대접을 받는 다신교 사회를 꿈꾼다. 유대인에 의해 인류 최악의 발명품인 유일신 사상이 만들어진 후 예수와 무함마드에 의해 세상에 나온 유일신 사상 때문에 인류는 지난 천 년간 전쟁과 테러가 끊이지 않고 있다. 원시 다신교 사회에서는 종교 때문에 싸우는 일은 없었다. 로마도 정복한 땅의 사람들에게 자신들의 신인 태양신을 강요하지 않았다. (최초의 고등종교인 배화교나 이집트 태양신도 유일신 사상이었으나 아무도 세상 밖으로 꺼내지 않았기에 인류에게 해가 되지는 않았다.)

종교의 자유에 의해 현대는 다시 다신교 사회로 들어섰다고 한다.

따라서 기독교든, 불교든, 모든 종교는 인간이 자유롭게 사적으로 누릴 수 있는 종교상품이라고 할 수 있다. 다만 '다르니까 틀리다'를 외치는 유일신을 믿는 사람들의 집단 폐쇄성으로 인해 인류문명이 위협받고 있기에 유일신 사상의 실체를 세상에 알리고자 하는 것이다.

종교에 의한 행복이 아닌 다른 식의 행복 찾기는 종교 밖에서 쉽게 가능하다.

미국 스탠포드 의대 연구진이 연구한 바에 따르면, 인간이 가장 행복할 때는 이타(利他)적인 행위를 할 때라고 한다. 이타(利他)적인 행위란 말 그대로 남을 이롭게 하는 행위이다.

실제로 많은 사람들이 어려운 이웃을 위한 자원봉사를 한 후에 도움을 준 사람들이 오히려 더 행복해졌다는 말을 한다. 즉, 남을 이롭게 하는 행위 자체로 인간이 가장 행복해질 수 있는 것이다.

인도의 마하트마 간디도 이와 유사한 말을 했다.

"보상을 구하지 않는 봉사는 남을 행복하게 할 뿐 아니라 우리 자신도 행복하게 한다."

이외에도 기독인이 신의 위안으로부터 벗어난 이후에 행복해질 수 있는 방법은 너무나 많이 있다. 유일신과 세상 너머의 세상에 대한 망상으로부터 벗어나게 되면, 일단은 친구도 생기고 돈도 생긴다. (기독인들은 교회 밖의 세상 사람들과 친구가 되기 힘들다.)

평생 한 사람이 교인이 헌금하는 돈이 1억 6천만 원 정도가 된 다는 계산을 본 적이 있다. 교회를 멀리하고 십일조나 각종 헌금 을 안 하게 되면 돈과 시간이 생기니 일요일에 여행을 떠나거나, 불쌍한 사람들을 위해 자원봉사를 할 수도 있다.

목사 아들 유학비나 때로는 세부 사용 내역을 알기 힘든 헌금 대 신에 그 돈을 불우 이웃에게 기부하고 그 기부가 다른 사람들의 행복에 기여하는 것을 볼 때 인간의 행복은 커지고 인간의 경제적 효용은 극대화되는 것이다.

종교가 주는 위안에 관한 미국 배우 브래드 피트의 말로 끝내고 자 한다.

"내가 종교의 위안으로부터 벗어났을 때, 그것은 믿음을 버린 것이 아니라, 나 자신을 찾은 것이었다."

# ❖ 진실로 진실로 너희에게 이르노니

— 헬퍼스 하이

앞에서 얘기한 종교와 인간의 행복에 관한 T의 글에 대해 인터넷 카페의 한 회원이 남긴 글이다.

다신교든 유일신교든 모든 종교는 거짓에 바탕을 두고 있습니다. 나는 평생을 살아오면서 요즘처럼 행복감을 느끼며 살아본 적이 없습니다. 모태신앙을 가지고 태어나 60년 가까이 나보다 더 열심히 하나님 믿는 사람 나와 보라고 건방진 소리 할 정도로 열심히 믿었었죠. "인간이 가장 행복할 때는 이타(利他)적인 행위를 할 때"라는 말 전적으로 동의합니다.
70평생을 살면서 요즘 가장 행복하게 산다고 했는데 자원봉사활동을 하면서 그런 행복감을 맛보게 됐답니다.
헬퍼스 하이(helper's high)란 바로 이타적인 행위로 인해 맛보는 희열감이지요. 인간이 만들어낸 신이 인간을 행복하게 해주는 게 아니라 이타적인 행위로 행복해질 수 있는 겁니다.

유일신을 믿는 사람들은 뇌 구조가 바뀌어 절대로 벗어날 수 없다는 생각을 했었는데 그 생각을 바꾸게 한 분을 보게 되었다. 이분을 보면 합리적인 이성을 십자가에 강철못으로 박은 기독인들도 새로운 삶을 시작할 수 있음을 알 수 있다.

수십 년간 기독교 믿음 생활을 하신 분이 인간이 만든 신의 실체를 알고 신을 벗어난 순간 이분의 집안은 진정한 구원을 얻은 것이다.

가장이신 이분의 현명한 선택으로 인하여 이분의 집안은 '세상 너머 세상의 망상'에서 벗어나 인간이 사는 세계로 내려오신 것이다. (선택은 인간의 운명을 바꾼다.)

필시 교회를 다니는 자녀분들도 믿음을 버리시게 하셨다면 이 집안은 다양성과 관용이 지배하는 자유 민주주의 세계의 당당한 일원이 될 자격을 얻게 된 것이다.

그리고 믿음이 뿌리 깊은 집안이기에 자녀들 모두 십일조로 많은 돈을 교회에 헌금했겠지만, 모두 안 하게 된다면 매달 어마어마한 돈이 집안에 쌓일 것이다. (8·15 해방의 감동과 함께 돈까지 버는 일이 세상 너머의 세상에 대한 망상에서 벗어나는 일이다.)

존경스러운 이 어르신의 글에 대하여 T는 다음과 같은 댓글을 달아 주었다.

"축하드립니다. 깨어 있는 선생님 가문에 큰 행복이 계속하길 이성의 이름으로 축원합니다."

### (3) 주관적인 신과 객관적인 신-종교는 방귀?

행복은 자기만족에 있고 인간은 신까지 만들어 스스로 인간이 만든 신의 노예가 되기까지 하는 연약한 존재라면 종교의 자유에 의해 각자 개개인이 믿는 신은 반드시 존중받아야 할 것이다. 따라서 개개인이 믿는 주관적인 신이 부정되는 사회라면 사회주의 사회이거나 유일신만 믿는 중동의 국가들처럼 폐쇄적인 사회 혹은 닫힌 사회일 것이다.

그러므로 다른 사람에게 해를 끼치지만 않는다면 종교의 자유에 의한 주관적인 신은 적극적으로 존중 받아야 한다.

문제가 되는 신은 주관적인 신과는 반대로 모든 사람들이 같은 경전을 보고 같은 신을 믿고 같은 망상을 하게하는 객관적인 신이다.

개인의 주관적인 신은 무시되고 객관적인 신만이 지배했던 사회는 1400년간 유럽 기독교 사회를 옥죄었던 중세이다. 사제에겐 천국이지만 민중은 개돼지로 살아가야 하는 그야말로 암흑의 시대(the Dark Age)였다.

현대에서 객관적인 신이 지배하는 사회를 보고 싶으면 중동 이슬람 국가를 보면 알 수 있다. 인터넷에 '무신론자 사형'을 검색하면 현재 세계 13개국에서 무신론자는 사형에 처해진다고 한다.

"영국 일간 인디펜던트는 세계적으로 무신론자가 급증하는 가운데 중동, 동남아, 아프리카의 이슬람을 주로 믿는 국가 13개국이 무신론자나 배교자에게 사형을 선고하고 있다고 보도했다.

영국에서는 데이비드 캐머런 영국 총리가 부활절 맞이 대중연설에서 한 발언이 논란이 됐다. 영국은 30%만 유신론자인데 캐머런 영국 총리는 지난 26일 연설에서 영국을 '기독교 국가'로 표현했다가 여론의 뭇매를 맞았다. (영국의 실제 교회 출석률은 5%가 되지 않는다고 한다.)

무신론자 사형 집행국은 지역별로 중동 7개국, 아프리카 4개국, 동남아 1개국, 인도양에 자리한 섬나라 몰디브까지 총 13개국이다.

국호에 이슬람공화국을 명시한 나라는 자국민이 타 종교로 개종하거나 변절하면 사형에 처했다. 중동에 자리한 아프가니스탄과 이란, 파키스탄, 아프리카 모리타니가 해당한다. (세계 타임즈, 2016. 3. 31)

다양성과 관용으로 현대 문명을 말한다면 이 들 13개국은 문명과는 머리가 먼 미개한 국가들이다. (모두 인류 최악의 발명품인 유대 유일신을 믿는 국가들이다.)

주관적 신만이 존중 받는 사회가 바른 사회라면 그렇다면 종교는 방귀가 아닐까 하는 생각이 든다. 자신이 뀐 방귀 냄새에 얼굴을 찌푸리는 사람은 없다. 다만 다른 사람이 뀐 방귀 냄새는 고약하다. 마찬가지로 자신이 조용히 주관적으로 섬기는 신은 아무에게도 해가 되지 않는다.

그러나 다른 사람에게 자신의 종교를 강요하도록 만들어진 신들은 변비 걸린 팔순 노파가 일주일 만에 뀐 고약한 방귀 냄새이다. (최근 본 법륜 스님의 강연에서 스님은 '다른 사람에게 불교를 강요하는 불교도는 더 이상 불교도가 아니라고 하셨다. 불교는 유일신이 아닌 다신교이므로 당연하신 말씀이시다.)


### (4) 개인적인 종교와 세계 평화

행복은 그냥 만족이 아니라 자기만족에 있고 효용은 객관적인 만족이 아닌 개인의 주관적인 만족이라면 종교는 개인적인 다분히 개인적인 일이어야 한다.

현재 여러 가정이 종교문제로 파괴되고 많은 전쟁이 종교 간의 갈등으로 인해 발생하고 있다. 몇 해 전 신문에 보도된 조사에 따르면, 아내는 술을 많이 먹는 남편에 의해 가장 큰 스트레스를 받고, 남편은 지나치게 종교 활동을 많이 하는 아내로 인해 가장 큰 스트레스를 받는다고 한다.

중세가 아닌 현대의 민주주의 사회에서 다른 사람의 신념과 자유에 대해 간섭하는 종교인들 때문에 가정에 불화가 생기는 것을 많이 보았다.

미국과 달리 기독교를 믿는 인구가 극히 적지만 현재 세계에서 가장 행복한 나라로 꼽히는 덴마크의 전 총리인 안데르스 포그 라스무센은 다음과 같은 말을 한 적이 있다.

"종교는 개인적인 문제이고 반드시 개인적인 문제이어야 한다. 개인적인 신념보다 종교적인 법이 우위를 차지하는 것은 위험한 일이다. 그렇게 되면 천 년 전의 계명과 경전에 개인의 신념이 복종해야 하고, 사회 전체가 종교적 명령에 따라야 한다. 우리 덴마크 사람들은 정치와 종교를 분리해서 생각한다.

— 필 주커먼, 『신 없는 사회』, 마음산책, 2012. 29p, 19~23

중세 이전의 고대엔 자기가 믿지 않는 신이라도 남이 믿는 신의 존재를 허용하는 다신교 세계였다. 고대인들은 다른 신의 존재를 인정하지 않는 세계를 미처 경험해보지 못했기 때문에 일신교가 가져올 폐해에 대해 생각을 하지 못했을 것이다. 다신교의 세계였던 고대에 유일한 일신교는 유대교였지만, 선민사상을 가진 유대교도는 남을 유대교로 끌어들일 생각조차 하지 않았다.

고대에 다른 생각을 가진 사람들에게 포교하는 것을 중요하게 생각한 종교는 오직 기독교뿐이었다. (시오노 나나미, 『로마인 이야기 14』, 한길사, 2009. 266~267p)

현재 세상에서 가장 기독교적인 국가인 미국의 국부들은 건국 초기에 지금의 미국 정치인들과는 정반대였다.

미국이 기독교 국가로 성립된 것이 아니라는 사실은 1796년 조지 워싱턴(George Washington)이 초안을 작성하고 1797년 존 애덤스(John Adams)가 서명한 트리폴리 조약에 언급되어 있다. "미합중국 정부는 그 어떤 의미에서도 기독교에 토대를 두지 않고, 이슬람의 법이나 종교나 평화를 결코 적대시하지 않으며 … (중략) … 종교적 견해에서 비롯되는 어떤 구실도 결코 두 나라의 화합을 해치지 못할 것임을 선언하는 바이다." (리처드 도킨스, 『만들어진 신』, 김영사, 2007. 64~69p)

토머스 제퍼슨(Thomas Jefferson)은 '기독교는 여태껏 인간이 갈고닦은 가장 비뚤어진 체제다'라고 했고, 벤저민 플랭클린(Benjamin Franklin)은 '등대가 교회보다 더 유용하다'라고 했다. 또한 존 애덤스(John Adams)는 '가능한 모든 세계들 중에서 최상의 것은 종교가 없는 세계일 것이다'라고 했다. (리처드 도킨스, 『만들어진 신』, 김영사, 2007. 69p)

하지만 불행하게도 현재 미국은 '절대선'인 기독교를 위해 열심히 '절대악'을 찾는 전쟁놀이를 하고 있다. 미국을 설계한 미국의 국부들이 현대 미국 정치를 보면 어떤 생각을 할까?

T가 이 책을 집필한 목적 중 하나는 점차 종교화하는 세계 정치를 바로잡는 데 도움을 주어 세계 평화에 기여하고 싶은 소망을 이루고자 함이다.

만약 이 꿈이 현실이 되어 이 책이 널리 읽혀 T가 세계 평화에 기여한다면 과거 T가 겪은 기가 막힌 삶이 어려움을 겪는 누군가에게 작은 희망이 될 것이다. (T가 자살을 이겨낸 가장 큰 이유였던 '내일 일을 어찌 아느냐?'가 이르듯이 T의 삶이 세상에 드러나 유명해진다면 어려움을 겪는 누군가 T처럼 포기하지 않고 열심히 살게 될 것이다.)

### (5) 예수가 말한 하나님 나라

하나님의 나라는 세상 너머의 세상인 하늘나라와 인간이 살고 있는 지상에 있는 종교 국가 두 가지로 볼 수 있다.

먼저 지상의 하나님 나라는 중세처럼 지상에서 모든 사람들이 하나님을 믿고 따르는 형태를 말한다. 모든 인간이 하나님을 믿는 지상의 나라가 하나님의 나라라면 인류 역사에서 하나님 나라가 어떠했는지 역사를 통해 알 수 있다.

중세 하나님의 나라에는 교회와 사제의 타락은 도를 넘어섰고 신 이외의 인간 이성과 과학은 절대 용납되지 않는 그야말로 야만과 광기의 시대였다. 현대의 하나님 나라를 보고 싶다면 중동의 이슬람 국가들을 보면 된다. 기독교와 같은 야훼 신을 믿고 같은 구약을 본다. 그들의 말로 하면 하나님 나라는 알라의 나라라고 부를 수 있다.

중세와 중동 이슬람 국가들을 보면 지상의 하나님 나라는 한마디로, "종교 장수에겐 천국, 민중에겐 생지옥"이라고 할 수 있다.

'공리 1'에서 잠깐 언급했듯이 사람은 자기가 원하는 것만 보기에 천국이란 세상에 지친 인간들이 있기를 원하는 것일지도 모른다고 했다.

하지만 현재 대부분의 기독교 목사들은 삶에 지친 교인들에게 죽어서 하나님 나라에 갈 꿈을 꾸게 한다. 기독교 종교 장수들이 설교 때마다 말하는 하나님 나라에 대해 예수가 언급한 내용이 누가복음 17장 20절에 나온다.

바리새인들이 하나님의 나라가 어느 때에 임하나이까? 묻거늘 예수
께서 대답하여 가라사대 "하나님의 나라는 볼 수 있게 임하는 것이
아니요 또 여기 있다 저기 있다고도 못하리니 하나님의 나라는 너
희 안에 있느니라."

(Now when He was asked by the Pharisees when the kingdom of God
would come. He answered them and said, "The kingdom of God does
not come with observation."; Nor will they say, "See here!" or "See
there!" For indeed, the kingdom of God is within you.)


조심스럽게 추측해본다. 하나님 나라, 즉 '세상 너머의 세상'은 기
독교 목사들의 말처럼 죽어서 올라가는 물리적으로 이 우주에 있
는 특정한 공간이 아니라, 신자들이 생각만 해도 효용(utility)이 올
라가는 신자들 마음속에만 존재하는 나라인 것이 분명하다.

# III

## 불편한 21세기 대한민국 기독인들

T가 아는 기독인들의 가장 큰 특징은 자신의 믿음에 대한 큰 만족과 함께 자신들의 종교에 대한 남다른 자부심을 가지고 있다는 것이다. 이 장은 창조주를 자신의 후견인으로 믿는 오만한 기독인들이 불편해할 이야기들을 소개하는 장이다.

특히 역사적 사실과 현재 부자가 된 기독교 지도자들을 보면 '종교에 미치면 대대로 알거지가 되고, 종교를 이용하면 대대로 큰 부자가 된다.'는 말이 옳다는 것을 알 수 있다.

과학의 시대인 21세기에 중세의 기독교인들은 경험할 수 없었던 내용들을 보면 중세를 바라보며 사는 현대의 기독인들이 불편해할 내용이 많다는 것을 알 수 있다.

'진실(眞實)과 불편한 기독교'에서는 초등학생도 이해할 수 있는 현대의 과학과 의학 등에 관한 진실과 반대되는 기독교와 창조론의 거짓된 모습을 확인할 수 있다.

'사실(史實)과 불편한 기독교'에서는 목사들이 그렇게 가고 싶어 하는 신앙 중심의 시대였던 중세를 들여다보고, 목사들이 그렇게 닮으로 주장하는 초대교회와 100년 전 북한의 과거와 현재를 돌아본다. 조금이라도 지각이 있는 기독인이라면 성경과 반대되는 믿음의 땅들의 비참한 후손들을 확인하면 불편해할 것이다.

그리고 현재 북한의 김씨 왕조와 비슷한 남한의 기독교 종북세력을 소개한다.

세상의 빛과 소금이 되기는커녕 세상 사람들이 측은한 눈빛으로 보게 하는 타락한 종교 장수들이 소개된다. 매스컴에 자주 오르는 기독교 지도자들의 타락한 모습은 역시 대다수 평범한 기독인들을 불편하게 하고 있다.

물론 이미 합리적인 이성을 십자가에 못 박고 인간이 만든 신의 노예가 된 기독인들은 다음에 소개되는 명명백백한 진실을 외면할 것이다. 자기들이 보고 싶지 않은 이유가 가장 크지만 이미 유일신을 믿는 그들의 뇌 구조는 일반인과 다르기 때문이다.

T의 고등학교 기독인 친구가 십자가에 못 박은 합리적 이성을 꺼내는데 결정적이었던 '기독교 천국의 저주'가 소개된다. 분명히 천국에 갔을 것으로 믿어지는 사람들이 천국에서 보고 있는 후손들의 모습을 확인하면 많은 기독인들이 자유를 얻게 될 것으로 믿고 싶다.

# 1.
# 진실과 불편한 기독교

이 글에서 진실은 초등학생도 이해할 수 있는 내용들이다. 초등학생도 옳다고 하는 진실을 어느 누구도 부인할 수 없다.

아무도 부인할 수 없는 사실들이 기독교와 부딪히기에 기독인들은 불편해야 하지만 그들의 믿음에는 전혀 영향을 끼치지 않을 것이다. 왜냐하면 자신이 원하는 것만 보는 다수의 기독인들은 당연한 사실이라도 보려 하지 않으려 하고 무엇보다도 종교를 버릴 자유도 용기도 없기 때문이다.

이 장의 내용은 주로 버트런드 러셀에게 노벨 문학상(1950)을 안긴 명저 '과학과 종교'(버트런드 러셀, 동녘, 2011)을 참조하였다.

### (1) 과학과 불편한 기독교

기독교가 과학과 처음 부딪힌 분야는 천문학이다. 창세기 1장 16절에서 19절에 나오는 구절을 보자.

16. 하나님이 두 큰 광명을 만드사 큰 광명으로 낮을 주관하게 하시고 작은 광명으로 밤을 주관하게 하시며 또 별들을 만드시고

17. 하나님이 그것들을 하늘의 궁창에 두어 땅에 비취게 하시며

18. 주야를 주관하게 하시며 빛과 어둠을 나뉘게 하시니라 하나님이 보시기에 좋았더라.

19. 저녁이 되며 아침이 되니 이는 넷째 날이니라.


지구를 중심으로 하여 해와 달과 별이 존재하는 천동설을 말하고 있다. 21세기 현대에 사는 초등학생도 천동설을 믿지 않지만 기독교 성경책에는 버젓이 천동설이 진리인 것처럼 나와 있고 많은 기독교 맹신자들은 성경에는 일체의 오류가 없다고 믿고 그렇게 말하고 있다.

1543년 코페르니쿠스가 『천체의 회전에 관하여』를 출간하고 지동설을 주장했을 때 유명한 종교개혁가 마틴 루터는 다음과 같은 말을 했다.

"사람들은 하늘, 태양, 달이 아니라 지구가 돈다고 주장하는 건방진 점성술사의 말에 귀 기울인다. 똑똑해 보이고자 하는 자는 누구나 새로운 체계, 가장 훌륭한 체계를 고안해내야 한다. 이 멍청이는 천문학을 송두리째 뒤집어엎고 싶은 모양이다. 하지만 여호수아는 지구가 아니라 태양에게 멈추라고 명령하셨다."

태양이 아니라 지구가 돈다는 지동설은 성경의 창세기를 완전히 부정하고 나아가 기독교의 근간을 뒤흔드는 대사건이었기 때문에 기독교의 반발은 상상 이상이었다.

종교 개혁가 칼뱅은 "누가 감히 코페르니쿠스의 권위를 성령의 권위 위에 놓을 것인가?"라고 일갈했다. 그러나 지동설은 덴마크의 천문학자 티코 브라헤의 연구 성과를 거쳐, 이탈리아의 신학자이자 천문학자 조르다노 브루노의 화형을 지나, 요하네스 케플러의 행성 운동 세 가지 원리의 발견에까지 이른다.

지금부터 약 400여 년 전인 1616년 2월 26일, 종교재판정은 갈릴레오 갈릴레이에게 지동설을 포기하라는 판결을 내린다. 재판정이 내세운 논리는 다음과 같다. "태양은 중심이고 지구의 둘레를 돌지 않는다는 첫 번째 명제는 신학적으로 볼 때 어리석고 부조리하고 그르고, 성서에 명백히 반하기 때문에 이단이다.

지구는 중심이 아니고, 태양 둘레를 공전한다는 두 번째 명제는 철학적으로 부조리하고 그르며, 신학의 관점에서 볼 때 적어도 참된 믿음에는 반한다.

그런데 성경에 일체 오류가 없다는 현대 기독인들의 세계관과 중세 어리석은 인간들의 세계관과 무슨 차이가 있을까?

중세인들은 과학과는 거리가 먼 신앙의 시대에 살았기 때문에 정말로 몰라서 태양이 돈다고 믿었고, 이성과 과학의 시대에 사는 현대의 기독교인들은 신앙의 시대인 중세로 가고 싶기에 중세인들의 믿음을 믿고 싶은 것은 아닐까?

아니면 태양이 돈다고 믿듯이 머리가 돌았거나….

## ❖ 진실로 진실로 너희에게 이르노니

— 브루노와 꽃의 들판

1600년 2월 17일, 로마의 캄포디피오리 광장에서 수학자, 철학자, 천문학자였던 조르다노 브루노(Giordano Bruno)가 화형을 당했다.

입에 재갈이 물린 채로 화형대에 묶인 브루노는 "여기 묶여 있는 나보다 나를 묶은 너희가 더 두려움에 떨리라"라고 말했고, 근처에 있던 한 기독인이 십자가를 전달했으나 거절했다고 한다.

그의 죄목은 2가지였다.

첫째, 지구가 움직인다는 지동설이다.

1543년 코페르니쿠스는 지동설을 발표한 이후 자연사했다. 지동설을 발표하면 교회가 필시 가만히 두지 않을 것이기에 죽을 때 발표하라는 친구의 조언대로 발표한 후에 자연사했다. 성서는 분명히 지구가 중심이 되고 신이 하늘에 해와 달을 만들었다고 했는데 지구가 태양의 주위를 움직인다면 성서는 거짓이 되는 것이다.

오늘날에도 현대인들 앞에서 성경이 진리라고 하는 종교 장수들은 열변을 토한다. 성서가 오류가 없다면 천동설이 맞는 것이다. 브루노가 화형당하고 16년 후 갈릴레이가 같은 죄목으로 종교재판을 받았으나 그는 자신의 양심을 버렸다.

둘째, 우주는 무한하다.

우주가 만약 누군가에 의해 만들어졌다면, 어딘가에 끝이 있어야 하는데 반대로 무한하다면 우주는 만들어진 대상이 아니라 원래부터 있었던 것을 의미한다.

영국의 천재 물리학자 스티븐 호킹은 신을 믿지 않는다. 그가 신을 안 믿는 가장 큰 이유가 우주가 무한하기 때문이라고 한다. 누군가에 의해 만들어진 것이라면 분명히 끝이 있어야 하는데 끝이 없으니 우주는 만들어진 것이 아니고 따라서 절대자는 없다는 것이다.

유일신에 의한 창조론의 허구를 보여주는 대표적인 진실이다.

현재 로마의 캄포디피오리 광장에는 브루노의 동상이 서 있고 이런 글귀가 동상에 새겨져 있다.

브루노에게, 그대가 불에 태워짐으로써 그 시대가 성스러워졌노라.

T는 이렇게 글귀를 바꾸고 싶다.

브루노에게, 이 상스러운 신앙의 시대에 그대는 불에 태워졌느니라.

## (2) 의학과 불편한 기독교

신앙의 시대였던 중세에는 끔찍한 흑사병과 역병은 악마의 탓으로 돌려지거나 하나님의 분노로 여겨졌다. 그래서 성직자들은 하나님의 분노를 풀고 싶다면 교회에 땅을 헌납하라고 했다. 주일 설교에서 하나님의 복을 받기 위해서는 십일조 생활을 철저히 해야 한다고 열변을 토하는 현대의 기독교 종교 장수들의 모습과 다르지 않았다.

흑사병은 유럽에서 1340년대 처음 창궐한 이래 많은 희생자가 발생하여 공포의 대상이었다. 1340년대 흑사병으로 약 2천5백만 명이 희생되었다. 이는 당시 유럽 인구의 약 30%에 달하는 숫자였다.

흑사병에 대한 신앙의 광기는 천연두에도 이어졌다.

영국의 에드워드 제너가 창안한 천연두 예방 접종은 성직자들의 거센 항의에 부딪혔다. 성직자들은 천연두의 예방 접종이 신의 심판을 좌절시키려는 노력이라면서 예방 접종 없이 신의 심판을 그대로 받아들여야 한다고 주장했다.

성직자들은 백신 접종을 '천국 자체에 대한, 심지어는 하나님의 의지에 대한 도전'으로 여겼다. 케임브리지 대학에서는 백신 접종에 반대하는 설교가 이어졌다.

몬트리올에 심각한 천연두가 번진 1885년에 이르러서도 가톨릭 교도들은 성직자의 지지 하에 백신 접종을 거부했다고 한다. (버트런드 러셀, 『종교와 과학』, 동녘, 2011. 79p, 19~22)

정신 질환이 있는 사람들은 악마가 들어갔다고 보았고 사람들은 악마를 쫓는 가장 효과적인 방법은 고문이라고 생각했다. 처음에는 고약한 냄새가 나는 것들로 악마를 쫓아내려 했고 이 방법이 효과가 없으면 정신질환자에게 채찍질을 했고 그래도 안 될 시에는 더 심한 고문이 기다리고 있었다. 수 세기 동안 정신질환자들은 야만적인 교도관들의 잔인한 손에 맞아 죽었다.

위와 같이 야만과 광기가 지배한 신앙의 시대 중세에는 질병과 치료가 미신적이고 임의적으로 이루어질 수밖에 없었다. 왜냐하면 해부학과 생리학에 대한 연구 없이는 과학적인 치료가 불가능하기 때문이다. 그러나 교회가 해부에 반대했기 때문에 획기적인 치료 방법은 출현하지 않았다. 육체의 부활을 방해할 수도 있었고, 교회는 피 흘림을 혐오했기 때문에 해부는 사악한 것으로 간주되었다.

신앙의 시대에 많은 사람들이 병으로 죽었지만, 이성의 시대인 현대에는 의학의 발전으로 사람들이 병으로 죽는 것은 많이 줄어들었고 인간의 수명은 과거보다 현저히 증가하였다. 앞으로도 에이즈(AIDS) 같은 질병이 인류를 계속해서 위협할 것이다.

하지만 질병을 하나님의 벌로 간주하는 신앙의 시대가 아닌 과학과 의학이 존재하는 이성의 시대에 살고 있기에 인간은 어떠한 질병도 결국 퇴치하게 될 것이다.

### (3) 마녀사냥과 마녀 판별법

중세 말기부터 근대까지 유럽과 북아메리카 일대에서 행해졌던 마녀나 마법 행위에 대한 추궁과 재판 및 형벌에 이르는 일련의 행위를 마녀사냥(witch hunt) 혹은 마녀 재판이라 한다. '성경 무오류설'을 확고히 믿는 기독교도들은 출애굽기 22장 18절의 '너는 무당을 살려두지 말지어라'라는 구절을 충실히 이행하고자 했던 중세 기독교인에 의해 수십만의 죄 없는 사람들이 마녀사냥으로 희생되었음을 다시 한 번 더 기억해야 할 것이다.

마녀 재판을 위해서 마녀로 의심되는 여자들에게 던질 질문 목록이 작성됐고, 의심되는 여자들은 재판관들이 원하는 대답을 얻을 때까지 고문대에 묶여 잔인한 고문을 당했다. 여자들은 고문에 못 이겨 자신이 마녀라고 인정할 수밖에 없었다.

1450년에서 1550년 사이 독일에서만 10만 명의 마녀들이 화형당한 것으로 추정된다. (버트런드 러셀, 『종교와 과학』, 동녘, 2011. 85p, 1~4)

마녀로 고발되거나 체포된 자가 실제 마녀인지 아닌지를 증명하는데 여러 방법이 동원되었다. 가장 흔한 방법이 물에 의한 실험이었다. 마녀로 지목된 자를 무거운 바위에 매달아 강이나 늪, 운하에 던져 보는 방법이 그것이다. 물 위에 떠오르면 악마와 교접한 근거가 되었고, 빠져 죽으면 결백한 사람으로 간주되었다. 결백이 증명되더라도 때는 이미 늦은 것이었다.

16세기가 끝나갈 무렵, 독일 트리어 대학의 총장이자 주임판사였던 플라테는 수많은 마녀들에게 유죄 선고를 내리는 순간에 어쩌면 그녀들이 자백한 것은 오직 고문에서 벗어나고 싶어서였을지도 모른다는 생각을 하기 시작했고, 급기야 유죄 선고를 꺼리게 되기에 이르렀다. 그 결과 그는 사탄에게 자신을 팔았다는 죄목으로 고발당했고, 그 자신이 다른 이들에게 가했던 고문을 고스란히 당하게 됐다. (버트런드 러셀, 『종교와 과학』, 동녘, 2011. 85p, 8~12)

그녀들처럼, 그 역시 자신의 유죄를 자백했으며 1589년 목이 졸린 채 화형당했다. 야만과 광기가 흐르던 신앙의 시대에 자행되었던 마녀사냥이 이성의 시대에는 다른 방식으로 행해지고 있다.

여전히 '절대선'인 기독교를 맹목적으로 믿는 일부 기독교인들은 종교다원주의 사회의 기독교외의 다른 종교를 마귀라 부르며 무조건 배척하고 있다.

T는 다시 한 번 기독교가 다른 것보다 조금 더 선할 수는 있어도 '절대선'은 아니라는 것을 밝혀 이 세상이 더 이상 자기 이외의 다른 종교를 마녀 재판 하는 일이 없게 하는데 T의 보잘것없는 이 책이 도움이 되길 바라는 바다.


### (4) 생명의 탄생에 대한 T의 깨달음

기독교를 믿는 사람들은 신에 의한 창조를 못 믿는 사람에게 말한다.

그렇다면 지구상의 생명은 어떻게 생겨났느냐고?

증명이 애초에 불가능한 명제에 대해서 기독교인들은 성경에 쓰여 있기에 그렇게 믿고 싶을 것이다. 하지만 창조론이나 진화론의 화두인 인류의 등장은 모두 오래 전의 일이기에 애초에 증명이 불가능한 '이론'들일 뿐이다.

그나마 진화론에 대한 증거는 많이 있고 지금도 계속 발견되고 있다. T도 세습무 S목사에 의해 기독교에 대한 의심이 생기고 나름대로 창조적인 고민을 계속했지만 생명 탄생의 기원에 대한 부분에서는 큰 벽을 만났다.

그러던 어느 날 드디어 생명 탄생에 대한 나름대로의 해답을 찾을 수 있었다.

하루 종일 T를 싱글벙글 웃게 만든 생명 탄생에 대한 깨달음에 대한 보따리를 풀고자 한다.

『만들어진 신』을 저술한 옥스퍼드 대학 교수인 리처드 도킨스에 따르면, 우리 은하에는 10억에서 300억 개의 행성들이 있고 우주에는 약 1,000억 개의 은하가 있다고 추정한다. 보수적으로 생각해도 우주에는 1해(10억의 10억 배) 개의 행성이 있다고 볼 수 있다.

그리고 태양과 같은 항성 주위에는 이른바 골디락스 영역(Goldilocks Zone)이라고 불리는 공간이 있다. 너무 뜨겁지도, 너무 차갑지도 않아서 그 영역에 있는 행성에는 물이 있을 수도 있고 따라서 생명체가 존재할지도 모른다고 한다.

이러한 골디락스 영역에서 생명이 자연적으로 출현할 확률이 10억 분의 1이라 해도 우주에 생명이 있는 행성은 10억 개나 된다고 볼 수 있다. T가 UFO의 존재를 믿는 이유이다.

지금부터는 생명 탄생의 비밀에 대한 T의 상상력에 근거한 추정을 함께해 보자. 우리가 사는 지구에 생명이 탄생한 것은 먼저 '우연(accident)'에 의해서다.

수없이 많은 행성 가운데에서 지구가 태양의 행성으로서 골디락스 영역에 있게 되고 23.5도 기울었으며, 거대한 중력으로 모든 것을 빨아들이는 목성이 치명적인 충돌로 지구를 위협할 만한 소행성들을 가로막아 지구를 지켜주는 것도 하나님의 '은혜'가 아닌 우연의 산물이다.

생명 탄생의 비밀이 '우연'이라는 첫 번째 요인보다 더 강력한 것은 두 번째 요인이다.

두 번째 요인은 시간(time)이다.

현재 과학자들은 지구의 나이를 46억으로 보고 생명이 지구에 탄생하기 시작한 것은 30억 년 전으로 추정하고 있다. (기독교에서는 지구와 우주의 나이를 6,000년으로 본다.)

1억 년이라는 시간은 얼마 정도일까?

1만 년 전 지구의 빙하기가 끝나고 인간은 따뜻해진 날씨 덕에 동굴 생활을 청산하고 농경 생활을 시작했다고 고고학자들은 말한다. 예수가 태어난 지 2천 년인데 그 2천 년이 다섯 번 반복해야 1만 년이다. 이렇게 긴 1만 년이 자그마치 1만 번 반복해야 1억 년이다.

그래도 상상이 안 된다면 1억 년을 다른 시각에서 가늠해보자. 한반도의 북쪽 끝은 함경북도 온성이고 남쪽 끝은 제주도 남쪽에 있는 섬 마라도이다. 두 지점 사이의 거리는 약 1,300㎞라고 한다. 중간에 바다를 빼고 1,000㎞라고 봤을 때, 1년마다 1㎝씩 이동하여 한반도를 남쪽 끝에서 북쪽 끝까지 종단하는 것이 1억 년이다. 1년에 1㎝씩 가서 1만 년이 흘러가면 100m이다.

이렇게 어마어마하게 긴 1억 년이 수십 번 반복하는 그 엄청난 시간 속에서 무슨 일이든 일어났을 수 있다고 T는 생각한다. 현재 지구상에 멸종 위기 생물이 있고 멸종한 생물도 있다는 것은 창조론이 아닌 진화론이 더 설득력 있음을 알 수 있다.

불과 100년 사이에 믿음의 후예들인 북한 사람들의 신장이 저렇게 작아졌는데, 1억 년이 수십 번 반복한 그 시간 동안 어떠한 일도 발생했을 수 있다고 보는 것이다.

이토록 엄청난 시간인 1억 년이 46회가 아니라 수백 번 발생했을 수도 있다.


## (5) 죽은 나사로를 살린 예수와 부처의 가르침

나사로는 베다니에 살던 마리아와 마르다의 오빠이다. 나사로가 병이 들자 나사로의 누이들은 급히 예수님을 청하여 도움을 받기 원했으나 결국 나사로는 죽음을 맞게 된다. 죽은 지 4일 뒤 베다니에 당도한 예수는 이미 썩어 냄새가 나는 나사로를 무덤에서 불러내어 소생시킴으로써 죽은 자도 능히 살리시는 하나님의 능력과 믿는 자의 부활에 대해 가르쳤다. (요한복음 11:1-44; 12:1-11)

결국 예수가 죽은 자도 살렸으니 너희도 전지전능한 예수 믿고 기도 열심히 하고 교회에 복종하라는 말이다.

한편, 2016년이 불기 2559년이므로 부처가 활동하던 때는 지금으로부터 2600년 전쯤이 될 것이다. (불기는 부처가 입적한 해가 원년이다.)

어느 날 부처가 제자들과 있을 때 아이를 잃은 여자가 울면서 찾아왔다. 부처를 신으로 알고 아이를 살려달라는 여자의 간청에 부처는 이렇게 답했다.

"지금 나가서 집안에 아무도 죽지 않은 집을 찾아온다면 내가 아이를 살려주겠소."라고 했다. 부처의 이 말을 들은 아낙은 그 길로 집집마다 다니면서 죽은 사람이 없냐고 물었다. 그러나 어떤 집이든 죽은 사람이 있다는 것이었다.

아이를 잃은 슬픔에 잠겼던 이 아낙은 죽은 사람이 없는 집을 찾아다니는 동안에 인간은 죽음에 이를 수밖에 없다는 사실을 깨닫고 슬픔을 삭였다는 이야기다.

죽음에 대한 예수와 부처의 상반된 처신은 우리에게 삶의 길을 알게 해 준다.

다음은 이성과 과학이 없고 기독교 신앙만 있던 중세에 실제로 있었던 일이다.

중세 이전 로마가 세계를 지배했을 때에는 로마가 지배하는 각 도시마다 발달된 위생 시스템이 있었다. (포장도로는 지구 둘레의 두 배가 되는 8만㎞에 달했고, 먼 산에서 물을 끌어 깨끗한 물을 사용할 수 있었고 목욕시설이나 하수도 시설도 있었다.)

그러나 신앙의 시대인 중세에는 교회는 화려하고 웅장해졌으나 모든 사회 시스템이 붕괴되었다. 주거지는 다시 더러워졌고 환경을 정비하는 아무런 시스템이 없었다.

결국 비위생적인 환경은 인간에게 전염병을 불러왔다.

14세기 유럽 인구의 30%를 죽게 했던 흑사병이 돌았을 때 중세인들은 두 가지 조치를 취했다.

첫째, 신의 노여움을 풀기 위해 예수를 판 유대인을 잡아들여 산 채로 화형을 시키거나 십자가에 매달아 죽였다. 독일 바이에른에서는 1만 2천 명이 살해된 것으로 추정되며, 에르푸르트와 스트라스부르에서는 각각 3천 명과 2천 명이 화형당했다. (버트런드 러셀, 『종교와 과학』, 동녘, 2011. 79p, 1~5)

둘째, 중세인들은 두려움에 떨면서 교회로 몰려들어 기도하기 시작했다. 결국 교회에서 전염병에 감염되어 사람들은 떼거지로 몰살하는 경우도 있었다.

질병에 대한 중세 기독인들의 대응은 이처럼 신앙에 의존하는 것이었다. 그 결과는 파멸밖에 없었다.

기독교가 추구하는 신앙적인 대응 대신에 인간에게 철학적 답변을 준 부처는 훨씬 인간적이고 이성적인 존재였다. (T는 불교도는 아니니까 오해는 마시라.)

그렇다고 절에 가서 부처에게 의존하라는 말은 절대 아니다. 깨달음을 얻었지만, 평범한 인간이었던 부처를 신으로 만들고, 그 신의 노예로 만들어 인간에게서 노름 밑천을 챙기는 현대 불교를 따

르는 것은 각자의 자유일 뿐이다. (종교의 자유)

2016년 초반 지카 바이러스가 세계적인 문제였다. 만약 모든 국가들이 종교 장수들의 바람대로 기독교 신앙을 가지고 있다면, 과학적인 대응보다 각종 기도회를 개최하는 등의 종교적인 대응을 하고 있었을 것이다.

그러나 지금은 이성과 과학의 시대. 인간은 인간을 위협하는 것들을 스스로 하나씩 극복해 나가고 있다. 이 얼마나 아름답고 멋진 세상인가?


### (6) 창조냐 진화냐?

유일신을 믿는 사람들은 신이 인간과 우주를 만들었다는 창조론을 굳게 믿는다. 창조론을 부정하는 순간부터 신앙과 자신의 유일신을 버리는 것이기 때문이다.

다음은 기독교 국가인 미국의 현실을 보여주는 내용이다. 위키피디아(Wikipedia)에 있는 창조와 진화에 대한 글을 번역하여 소개한다.

① 1987년의 조사는 5십만 명의 지구와 생명 과학 분야의 미국 과학자들 중 99.84% 이상이 창조 과학이 아닌 진화론을 지지한다는 것을 밝혔다. 진화·창조론 논쟁의 전문가인 교수이자 작가인 Brian Alters는 국립 보건 연구소 발간물에서 99.9%의 과학자들이 진화론을 받아들인다고

말했다고 전해진다. 1991년의 미국 갤럽 조사에 따르면 단지 5%의 과학자들(생물학 분야 이외의 과학자들 포함하여)만이 창조론을 지지한다는 것을 밝혔다.

(One 1987 estimate found that more than 99.84% of almost 500,000 US scientists in the earth and life sciences supported evolution over creation science. An expert in the evolution-creationism controversy, professor and author Brian Alters, is quoted as stating that "99.9 percent of scientists accept evolution" in a National Institutes of Health publication. A 1991 Gallup Poll of Americans found that only about 5% of scientists (including those with training outside biology) identified themselves as creationists.)


② 13만 명의 회원과 천만 명 이상의 개인을 포함하는 262개의 직할단체들과 과학 학회들을 이끄는 세계 최대의 미국 과학 진보 협회는 진화론을 지지하는 여러 개의 성명서와 언론 보도를 발표했다.

(The American Association for the Advancement of Science, the world's largest general scientific society with more than 130,000 members and over 262 affiliated societies and academies of science including over 10 million individuals, has made several statements and issued several press releases in support of evolution.)

유대인도 이미 그들이 만든 유일신을 버렸고, 현대 기독교의 종주국인 미국인도 거의 기독교보다는 이성과 과학에 의존한 삶을 살고 있음을 알 수 있다.

2015년 4월 11일에 방영된 MBC 방송 〈헤비메탈 교회〉에 따르면, 미국에서는 현재 매년 7,000개의 교회가 사라지고 있다고 한다. (유럽에서는 오래전에 일어난 일이다.)

# 2.
# 사실(史實)과 불편한 기독교:
## 기독교 천국의 저주

철학이나 종교는 인간에게 어떻게 살아야 하는지를 가르친다.

반대로 역사는 인간에게 인간이 어떻게 살았는지를 보여준다. 역사를 통해서 철학이나 종교의 가르침의 진실을 확인할 수 있다. 이처럼 역사가 가르치는 진실을 알게 된다면 인간의 삶은 보다 나은 삶이 될 것이다.

기독교는 계시 종교(啓示宗敎)에 포함된다. 계시 종교(revealed religion)란 신의 계시에 근거하는 종교이다. 아브라함의 종교라 불리는 기독교, 유대교, 이슬람교가 대표적이다. 성서나 코란은 신의 계시를 담은 책으로 이 계시를 받은 사람이 교조나 예언자이다. (현대의 사이비 신흥종교는 거의 대부분 계시 종교의 형태이다.)

예수가 기독교라는 이름으로 유대 유일신을 유대인 밖으로 꺼낸 지가 2천년이 되었다. 2천년 동안 기독교 신앙을 굳게 믿어 분명히 천국에 간 사람들을 확인할 수 있다. 만약 천국에 간 믿음의 성도들이 지상의 지옥에 사는 후손들을 천국에서 지켜본다면 그 천국은 우주 최악의 지옥일 것이고 따라서 예수와 기독교 종교 장수들의 천국은 새빨간 거짓말로 증명되는 것이다. (어떤 부모가 자식이 힘들게 사는 것을 지켜보면서 자신의 행복을 말하겠는가?)

조상들이 천국에 갔다고 확인되는 후손들은 100% 세상의 거지가 되거나 누군가의 노예로 살고 있음을 증명하는 장이다.


### (1) 아, 안디옥이여! 최초의 그리스도인

인터넷 포털 사이트에서 '안디옥 교회'를 검색하면 수십 개의 안디옥 교회가 뜬다.

왜 많은 목사들이 자신의 교회 이름을 안디옥이라 지었을까? 그것은 초기 교회 역사를 보면 알 수 있다.

추운 갈리아 지방에서의 완만한 복음의 전개는 현재 시리아가 있는 아프리카의 뜨거운 사막 지대에서 복음이 열광적으로 수용되었던 것과는 매우 대조적이었다. (에드워드 기번, 『로마제국 쇠망사』, 청미래, 2004. 287p, 12~15)

시리아의 과거 수도인 안디옥 사람들의 믿음이 얼마나 크고 복음이 얼마나 강성했는지 그들은 최초로 그리스도인(Christian)이라는 말로 불리었다. 또한 역사상 최초로 다른 지역에 선교사를 파견한 안디옥은 신약성서의 누가복음과 사도행전의 저자인 누가의 고향이었고 역사 속에서 바나바와 바울, 이그나티오스 등 유명한 기독교 지도자들이 왕성하게 활동했던 믿음의 도시였다. (기독교를 실제로 만든 이는 사도 바울이라고 하는 사람도 있다.)

고대 서양 세계의 3대 도시는 로마, 콘스탄티노플(터키 제1의 도시인 이스탄불), 안티오키아(안디옥, 지금은 터키식으로 안타키아-Antakya)였다. 안티오키아는 도시 규모로는 로마보다는 작지만 콘스탄티노플보다는 훨씬 큰 도시였다.

시오노 나나미 씨에 따르면 인구는 노예까지 포함하여 100만 명으로 로마보다는 작지만 콘스탄티노플보다는 많았다. (기번(Gibbon)은 이 도시의 인구를 이보다 작은 50만으로 추정했다.)

유프라테스 강에서 이오니아 해에 이르는 비옥한 지역은 이방인 사도(바울)가 열정과 신념을 기울여 활동한 주요 무대였다. 그가 이 비옥한 땅에 뿌려놓은 복음의 씨앗들은 그 제자들에 의해서 성심껏 가꾸어졌기 때문에 최초의 2세기 동안에는 기독교도들의 가장 큰 집단이 이곳에 있었다. 시리아에 세워진 교회 중에 가장 오래되고 저명한 것은 다마스쿠스(현재 시리아의 수도), 베로이아, 알레포, 안티오크(과거 시리아의 수도) 등의 교회였다. (에드워드 기번, 『로마제국 쇠망사』, 청미래, 2004. 283p, 20~25) (참고로 알레포는 2016년 현재 반군과 정부군의 싸움으로 지옥이 된 지역이다.)

시리아의 여러 교회 중 안티오크 교회는 구성원이 10만 명이었고 그중 3,000명이 교회의 봉헌으로 생계를 유지했음이 알려져 있다. 그 당시 '동방의 여왕'이라고 불렸던 안티오크 시가 526년 대지진으로 25만 명이 사망했다는 사실은 전체 시민의 수가 50만을 넘었다는 것을 알 수 있다. (에드워드 기번, 『로마제국 쇠망사』, 청미래, 2004. 284p, 22~28)

그러나 믿음의 사람들만 있었던 이 대도시에 어둠의 그림자가 비치기 시작했다.

기독교 목사들이 '신의 경고'라고 부르는 지진이 A.D 526년에 닥쳐 인구의 절반이 죽는 참사는 비극의 시작에 불과했다.

지진으로 폐허가 된 땅에 538년 페르시아군(軍)에 의한 파괴, 635년에 사라센의 점령, 969년 동(東)로마, 1084년에 셀주크투르크, 그 후 십자군에 의해 점령을 당했으며, 16세기 전반에는 오스만투르크가, 1920~1939년까지는 시리아가 지배했고, 현재의 수리아 안디옥은 2차 대전 때 안디옥 사람들이 터키의 영토로 남기로 결정하였고 현재는 안타키야라는 보잘것없는 터키의 작은 도시로 남아있다. (십자군이 1차 원정 때 예루살렘으로 가기 전에 안디옥을 점령하여 이미 이슬람을 믿는 안디옥 시민들을 몰살했다고 역사는 전한다.)

시리아의 옛 수도 안디옥에서 태어난 누가가 지은 사도행전에 보면 사도 바울의 전도 여행이 상세히 나와 있다. 죽음의 땅으로 바뀐 현재 시리아가 바울의 전도 여행의 출발지였던 것에 대해 그곳(성지)을 찾아 성지 순례를 하는 기독교인들은 무슨 생각을 할까?

한편 영국에서 활동하는 시리아인권관측소가 지난 2016년 9월 내놓은 통계에 따르면 시리아 내전이 시작된 2011년 3월 이후 누적 사망자는 30만 명에 달했다. 사망자 중에는 어린이 15,000여 명을 포함해 민간인이 86,692명에 달했다.

유엔난민기구(UNHCR)는 내전으로 해외로 나간 난민은 480만 명, 국내 피란민은 870만 명으로 집계했다. (〈연합뉴스〉, 2016. 11. 24.)

2016년 현재 유럽은 몰려드는 난민들로 골머리를 앓고 있다.

현재 유럽인들은 기독교를 거의 버렸기에 아직 기독교가 번성한 한국과 미국의 기독교 지도자들은 이 유럽 난민들을 적극적으로 도와주어야 할 것이다. 내세울 것 없는 그들이 부자가 되게 한 초대교회 선조들을 나중에 죽어 천국 가면 만날 것 아닌가?

죽은 후 천국에서 만난 초대교회 믿음의 선조들이 만약 지상에 있을 때 지옥과 다름없는 나라에서 사는 후손들을 위해 무슨 일을 했는가에 대해 묻는다면 그들을 위해 최소한 라면 한 박스라도 보내주었다고 해야 하지 않을까?

안디옥에서 태어난 누가가 작성한 사도행전 16장에 나오는 유명한 말이 생각난다.

> "주 예수를 믿어라. 그러면 너와 네 집이 구원을 얻으리로다.
> (Believe on the Lord Jesus Christ, and you will be saved, you and your household.)"

지금 보고 있는 시리안 난민들의 모습을 2천 년 동안 천국에서 초대 교회 열렬한 기독교인들이었던 그들의 조상들도 유일신 옆에서 보고 있다.

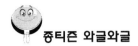
**종티즌 와글와글**

👀 **토마스xx**

안티오키아 그리스도인들은 지금 천국에 있고, 영광스러운 그리스도의 재림을

기다리며 행복 속에 있습니다.

그들은 이미 심판 날 겪을 영광 속에 **훌륭한 보상과 영생이 예정되어 있죠.** 마

치 고통스러운 입시를 통과하고 명문대 수시에 합격하고 즐거운 쉼 속에 입학

날을 남겨둔 학생처럼 말입니다.

이 세상에서의 재액은 믿는 자나 안 믿는 자나 모두 당합니다. 하느님은 믿는 자

든지 안 믿는 자든지 똑같은 비를 내려주시는 분이라고 성경에 쓰여 있습니다.

그러나 각자의 주어진 삶을 살며, 얼마나 하느님께 의지하고 충성하며 기독교

적인 선한 삶을 살았는지가 천국행과 지옥행을 결정하죠.


## (2) 로마의 두 대제

지금으로부터 1,700년 전 기독교 확장에 지대한 공헌을 하고 천
국 보좌에 앉아 있을 로마 시대의 두 황제는 어떤 은혜를 받았는
지 살펴본다.

로마의 많은 황제 중에서 후대에 대제(the Great)라는 존칭이 이름
뒤에 붙는 황제는 콘스탄티누스 대제(272~337)와 테오도시우스 대
제(346~395)이다. (알렉산더 대왕 이름도 뒤에 the great가 붙어 알렉산더 대왕은
영어로 Alexander the Great이다.)

콘스탄티누스 대제는 313년 밀라노 칙령에서 신앙의 자유라는 원칙에 의해 기독교를 정식으로 인정하였다. 곧이어 있을 기독교 로마 국교화의 초석을 다진 것이다.

그런데 콘스탄티누스 대제가 337년 세상을 떠나자 세 아들들이 로마제국을 나누어 다스렸는데, 형제 사이가 몹시 나빴고 처참한 정권 쟁탈전이 있었다. 이 쟁탈전으로 맏아들과 셋째 아들은 죽고, 둘째 아들인 콘스탄티누스 2세가 로마제국을 다스리게 되었다.

'대제(the Great)'라는 존칭을 테오도시우스에게도 준 것은 테오도시우스에 의해 비로소 기독교가 로마의 국교가 되었기 때문이었다(391년). 세계의 절대 강자였던 로마의 국교화로 기독교는 바야흐로 세계의 종교가 될 기틀이 마련되었다.

기독교의 국교화 이후 기독교 외의 다른 종교들은 다른 종교를 의미한 '이교(異敎)'에서 나쁜 종교인 '사교(邪敎)'로 바뀌었다. 그리고 다른 종교를 믿는 사람들인 이교도(異敎徒)는 나쁜 종교를 믿는 사람들을 의미하는 사교도(邪敎徒)가 되었다.

바야흐로 기독교가 로마의 국교가 되면서 기독교는 절대선(絶對善)이 되고 기독교 이외의 모든 다른 종교는 절대악(絶對惡)이 된 것이다.

다신교를 믿던 로마인의 가옥에는 집안의 수호신이나 조상을 모신 사당 같은 곳이 있었는데 이것도 우상숭배로 간주되어 강제로 철거되었다. 이 명령을 위반한 사람을 기다리고 있는 것은 사형이었다. 기독교를 제외한 다른 종교는 모두 이교로 몰렸으며, 이교를 믿는 자들은 모두 도시에서 쫓겨났다. 또한 이교의 신전은 파괴되고 그 땅은 빼앗겼다. (T는 이때부터 중세가 시작되었다고 본다.)

한편 테오도시우스 대제에게는 두 아들이 있었는데 테오도시우스 대제는 죽을 때 제국들 동과 서로 나누어 두 아들에게 물려주었다.

이후 동·서 양쪽은 서로 다른 독립 국가로 갔고, 로마제국은 동로마와 서로마로 갈라져 마침내 멸망의 길을 걷게 되었다.

기독교가 로마의 국교가 된 후 100년이 지나지 않아 현재 로마가 있던 서로마제국은 476년 멸망하게 된다.

기독교가 세계로 뻗어 나가게 한 로마의 두 대제의 자식들의 비극적 결말을 독실한 기독인이 들으면 뭐라고 변명할까? (시오노 나나미, 『로마인 이야기 14』, 한길사, 2009. 참조)

## ❖ 진실로 진실로 너희에게 이르노니

— 거지로 사는 법

T가 역사 연구와 오랜 고뇌를 통해 얻은 종교에 대한 결론은 "종교에 미치면 대대로 알거지가 되고, 종교를 이용하면 대대로 큰 부자가 된다."이다.

이 말을 들은 종교 장수나 21세기 기독인들은 과거에는 그럴 수도 있었으나 현대 기독교는 그렇지 않다는 반론을 제기할 것이 분명하다. 과연 그럴까?

2018년 유대인도 안 믿는 그들의 조상신을 믿은 죄 때문에 온 집안이 거지로 살아가야 하는 사람들을 소개한다. (Break News 2018. 8. 30)


JTBC는 2018년 8월5일 보도한 "한국 멸망, 지상낙원으로…브라질로 1000명 이주시킨 교회" 제하의 기사에서 "경북 상주 D교회" 내용을 다뤘다. JTBC는 이날 방송에서 "JTBC 취재 결과 피지로 간 이 교회 말고도 신도들을 해외로 이주시켜 집단생활을 한 교회가 또 있는 것으로 확인됐습니다. 이 교회 역시 곧 한국이 멸망할

테고 지상낙원으로 가야한다는 비슷한 논리를 세웠습니다. 뒤늦게 교회를 나온 신도들은 "여권을 빼앗기고 사실상 강제노동을 했다"고 털어놨습니다. 라고 보도했다. 이날 보도내용 가운데 주요 부분은 아래와 같다.

"경북 상주 D교회 신도였던 이모 씨.

교회 박 모 목사가 2009년 신도들에게 브라질 이주를 권하기 시작했다고 말합니다. 이유는 경기 과천 E교회 신 모 목사와 비슷했습니다.

[이모 씨/D교회 전 신도 : 곧 인류의 멸망을 초래할 것이다. 전 재산을 정리해서 빨리 도시를 떠나서…]

브라질로 가지 못한 신도들은 국내에서 집단생활을 하도록 했다고 말을 이어갔습니다. 하루 종일 농사일을 했지만 임금은 받지 못했다고 덧붙였습니다.

[이모 씨/D교회 전 신도 : 임금을 받는다는 건 없었어요. 그냥 하루 종일 열심히 일하는 거, 먹여주고 재워주는 거 그게 임금이죠.]

아이들을 학교에 가지 못하게 하고, 구타 등의 가혹행위도 있었다는 증언도 나왔습니다. 단 것을 먹거나 음식을 훔쳐 먹었다는 이유로 수십 대씩의 폭행을 당했다고도 했습니다.

[이모 씨/D교회 전 신도 : 학생들이 정당한 교육을 받겠습니까? 정당한 가정생활이 이뤄지겠습니까?] 브라질 집단 농장으로 이주한 신도들은 1000명에 이르는 것으로 추산됩니다. 집단농장을 천국으로 믿고 재산을 정리

해 이주한 사람이 대부분인 것으로 신도들 사이에서 전해지고 있습니다. (T: 정리한 돈은 과연 어디로 갔을까?)

[김모 씨/D교회 전 신도 : 대출 같은 거 받을 수 있을 만큼 다 받고, 그 다음에 넘어갔기 때문에 한국으로 다시 돌아오면 어쨌든 신용불량자가 되는 상황입니다.]

D교회는 브라질에 4,000만 평 넘는 농장을 조성하고, 여전히 신도들을 모으고 있는 것으로 알려졌습니다."

종교에 대한 부모의 잘못된 '선택'을 통하여 아이들은 제대로 된 교육도 못 받고, 모든 재산을 정리하고 빚까지 낸 상태에서 살아야 하는 저 신도들은 앞으로 최소 수십 년간은 거지로 살아가야 할 것이 분명하다.

이 들 뒤에는 종교를 이용하여 대대로 큰 부자가 되고자 하는 종교 장수들이 있는 것은 자명하다.

### (3) 십자군 전쟁 인류를 구하다

역사학자들은 삼국시대 사람들이나 조선 후기 사람들의 삶의 방식이나 의식은 차이가 없다고 말한다. 정치체제는 봉건적이고 과학이나 이성이 없던 사람들의 삶은 왕조가 바뀐다고 달라질 것이 없었기 때문이다.

서양도 마찬가지로 로마시대 이후 중세인들의 삶은 1,400년간 바뀌지도 않았고 바뀔 이유도 없었다. 오직 기독교와 교회만이 진리라고 믿으면서 하루하루를 고통 속에 살았던 서양의 중세인들의 삶은 지옥 그 자체였다. 인구의 95%는 농노신분이었고 나머지 5%는 사제들과 귀족영주들이었다. 특히 교회는 유럽 땅의 25%를 차지했다. (인류역사 연구회, 『세계사 이야기』, 삶과 벗, 2009. 238p, 6~8)

보다 구체적으로 중세를 들여 볼 자료가 있다.

중세가 저물어가고 있었던 18세기 후반 프랑스 혁명(1789) 당시 프랑스 상황은 다음과 같았다.

혁명당시 프랑스에는 인구 2500만중에서 10만의 성직자가 존재했고(인구의 0.4%) 그들은 전국토의 10%를 소유했다. 귀족의 수는 대략 40만이고 토지의 20%를 소유했다. (조금은 삐딱한 세계사, 역사의 아침, 2012, 원 종우 P259 10~16) - 성직자는 귀족보다 배나 많은 땅 부자였다. 혁명 당시 재산이 많았던 교회는 혁명을 비판하며 프랑스 혁명 이후 최초의 실질적 반혁명 세력을 형성하게 되었다. (같은 책, P254, 12~17)

객관적인 신이 지배했던 중세 종교 장수들의 부귀영화를 보면 현대의 기독교 종교 장수들이 왜 전도를 신도들에게 광적으로 강요하는지 이해가 간다.

중세인들은 '기아'와 '전쟁'으로 하루하루가 힘든 삶을 살았다. 북쪽에서는 바이킹족, 옆에서는 마자르족, 아래에서는 이슬람 족들이 생존을 위협했고, '요람에서 무덤까지' 교회가 시키는 대로 일만 하면서 하루하루를 노예로 살아갔다.

부패한 교회 사제들은 지금 이 순간만 참고 나중에 하늘나라에 가면 천국이 기다린다는 감언이설로 중세인들의 영혼을 틀어쥐었다. 자신이 원하는 것(신이 있기를)만 보고, 인간으로서 자유가 없었던 무지몽매한 중세인들을 깨운 것은 바로 십자군 전쟁이었다. 이 전쟁은 1096년부터 200년간 8차례 있었고, 사제들은 하나님이 이기게 해 줄 것이라고 중세인들을 독려했다.

그러나 1차에서 잠시 예루살렘을 점령했으나 모든 원정이 실패했다. (잠시 점령한 1차 원정에서 예루살렘 안에 있는 모든 이슬람들을 아이부터 어른까지 모두 죽여 죽은 이교도의 피가 발목까지 차올랐다고 한다.)

사제들의 말과 달리 십자군 전쟁이 모두 실패로 끝나자 바보처럼 살았던 중세인들이 최초로 신과 교회를 의심하기 시작했다.

십자군 전쟁이 끝나고 14세기부터 시작된 르네상스는 이러한 신의 의심으로부터 시작되었고, 인간은 중세 이전의 고대 그리스와 로마 사회의 '신 없는 사회'를 보기 시작했다. 십자군 전쟁 이후 서양인들이 신에게 멀어지기 시작하면서 과학은 발전하기 시작했고, 결국 산업혁명과 계몽주의가 잉태했다.

과학과 산업혁명은 우리가 지금 누리는 각종 문명의 이기들을 만들었고, 인간은 신 앞이 아닌 법 앞에 평등하다는 인본주의를 낳은 계몽주의는 오늘날 자유 민주주의로 이어졌다. 그리고 신앙에서 깨어난 중세 유럽인들이 15세기부터 세상은 네모가 아니라는 것을 인식하면서 서양의 발전된 문명은 한국을 비롯한 동양으로 전파되었다.

만약 십자군 전쟁이 200년만 늦었어도 인류 역사 발전이 그만큼 늦어져서 우리는 지금 조선말의 암울한 상황 속에서 살았을지도 모른다. (십자군 전쟁이 인류를 구했다는 T의 주장에 대해 논리적인 비약이 있다는 사람이 여럿 있었다. 지금 과학과 이성의 시대를 살면서도 신에 대한 의심을 못 하는 현대의 기독인들과 달리 과학과 이성이 전혀 없었던 중세인들을 과연 어떤 것이 변화시킬 수 있었을까 생각하면 십자군 전쟁이 인류를 구했다는 T의 주장은 틀린 말이 아닌 것이다.)

### (4) 리옹의 가난한 사람들

십자군 전쟁이 한창이던 1173년 중세의 어느 날, 피터 왈도(Peter Waldo)라는 프랑스의 한 부자 상인이 거리의 악사가 부르는 노래를 우연히 듣게 되었다.

부자 청년의 회심을 주제로 한 그 노래가 그의 마음을 사로잡았고, 그 일이 계기가 되어 성경을 읽게 되었다. 당시 성경은 모두 필사본으로 성경 한 권 값은 웬만한 집 한 채 값이어서 아무나 갖지 못했을 때였다. 또한 라틴어로 쓰인 성경만 있어서 학식이 높은 신부들이나 성경에 관심을 가진 소수들만이 성경을 읽을 수 있었다.

피터 왈도는 성경을 읽으며 큰 혼란에 빠졌다. 성경 어디에도 성모 마리아와 교황의 무오설이나 그의 강력한 권한을 뒷받침하는 내용을 찾을 수 없었고, 교회가 강조하는 많은 핵심 교리들의 근거를 찾을 수 없었기 때문이었다.

피터 왈도는 가족들을 위한 약간의 재산 외에 나머지는 모두 팔아서 가난한 사람들에게 나눠주고는, 두 명의 신부를 고용하여 라틴어 성경을 프랑스어로 번역하게 하였다. 그리고 왈도는 사람들에게 성경의 내용을 가르치며 일상 언어로 설교하기 시작하였다.

중세 암흑기에 왜곡으로 가득한 교회에 염증을 느끼면서도, 제대로 알지 못해 굴종할 수밖에 없었던 평신도들이 왈도의 가르침에 구름처럼 모여들었다.

이들은 스스로를 '리옹의 가난한 사람들'이라 부르며 열심히 복음을 전파하였고 4년이 지나지 않아 프랑스 전역을 뒤덮게 되었다.

그로부터 11년이 지난 1184년 교황 루치우스 3세는 왈도와 '리옹의 가난한 사람들'을 이단으로 정죄하고 파문해버렸다. 그 이유는 두 가지, 주교의 허락 없이 평신도가 설교를 했다는 것과 성직자의 권위를 부정했다는 것이었다. 이 집단이 확장되면 교회의 권위 전체가 무너질 위험이 있다는 것을 교황이 간파한 것이었다. 따라서

'리옹의 가난한 사람들'은 심한 박해의 대상이 되었다. 이들에 대한 성전(聖戰)이 시작되어야 한다는 설교가 시작되었다. 모든 것이 교황의 명령에 의한 것이었다. (데이비드 허버트 로렌스, 『역사, 위대한 떨림』, 민음사, 2002. 243p, 17~20)

1218년 왈도가 죽은 후에도 '리옹의 가난한 사람들'은 여전히 활발한 활동을 전개했다. 이들은 행상인이 되어 시골이나 귀족의 성들을 찾아다니며 물건을 팔면서 성경의 바른 내용을 전파하였다. 그렇게 이루어진 전도는 유럽 전역으로 퍼져나갔다.

교회의 방해는 더욱 집요해졌다. '중세의 위대한 교황'으로 기억되는 교황 인노켄티우스(Innocentius) 3세는 재차 왈도의 파문을 확인했고, '리옹의 가난한 사람들'을 제거할 목적으로 종교재판소를 1200년대 중반까지 근 100년 가까이 운영하며 수백 명의 사람들을 처형하였다. (이들의 활동은 훗날 16세기 종교개혁의 불씨가 되었다.)

현명하고 착한 사람으로서 '중세의 위대한 교황'이라고 기억되는 인노켄티우스 3세마저도 이들을 처형하는 데 앞장섰다. 교황과 추종자들은 자신들이 누리고 있는 기득권을 강화하는데 골몰했기 때문에 복음으로 백성들을 구원하는 데에는 아예 관심이 없었기 때문이었다. (현대 한국의 기독교 지도자들과 차이가 없다.)

이 장에서 '기독교 천국의 저주'를 말할 때 어떤 이들은 그렇다면 중세 기독교가 번창했던 유럽 지역은 왜 지금 잘 살고 있냐고 반문하는 이도 있을 것이다. 이런 분에게는 인터넷에 '유럽 교회 출석률'을 검색해 볼 것을 추천한다. 현대 유럽인들의 교회 출석율은 1~5% 정도이다. 유대인들이 자기 종교 집회에 참석하는 비율과 거의 비슷하다. 유럽의 많은 예배당들은 이미 술집이나 나이트클럽, 심지어 이슬람 사원으로 바뀌었다. 즉 유럽인들도 유대인처럼 신을 멀리하기에 지금의 번영을 누린다는 것을 알 수 있다.

그럼에도 불구하고 CIA의 World Factbook을 검색하면 유럽 국가들 대부분의 사람들이 자신들을 기독교인이라고 밝히고 있다. 신을 믿지 않으면서도 크리스마스를 축하하고 막연하게나마 신을 말하는 것을 필 쥬커먼 교수는 '문화적 종교'라고 말한다.

마치 한국의 비기독교가정에서 여전히 유교식 제사를 지내지만 제사를 지내는 사람 누구도 조상귀신이 와서 제사 음식을 먹는다고 생각하지 않는 것과 마찬가지이다.

유럽인들이나 한국인 모두 조상 대대로 해오던 방식대로 아무 의미 없이 종교적 행사를 하는 것일 뿐이라는 말이다.

# ❖ 진실로 진실로 너희에게 이르노니

— 몽포르 백작

성경에 나오는 예수의 말과 달리 사는 성직자들을 비판한 '리옹의 가난한 사람들'에 대한 이단 선언 이후에 이들에 대한 성전(聖戰)이 시작되어야 한다는 설교가 시작되었고 급기야 1209년 영국의 시몽 드 몽포르(Simon de Montfort) 백작은 십자군을 보냈다. '발도파(Waldenes) 이단'이라고 불린 '리옹의 가난한 사람들' 신도 수백 명이 학살되고 랑그도크의 여러 도시가 파괴되었다.

당시 이 새로운 사람들의 본부였던 유서 깊은 고딕 전통의 수도 틀루즈만은 십자군의 포위에 끝까지 저항했다. 그리고 몽포르 백작은 여자들이 도시의 성벽에서 기계를 써서 던지는 돌에 맞아 죽었다. (데이비드 허버트 로렌스, 『역사, 위대한 떨림』, 민음사, 2002. 243p, 18~25)

이 원정이 실패한 다음에는 종교 재판이 시작되어 많은 사람들이 이단죄로 심문을 받고 처형되었다. 신앙이 잘못되었다는 죄였다. 1233년 새로운 수도회인 도미니쿠스(Dominicus) 수도회에 속하는 스페인의 학자 사제들이 교황청의 종교 재판관으로 임명되면서 종교 재판이 시작되었다. 그들은 마녀와 마법사와 이단들을 나무

기둥에 묶어 불태워 죽였다. 신앙의 시대는 통탄할 만큼 잔인한 시대였다.

잠시 후에 소개되는 '대한민국 기독교 종북세력' 편에서는 북한의 김씨 왕조와 유사한 행태를 보이는 대한민국의 기독교 지도자들의 삶이 소개된다.

북한의 김씨 왕조와 유사한 기독교 지도자들이 자식에게 목사직을 넘겨주고 부정한 재물을 모으는 것이 혼자 힘으로 되었겠는가? 절대 그렇지 않다.

그들 주위에 머무르면서 교회 지도자들의 의중을 간파하고 자식에게 목사직을 세습하고 부귀영화를 누리도록 하는 장로와 집사들이 있기에 가능한 것이다. 만약 장로와 집사들이 깨어 있고 눈을 부릅뜨고 지켜본다면 기독교의 타락은 없을 수도 있다. 하지만 기독교 종북세력들을 비호하고 그들을 떠받치는 몽포르 백작과 같은 거짓 신자들이 존재한다면 기독교는 앞으로도 계속 썩어 문드러질 것이다.

(지금 만약 유일신의 진실을 알리는 이 책에 대한 소문을 들은 대형교회 목사의 지시를 받고 이 책에서 꼬투리를 잡기 위해 책을 살펴보고 있는 집사 변호사가 있다면 해 주고 싶은 말이 있다. 정신 차리세요!)

## (5) 칼뱅의 하나님 나라

1620년 메이플라워호는 102명의 청교도들을 태우고 신대륙 아메리카에 도착했다. 그들은 도덕, 주일의 엄수, 향락의 제한을 추구했던 칼뱅주의 신교도인이었고 오늘날 철저한 복음주의자들인 장로교의 뿌리가 되었다.

한국으로 파송한 칼뱅주의 선교사들에 의해 장로교가 한국의 기독교를 이끌고 있으므로 한국 기독교의 뿌리는 '장 칼뱅'의 기독교 신학에 바탕을 두고 있다고 해도 과언이 아니다. (이 책의 칼뱅 관련 이야기는 다음 책 참고. 유시민, 『어떻게 살 것인가?』, 생각의길, 2013. 272~275p)

칼뱅은 1541년 자유 도시였던 스위스 제네바 시 의회를 장악했다. 속세의 권력을 손에 넣은 그는 '교회계율'이라는 것을 만들어 법률을 대체하고 시민들이 이것을 준수하는지 감시하고 위반자를 처벌하는 '종교국'과 '도덕경찰'을 창설했다.

작가 슈테판 츠바이크가 조사한 바에 따르면, 통치를 시작한 지 첫 5년 동안에만 제네바에서 열세 명이 교수대에 매달려 죽었다. 열 명은 단두대에서 목이 잘렸다. 35명은 화형장에서 불타 죽었다. 무려 58명이 사형에 처한 것이다. 많은 사람이 추방되고 옥에 갇힌 사람이 너무 많아서 감옥이 더 이상 죄수를 받을 수 없다고 시의회에 통보했다. 칼뱅이 처벌한 범죄는 예를 들어, 거리에서 주먹다짐을 한 선원 두 명은 교수형으로 죽였고, 세례식에서 웃음을 짓거나 포도주를 걸고 주사위 놀이를 한 이들에게 징역형이 내려졌다. 칼뱅의 예정설을 비판한 남자를 도시의 모든 교차로에서 매질을 한 다음 불태워 죽였다.

칼뱅의 공포 정치의 절정은 1553년 10월, 그와 신학 논쟁을 벌였던 스페인 출신 신학자 미카엘 세르베투스를 산 채로 불태워 죽인 사건이었다.

세르베투스는 칼뱅과 다른 신학적 견해를 표명했다는 이유로 체포되어 오랜 시간 고문과 학대를 당했다. 쇠사슬과 밧줄로 화형대에 묶인 세르베투스의 머리에 유황을 묻힌 면류관을 씌웠다. 이때 칼뱅은 화형보다 고통이 덜한 참수형을 주장했고 칼뱅 자신은 화형장에 나타나지 않았다고 한다. (후스토 L. 곤잘레스, 『종교 개혁사』, 은성, 2012. 111p 13~14)

칼뱅이 지배한 제네바는 죽음의 도시가 되었다. 살아있는 것은 오직 '교회계율'과 그것을 집행하는 도덕경찰뿐이었다. 연극, 춤, 축제 등 모든 형태의 놀이가 사라졌다. 적포도주를 제외한 모든 술은 금지되고 찬송가의 가사가 아닌 멜로디에 관심을 두는 태도까지 모두 범죄행위로 간주되었다.

시민들에게 허용된 것은 일하고 복종하고 교회에 가는 것밖에 없었다. 겁에 질린 시민들은 자기가 의심받는 일을 피할 목적으로 서로 감시하고 밀고했다. 그래서 종교국은 직접 시민들을 감시할 필요가 없게 되었다.

칼뱅은 공포통치를 밀고 나가는 것이야말로 하나님이 자기에게 부여한 의무라고 믿었다. 그리고 자신이 가진 신학적 혹은 정치적 견해에는 오류가 없다고 확신했다. (유신론자 T가 만난 대한민국의 많은 기독인들도 성경의 내용과 기독교에는 오류가 절대로 없다고 확신한다. 심지어 T가 제시한 초등학생도 이해할 수 있는 12가지 반론 불가능한 증거를 듣고도 신에 대한 의심이 전혀 없다.)

칼뱅은 현란한 신학 이론으로 무장한 광신자였다. 한국 기독교의 뿌리가 되는 칼뱅은 타인의 고통에 감응하지 못했을 뿐만 아니라 아무 죄책감도 느끼지 않은 채 수많은 사람들을 고문하고 죽였다. 이런 사람을 가리켜 정신과 심리학자들은 '사이코패스'라고 부른다.

중세나 중동의 이슬람 국가들과 더불어 현대 기독교의 큰 뿌리가 되는 칼뱅의 하나님 나라는 바로 객관적인 신이 존재하는 사회였다.

종교의 자유에 의한 주관적인 신은 존중 받아야 하지만 모든 사람들이 같은 경전을 보고 같은 망상을 하는 객관적인 신은 인류 문명의 큰 적이다.


## (6) 계몽주의가 구해내다

16세기 중엽부터 제네바 시를 지옥으로 만든 종교적 광기는 2백 년이나 지속되었다. 그렇다면 무엇이 종교적 광기에 종말을 고했을까?

그것은 바로 계몽주의 사상이었다. 이성의 빛을 다방면에 미치도록 하는 것으로 구습, 즉 종교적 광기를 타파하고자 하는 사상운

동인 계몽주의(Enlightenment)가 18세기에 프랑스와 독일에서 등장했다.

프랑스 혁명의 기린아 로비에스 피에르가 열혈팬이었던 제네바 출신인 장 자크 루소가 나타나 사상적 혁명을 이루는 계몽주의 사상의 등장 때까지 제네바 시민들은 무려 2백 년 동안이나 자유와 개성, 다양성이 사라진 무덤 속에서 종교 지도자들의 개돼지로 살아야만 했다.

그렇다면 '요람에서 무덤까지' 교회와 사제들의 지배를 받던 중세의 온전한 기독인이었던 인간이 어떻게 계몽주의라는 걸음을 걷게 되었을까? 그것은 바로 신에 대한 의심을 하게 하여 인류를 구한 십자군 전쟁 때문이라고 앞에서 밝힌 바 있다.

흔히 중세 이후 근대의 특징은 두 가지로 요약된다.

'기독교 도그마의 붕괴'와 '신 대신 인간 위주의 삶'이다.

물론 대한민국의 기독인들에게는 아직 근대가 시작하지도 못했다. 왜냐하면 그들은 기독교 도그마를 손에 쥐고 여전히 신 위주의 삶을 우선시하기 때문이다.


### (7) 1907년 동방의 예루살렘, 평양

기독교 목사들은 인간의 모든 일에는 성령이 역사해야 한다는 것을 말하면서 1907년 1월 평양에서 시작된 평양 대부흥 운동을 언급하고 그때를 본받아 모두 깨어나 주님을 맞이하자고 부르짖는다.

20세기 초 나라의 존망이 풍전등화에 있었던 현실에서 고려 시대에 불교에 의지하여 몽골의 침입을 물리치려 했던 것처럼 북한 사람들은 기독교에 의지하여 일본 제국주의로부터 벗어나 조선이 독립하는 것을 꿈꾸었다.

고당 조만식 선생이 다니던 평양 장대현 교회는 주일 1,500명이 출석했다. 그 당시 사람들이 촘촘히 앉는다면 장대현 교회는 약 2천 명을 수용할 수 있었다. 그러나 교인이 3천 명이어서 장대현 교회 예배는 먼저 여인들이 교회에 와서 예배를 드리고 예배가 끝난 후 남자들이 와서 예배를 드리는 방식을 택했다.

한때 바티칸으로부터 '동방의 예루살렘'이라고 불렸다는 평양에는 현재 북한이 외부용으로 만든 봉수교회만 있다. 교회에 가기 전에 김일성 주석의 시신이 보존된 '금수산 궁전'을 먼저 참관한다고 한다. 우상숭배를 가장 큰 죄악으로 여기는 기독교 교리에 비추어 볼 때 죽은 사람에게 먼저 인사하고 예배를 하는 북한 교회는 진정한 기독교라고 볼 수 없다.

1907년 1월 평양에서 시작된 대부흥 운동은 이후 전국적으로 파급된 신앙운동으로 한국 교회사에 큰 획을 그은 사건이었다.

현재 복음주의 기독교 목사들이 보고 싶은 것은 그 당시 대부분의 평양 사람들이 예수를 영접하고 기독교 부흥을 위해 애썼다는 것뿐이다.

하지만 1907년 평양 대부흥 운동이 시작된 지 3년 후인 1910년 일본 제국주의에 의해 나라가 망했고, 해방 이후 공산 정권에 의해 믿음의 선조들이 어떻게 박해를 당했고 그 믿음의 후예들이 지금 어떤 삶을 살고 있는지에 대해서는 한마디도 하지 않는다. 왜냐하면 사람은 자신이 원하는 것만 보기 때문이다.

기독교 국가였던 북한과 달리 경주를 중심으로 불교 국가인 남한이 현재 북한보다 훨씬 잘사는 현실에 대해 어느 복음주의 개신교 목사에게 왜 이런 일이 있을 수 있냐고 물어본 적이 있다.

그 개신교 목사는 "그러니까 주님의 은혜입니다."라고 말했다. (물어본 T가 바보다.)

계시 종교인 성경 말씀에 비추어 믿음 속에서 산 북한 사람들의 신앙적인 몸부림을 조금 더 들여다보자. (평양 대부흥 운동에 대한 자료는 순수 기독교 단체인 '부흥을 위한 청년기도연합운동' 홈페이지(again1907.cyworld.com)와 '성령한국' 홈페이지(holyspiritkorea.or.kr)에 게시된 자료들을 주로 참조하였다.)


### (8) 나는 아간입니다

1907년 1월, 기다리던 첫 주가 왔다. 그 주일 저녁에 약 1,500명의 사람들이 평양 장대현 교회에 모였다. 그들 모두는 하나님께서 기도 주간 동안에 자신들을 눈에 띄게 축복하실 것이라고 기대했다.

그러나 여덟째인 마지막 날에 이르렀으나 아직 하나님의 특별한 권능이 현시되지 않았다. (100년 전 아직 과학이 없었던 시절 북한인들은 성경에 나오는 기적을 보고 싶었지만 아무런 기적은 없었다. 현재는 극소수 광신도들을 제외하고 아무도 교회에서 눈에 보이는 기적이 일어나는 것을 믿지 않지만, 그 당시에는 충분히 믿었을 것으로 생각된다.)

이날 모든 사람들은 교회를 이끄는 길선주 장로가 서서 다음과 같이 자신의 죄를 고백하자 깜짝 놀랐다.

나는 아간입니다. 나 때문에 하나님이 축복하실 수 없었습니다.
약 1년 전 임종을 앞둔 나의 친구가 나를 자신의 집에 불러 부탁했습니다.
"길 장로, 나는 곧 세상을 떠날 것 같소. 내 아내는 그만한 능력이 없으니 자네가 내 재산을 정리해주면 좋겠소."
나는 "걱정하지 마오, 내 그렇게 해 주리라."고 말했습니다. 내가 그 미망인의 재산을 관리하던 중 나는 미망인의 돈 100원을 사취했습니다. 나는 하나님을 방해했으며, 100원을 내일 아침 미망인에게 돌려드리겠습니다.

즉시 벽이 무너져 내렸고 그 거룩한 자, 하나님이 임하셨음이 느껴졌다.

죄에 대한 통회가 청중을 휩쓸었다. 예배는 주일 저녁 7시에 시작했는데 다음 날 새벽 2시까지 끝나지 않았으며, 그 시간 동안에 약 12명이 죄를 고백하기 위해 자신들의 차례를 울면서 기다리고 있었다.

사람들은 자신이 원하는 바를 말하지만, 이들 고백들은 인간의 힘에 의해 통제되고 있지 않았고 그렇게 만든 것은 사탄 아니면 성령이었다.

어느 누구도 악령이 길선주 장로 같은 교회의 주된 일꾼으로 하여금 그러한 죄를 고백하도록 만들었다고 믿지 않았다.

죄가 고백되지 않고 숨겨져 있는 한 그것이 전능하신 하나님을 훼방하였으나, 회개를 통해 그 죄가 드러나는 순간 그분을 영화롭게 하였으며, 그해 한국에서 매우 예외적으로 온갖 죄악들이 고백되었다. 두 가지가 다시 생각난다. 그해 여름, 한 달간 내린 비가 그쳤을 때 기도로 비를 멈추었다고 하던 강신무 K목사의 의기양양한 모습과 로버트 퍼시그의 말이⋯.

"누군가 망상을 하면 정신 이상이라 하고, 다수가 망상을 하면 종교라고 한다."

— 로버트 퍼시그

인터넷에서 '나는 아간이 아니다'를 검색하면 나오는 기사가 있다. 길 선주 장로의 고백과 반대되는 고백을 어느 대형교회 목사가 했다. 공중파 방송에 소개된 이 기사를 원래 이 자리에 옮겼으나 삭제했다. 이유는 독자가 더 잘 알 것이다.

### (9) 북한에 타올랐던 성령의 불꽃

다음은 '소안론'이라는 이름을 가지고 한국 선교를 위해 40년을 헌신하면서 평양에서 활동한 미국의 스왈른 선교사의 증언이다.

1910년까지 부흥운동이 사라지지 않았음이 분명한데 그것은 그해 10월에 4천 명이 한 주에 세례를 받았으며, 이들 외에 수천 명이 그리스도인이 되기로 결심했다며 결심 카드를 제출했습니다.

우리는 평양 남쪽에 있는 한국의 고도(古都) 송도를 지나갔습니다. 1910년 한 달간의 특별전도 집회 동안에 2,500명이 모였습니다.

그러나 우리가 그곳에 갔을 때 도시와 시골 지역에 15,348명의 신자가 있었으며, 그 숫자는 교회에 열심히 출석하고, 교회가 자립할 수 있도록 헌금을 내지 않는 자는 단 한 명도 포함하지 않는 숫자입니다.

그들은 신도 1,500명이 앉을 수 있는 한 교회를 완공했습니다. 그곳에 1년 전에 800명을 수용할 수 있는 교회가 있었는데 교인이 870명으로 증가해 교회를 다시 증축해야 했습니다. 그해 동안에 그곳 시내 선천교회가 다섯 개의 시골교회를 분립시켰는데도, 교회가 완공되자 교인이 1,445명으로 증가했습니다.

교회로부터 복음의 빛이 닿지 않은 곳이 한 곳도 없을 만큼 구석구석까지 복음이 전해져 거리에는 불신 가정이 하나도 없었습니다.

1916년에 나는 한국의 동해안에서 사역하는 한 선교사, 푸트(Mr. Foote)가 최근 한 지역에서 한 주일을 지냈다고 말하는 것을 들었습니다. 그 주일 저녁에 그는 증축한 제일교회에서 예배를 드렸는데, 그곳 교회는 2,500명의 청중들로 입추의 여지 없이 꽉 찼으며, 그 저녁 다른 교회에서는 500명의 교인들이 모여 예배를 드렸다는 이야기를 들었습니다. 그 도시는 단지 3,000명의 주민이 살고 있습니다. 주민 모두가 교회에 열심히 출석하고 있음이 분명하게 나타났습니다.

나는 블레어(Mr. Blair) 선교사에게 그가 맡은 지역 가운데 하나를 지도로 그려 달라고 부탁했습니다. 그는 용천군 지도를 그렸습니다. 그곳은 압록강 동쪽, 바다에 인접해 있었습니다. 그 지도의 중심에 그는 350명의 교세를 가진 한 교회를 그렸고, 그곳에서 1마일 남짓한 곳에 250명의 교세를 가진 또 다른 교회를, 다시 북동쪽 5마일 떨어진 곳에 400명의 교세를 가진 또 다른 교회를, 다시 2마일 남짓한 동쪽에 750명의 교세를 가진 또 다른 교회를, 그리고 계속 그려 나갔는데 그곳 용천군에는 14개의 자립교회가 있었습니다. 내 옆에서 서 있던 휘트모어(Mr. Whittenmore) 선교사는 "그 용천군은 바로 그 북쪽에 내가 사역하는 군과 비교가 되지 않습니다. 그곳 군에는 35개의 자립교회를 가진, 5,000명 이상의 그리스도인들이 있습니다."고 말했습니다. 그리고 400명의 교세를 가진 한 교회가 있는데 1년 만인 그다음 해에 3,000명으로 급증했다는 이야기를 들었습니다. 선교사역이 1884년에 시작된 이후 낮과 밤 45분마다. 한 사람씩 교회에 영입되었던 것입니다. (참고로 해방 당시 북한에는 2천 개가 넘는 예배당이 있었다.)

만성적인 영양 실조로 고통 받는 북한 어린이들. 북한에서 비만은 김씨 왕조에게만 해당된다.

## (10) 믿음의 후예들, 신인류의 출현

2012년 런던 올림픽에서 북한이 금메달을 4개씩이나 거머쥐었다. 금메달을 딴 선수들은 그 전에 그들의 선배들이 그랬던 것처럼 모든 것이 북한의 지도자 덕이라고 이번에도 앵무새처럼 말했다. 과거에는 윗사람들이 시켜서 한 말이라고 생각했지만 지금은 그들이 진정으로 하는 말이라는 생각이 든다.

많은 사람들이 2003년 대구 유니버시아드 대회 때 북한 여성 응원단이 김정일 현수막이 비를 맞는다고 울고불고하던 일을 기억하고 있다. 그것은 큰 충격이었다. 그리도 생글생글 잘 웃고 예의 바르고 싹싹하던 어여쁜 아가씨들이 김정일 사진이 비를 맞는 것을 보자마자 사이비 종교에 빠진 광신자들처럼 돌변하다니.

그 당시 '북한 미녀 응원단의 현수막 사건'은 북한의 세뇌를 잘 설명해주는 생생한 사례처럼 지금까지 인용되고 있다. 역사상 유례없는 새로운 인간종이 탄생한 것이다.

몇 해 전, CNN 기사에서 접한 북한의 수용소에서 태어나 23살까지 바깥세상을 모르다가 탈출한 '신동혁'이라는 청년을 소개하고자 한다.

하든(Harden) 씨는 'Escape From Camp 14'(정치범 수용소에서의 탈출)에서 북한의 14호 개천 수용소에서 태어난 신동혁의 '비극'을 자세히 소개했다. 그는 남녀 모범수를 골라 합방시켜 애를 낳게 하는 수용소의 '계획관리'에 의해 태어났다.

신동혁은 아버지의 11명 형제 중 2명이 6·25 전쟁 때 월남했다는 이유로 개천 수용소에 그의 아버지가 끌려왔다는 사실을 알게 됐다. 개천 수용소에는 탈출을 막기 위해 전기철조망이 설치돼 있으며 수감자들은 피복 공장, 탄광, 공장, 농장에서 노동을 한다고 신 씨는 설명했다. 수감자들은 양배추와 옥수수로 끼니를 해결하는 비참한 생활을 하고 있다고 그는 말했다. 신 씨는 구타와 굶주림 속에 부모와 격리된 채 생활했기 때문에 사랑, 믿음, 신뢰와 같은 단어의 뜻을 알지 못했다고 밝혔다.

어느 날 신 씨는 어머니와 형이 탈출을 모의하고 있다는 것을 당국에 고발하였고 그에 따라 어머니와 형이 그와 아버지가 지켜보는 데서 사형을 당하게 된다. 그와 아버지가 지켜보는 가운데 어머니는 교수형을 당했고 형은 공개총살을 당했다.

신 씨는 "나는 감정이 없는 동물과 같았다"며 "일반 사람들처럼 웃기도 하고 울고도 싶지만 아직까지 눈물이나 웃음이 나오지 않는다"고 전했다.

CNN 기자가 하든 씨에게 신 씨를 만났을 때 가장 충격적인 것은 뭐냐고 물었다. 이 질문에 대해 하든 씨는 그가 가진 그의 어머니에 대한 분노와 그녀가 죽는 것을 보고 반가웠다(He was glad to see her die.)는 그의 진술이었다고 말했다.

2016년 11월 4일 〈뉴데일리〉 보도에 나온 내용이다.

'자유아시아방송(RFA)'은 지난 3일 북한 소식통을 인용, "최근 북한에서는 갈 곳 없는 노인들에게 자살을 강요하고 있다"고 보도했다.

'자유아시아방송'과 접촉한 함경북도 소식통은 "최근 세대 간 갈등이 심해지면서 자녀들이 노부모에게 '자폭정신'을 강요하는 풍조까지 생겨났다"고 전했다고 한다.

'자폭정신'이란 북한에서 '최고 존엄'을 위해 죽을 수 있다는 뜻을 담은 용어다.

이 소식통에 따르면, 최근 들어 일부 가정에서는 노부모의 방에 '자폭정신'이라는 글을 담은 족자를 걸어두고 있다고 한다. 자녀들과 젊은 세대의 미래를 위해 노인들이 '자폭정신'으로 인생을 포기하라는 압력으로 통한다는 것이다.

이 소식통은 또한 "얼마 전 청진시 청암 구역 부근에서도 운신이 어려운 노부부가 뒤뜰의 과일나무에 목을 매 자살했다"면서 "일각에서는 이들의 자살을 '자폭정신'으로 평가하기도 하나, 국가가 노인 복지제도에 전혀 신경 쓰지 않는 것에 대한 항의의 죽음으로 보고 있다"고 덧붙였다.

불과 100여 년 전까지만 하더라도 노인을 대우하였을 믿음의 땅에서 이제는 노인들에게 자살을 강요하는 신인류가 출현하였다.

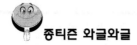
**종티즌 와글와글**

👀 **토마스 xx**

천국에는 고통이 없습니다. 육신적, 정신적 모든 아픔이 없죠. 주님께서 모든 눈물을 닦아 주시기 때문입니다. 천국에서, 지옥의 영혼들을 보며 마음이 아플 것이라는 생각은 지극히 세상적인 관점이라고 봅니다.

천국의 영혼들도, 지옥의 영혼들도 다 주님 덕분에 본인과 타인들의 공로와 죄를 알기 때문에, 천국 영혼들은 더 이상 그들이 세상에서 하던 것처럼 슬퍼하지 않을 것입니다. 그 사람이 지옥행, 연옥행을 당할 만하다는 것을 알기 때문이죠. 죄인들은 심판대에서 자신의 죄 때문에 천국에 못 든다는 것을 깨닫고 스스로 지옥으로의 판결을 인정할 것입니다.

모두가 깨끗하고 아름다운 차림으로 옷을 준비해간 공식 연회장에 온갖 오물이 묻은 채로 속옷만 입고 들어간 사람이 "아! 나는 여기에 매너상 적합하지 못하구나!" 하고 알아서 부끄러움을 느끼며 물러나는 것과 마찬가지입니다.

### (11) 한눈에 보는 세계사 특강 - 그리스도의 해와 평화의 종언

예수의 탄생을 기준으로 그 이전은 BC(Before Christ)라 하고 그 이후는 AD(Anno Domini)로 구분한다.

'Anno Domini'는 라틴어로 '그리스도의 해'라는 뜻이다. 예수가 유대 유일신 사상을 최초로 유대인 밖으로 꺼낸 해라는 뜻도 된다.

2,000년 전 예수라는 남자가 태어나서 유대 유일신 사상을 세상 밖으로 꺼내기 전까지는 종교가 다른 것은 죄가 아니었다. 그러나 유대인 밖으로 나온 유일신 때문에 가족끼리 종교 간 갈등이 생겨나기 시작했고, 나라끼리 종교가 다르다고 하면서 자신들의 종교를 강요하는 종교 전쟁이 생겨났다.

현재 TV를 켜면 99%의 전쟁과 테러 관련 뉴스의 주인공들은 모두 유대 유일신을 믿는 두 종교(기독, 이슬람) 간의 싸움이다.

313년 밀라노 칙령으로 콘스탄티누스 대제는 종교의 자유를 인정한다. (억압받던 기독인은 물 만난 고기가 되기 시작한다.)

391년 테오도시우스 대제는 기독교를 로마 국교로 선포한다.

로마의 국교가 된 후 기독교가 세계로 뻗어 나가기 시작한 391년을 중세의 시작으로 봐야 하는 이유이다. (로마 국교가 된 4세기부터 계몽주의가 널리 퍼진 18세기까지가 중세이므로 중세는 1,400년 동안 유럽을 짓밟았다. 물론 한국에서 세상 너머의 세상에 대한 망상을 가진 기독인들에게는 중세가 아직 끝나지 않았다.)

7세기에 무함마드가 다시 이슬람이라는 이름으로 유대 유일신 사상을 세상에 꺼내었다. 1세기에 예수가 유대 유일신을 세상 밖으로 꺼내어 이후 인류가 겪을 모든 종교 갈등과 분쟁의 불씨를 붙였다면, 7세기에 무함마드는 종교로 인한 모든 갈등과 분쟁에 기름을 부은 셈이 되어 이후 인류는 세상에 나온 두 유일신교로 인해 평화와 이별을 고했다.

10세기 덴마크를 시작으로 북유럽까지 모두 기독교 국가가 되었고 유럽은 신앙으로 하나가 되었다.

1096년 인류를 구한 십자군 원정이 시작되어 200년간 8차례 십자군 원정이 있었고 모두 실패하였다.

12세기와 13세기 십자군의 광기가 유럽을 휩쓸고 지나간 이후 14세기에는 유럽 인구의 30% 이상을 죽게 한 흑사병(페스트)이 유럽을 초토화시킨다.

14세기부터 16세기까지 중세 이전으로 돌아가자는 르네상스가 전성기를 맞는다. 신에 대한 의심이 불가능했던 중세인들은 십자군 전쟁 실패로 인해서 처음으로 신에 대한 의심을 하기 시작한다.

(십자군 전쟁이 인류를 구했다.)

신이 도와주기에 원정은 승리밖에 없다고 호언장담했던 사제들의 거짓말 때문에 중세의 기독인들은 신을 최초로 의심하기 시작했고 바야흐로 인간 중심의 시대가 열리기 시작한다.

지동설을 주장했던 브루노의 화형으로 시작된 17세기는 인류 최악의 세기였다. 중세와 근대의 중간에 있었던 17세기에 종교의 광기가 극에 달해 가장 많은 사람들이 마녀나 마귀로 몰려 화형당했다. 그 당시 소빙하기가 도래해서 이상 기후로 인해 동서양 모두 흉

년이 들어 아사자가 속출한 인류 최악의 세기였다. (조선에서는 임진왜란 이후 이어진 병자호란으로 인해 그야말로 지옥 같은 세상이었다.)

바로 이 17세기에 아일랜드의 대주교인 제임스 어셔는 성서에 나오는 장자들의 나이를 기반으로 우주와 지구는 기원전 4004년 10월 23일 오후 8시에 만들어졌다고 선포한다. (이 주장을 여전히 많은 한국의 기독인들은 진짜로 믿고 있다.)

최악의 세기를 끝내고 인류는 18, 19세기 과학의 시대에 들어선다.

18세기 영국을 중심으로 산업혁명이 일어나기 시작한다. 바로 이 18세기에 이성을 다방면에 비추어 구습을 타파하고자 하는 계몽주의가 생겨난다. 1776년 신대륙에서는 최초로 왕이 다스리는 나라가 아닌 민주 국가인 미합중국이 설립되었고, 1789년에는 프랑스 혁명이 발발하여 시민이 중시되는 사회가 열렸다. 프랑스 혁명이나 미국의 독립 모두 계몽주의의 세례를 받은 역사적인 사건이었다.

1824년 최초로 공룡의 존재가 드러난다. 런던 공사장에서 공룡의 턱뼈가 발견되고, 이후 연구를 통해 지구를 오랫동안 지배했던 공룡은 6천 5백만 년 전 지구상에서 사라짐이 밝혀진다.

1859년 다윈 진화론 발표됐고, 1885년에는 니체의 『짜라투스트라는 이렇게 말했다』가 출간됐다. 두 차례의 세계 대전을 겪은 인간들은 지구상에 더 이상의 끔찍한 전쟁을 막기 위해 1945년 4월 25일, 50개국 대표들이 미국 샌프란시스코에서 '국제기구에 관한 연합국 회의를 개최하고 1945년 6월 25일 국제연합 헌장을 채택하였으며, 다음 날 50개국이 이 헌장에 서명해 1945년 10월 24일 서명국 과반수가 비준서를 기탁함으로써 국제연합(UN)이 정식으로 발족했다. 국제 연합이 결성된 후 초기에는 한국 전쟁과 베트남 전쟁과 같은 국지전이 있었으나 국제 연합이 제 구실을 하는 21세기에 들어서는 더 이상 유엔 회원국 간의 전쟁은 이론적으로는 불가능하게 되었다. 다만 두 다른교간의 종교로 인한 전쟁만이 존재할 뿐이다.

그리고 인간은 인간 세계 평화의 종언을 가져온 예수의 탄생을 기념하여 그 해를 서기 1년으로 하고 해마다 그의 탄생을 축하한다. 인류 역사 최악의 아이러니라고 할 수 있다.

# ❖ 진실로 진실로 너희에게 이르노니

— 증거와 가능성

신앙의 시대였던 중세에는 신이 존재할 가능성(possibility)이 분명히 있었다.

평화로운 날에 갑자기 땅이 갈라지고 산이 불을 뿜는 지진이 일어나면 과학이 없던 시대의 중세인들은 어떤 초자연적인 힘이 지진을 일으킨다고 믿을 수밖에 없었다.

2011년 일본에 대지진이 일어났을 때 대형교회 목사가 기독교를 믿지 않는 일본인들에게 지진은 '하나님의 경고'라고 말한 것처럼 중세인들에게 지진은 신의 경고라고 생각할 수밖에 없었다.

과학의 시대에 들어서면서 지진은 지구 내부의 지각판의 충돌로 인해 생기는 것이라는 것이 밝혀질 때까지는 신의 존재 '가능성'은 분명히 있었다.

흑사병이 14세기 유럽 중세를 덮쳤을 때 중세인들은 신이 분노해서 주는 벌이라고 믿고 신의 분노를 누그러뜨리려 신을 판 유대인을 수천 명씩이나 화형시킬 때에도 신이 존재할 가능성은 있었다.

그러나 십자군 전쟁 이후 신에 대한 의심이 생긴 이후 지속적인 과학의 발달로 중세의 신 존재 가능성은 사라졌다. 지진의 원인이 밝혀졌고 전염병의 발병 원인과 퇴치 방법도 알아냈다.

과거에 존재했던 신 존재 가능성은 사라지고 신이 인간을 만든 것이 아니라 인간이 신을 만들었다는 증거들만 존재한다.

그러나 여전히 종교 장사하는 사람들과 합리적인 이성은 십자가에 못 박고 인간이 만든 신의 노예가 되려고 발버둥 치는 기독인들은 여전히 신이 존재할 것이라는 가능성(possibility)에 목숨을 건다.

# 인간이 신을 만들었다는
# 반론 불가능한 12가지 증거

다음은 T가 초등학생도 이해할 수 있는 신이 자신의 형상대로 인간을 만든 것이 아니라 인간이 자신의 희망대로 신을 만들었다는 반론 불가능한 증거 12가지를 공개한다. (T가 인터넷에 내용을 올린 이후로 수백 명이 조회를 했으나 어느 누구도 반론다운 반론을 제시한 사람이 없음을 미리 알린다.)

### 1. 지동설

성경에는 분명 지구를 만들고 하늘의 해, 달, 별을 만들었다고 했다. 그래서 서기 1600년 2월 17일에 브루노는 지동설과 우주는 무한하다고 주장했다고 화형 당했고 지동설을 주장한 갈릴레이도 종교 재판을 받았으나 갈릴레이는 브루노와 달리 주장을 철회하고 살아났다. 로마의 캄포 디피오리 광장에 가면 화형당한 브루노의 동상이 지금도 있다.

## 2. 우주가 무한하다

우주가 누군가에 의해 만들어졌다면 분명 끝이 있어야 하는데 끝이 없으니 만들어진 것이 아니다. 참고로 지구의 둘레는 4만㎞이고, 달까지 38만㎞이다. 빛은 1초에 30만㎞를 날아간다. 달까지 1.3초 걸린다. 그리고 빛은 태양까지 가는데 8분 20초 걸린다. 태양계에서 가장 가까운 행성인 '프록시마'까지 가는데 4.3광년, 다시 말해서 빛이 4.3년을 가야 한다. (우주가 얼마나 무한한지 짐작이 가는가? 이런 무한한 우주를 누군가 만들었다면 끝이 있어야 하는 것 아닐까?)

## 3. 동식물이 멸종한다

만약 전지전능한 창조주가 피조물을 만들었다면 어찌 동식물의 멸종이나 멸종 가능성이라는 말이 있을까? 동식물의 멸종을 눈으로 확인할 수 있기에 다윈의 자연 선택설(natural selection)이 맞다. 창조는 절대로 아니다. 따라서 신은 인간이 만든 망상일 뿐이다. 신은 인간이 만든 것이다.

## 4. 공룡의 존재

17세기 과학이 없던 시절 한 사제가 지구의 나이를 6천 년으로 계산했다. 그럼 지구에서 오랫동안 번성했다가 6,500만 년 전에 사라졌던 공룡은 뭐가 될까?

미국의 기독교 복음주의자들이 공룡을 교과서에서 빼자고 주장하는 이유가 공룡과 기독교 창조론은 함께 할 수 없기 때문이다.

세습무 S목사 말처럼 모두 마귀가 지어낸 것인가? 현재 800종의 공룡이 발견되었는데 그 모든 것이 거짓인가? 공룡의 존재를 알면서도 창조론을 주장하는 자들은 바보이거나 어리석은 자들이다.

### 5. 진화론 증거

다윈이 갈라파고스 군도에서 핀치새(일명 다윈새)의 부리가 다른 것을 보았다. 연구 끝에 지역별로 먹이가 달라 새의 부리가 여러 가지인 것을 보고 진화론에 대한 영감을 얻었다. 이외에도 진화론에 대한 증거가 많다. 하지만 창조론에 대한 근거는 전혀 없다. (동식물 존재 자체가 증거라는 '목사 쎗나락 까먹는 소리'는 하지 마시길.)

### 6. 배다른 두 자식의 싸움

아브라함의 종교가 있다. 유대교, 기독교, 이슬람교이다. 현재 지구상의 거의 모든 전쟁과 테러는 유대 야훼신을 아버지라고 부르는 기독교와 이슬람교 사이에서 벌어지고 있다. '사랑이 많고' '전지전능한' 하나님이 어찌 두 배다른 자식이 천 년이 넘도록 철천지원수로 싸우게 할까? (어떤 분이 형제간의 싸움도 건강한 형제 관계를 위해 필요하다는 소리를 하는 사람도 있다. 정말 개가 웃을 일이다.)

위의 증거들은 초등학생도 이해하고 동의할 증거들이었다. 다음 증거들은 기독교의 역사를 아는 기독인들이라면 누구나 동의하고 인정할 증거들이다.

분명히 천국에 가서 예수 옆 천국 보좌에 앉은 사람들을 유추할 수 있다. 천국에 있는 그들도 분명 지상의 후손들이 잘사는지 궁금해서 내려다볼 터인데 반드시 옆에 있는 예수가 약속한 대로 잘 살고 있어야 한다. 그런데 그냥 못 사는 것도 아니고 제 명대로 못 살고 죽어야 하고, 거지가 되어 산다면 그 상황이 그려지는가?

조상은 지극한 행복을 누리는 천국의 삶을 살면서 지상의 지옥에 사는 후손들을 전혀 상상할 수 없다. 기독교는 계시의 종교, 약속의 종교라고 한다. 만약 2천 년 전의 유일신을 믿으면 후손 모두 행복해진다는 약속이 지켜진다면 신은 있을 수 있고, 그 약속이 거짓이라면 신은 인간이 만든 망상일 뿐이다.

### 7. 초대교회

(앞의 내용이 자꾸 중복된다고 짜증나시나요? 그럼 모두 외우세요. 그래야 종교 장수들이 깨갱하고 꼬리를 내립니다.) 만약 천국 보좌에도 상석이 있다면 제일 좋은 자리에는 초대교회 성도들이 앉아야 한다. 사자에게 물려 죽으면서도 찬송가를 부르던 교인들을 보고 로마인들이 기독교에 관심을 가졌고 후에 로마의 국교까지 되었다. 현재 지구상 인구의 셋 중 하나가 기독교를 믿고 있는데 그 초석을 쌓은 사람들이 초대교회 성도들 아닌가?

최초로 'Christian(크리스천)'이라는 말이 생긴 안디옥을 보자.

'동방의 여왕'이라 불리며 번영을 구가하면서 로마 다음으로 세계에서 가장 번성한 도시에 서기 526년 '신의 경고'라는 지진이 덮쳐서 인구의 절반이 죽었다. 그리고 538년 대국인 페르시아가 침략해서 쑥대밭이 되었고 그 후 사라센의 지배를 300년 받고 이슬람 국가가 되었다.

다메섹은 또 어떻게 되었을까? 사도 바울이 초기 기독교인 탄압하러 가다가 길 위에서 예수를 만나 회심하는 유명한 이야기에 나오는 다메섹이 지금은 지옥이 된 시리아 수도 다마스쿠스다. 만약 진짜 천국이 있다면 지상의 후손들을 본 믿음의 성도들 눈알이 튀어나오고 옆에 있는 예수의 먹살을 잡을 일 아닌가?

### 8. 로마의 두 대제

313년 기독교를 공인한 콘스탄티누스와 391년 기독교를 국교로 삼아 기독교가 오늘날의 세계 종교가 되는 기틀을 잡은 테오도시우스를 생각해 보자.

콘스탄티누스가 죽어 천국 보좌에 앉자마자 지상의 아들 셋이 싸웠다. 결국 둘째가 첫째와 셋째를 죽이고 콘스탄티누스 2세가 되었다. 아들 하나가 나머지 아들 둘을 죽이는 것을 예수 옆에서 지켜보는 아버지의 심정이 어떠했을까?

테오도시우스도 죽기 전에 두 아들에게 나누어 통치하라고 로마제국을 둘로 나누어 주었는데 죽은 이후 서로 다른 국가가 되었고, 로마가 있던 서로마제국은 476년에 게르만의 용병 대장 오도아케르에게 멸망하였다. 천국 보좌에 앉아서 천 년을 넘게 이어왔던 로마제국이 망하는 것을 본 데오도시우스!

두 대제가 천국에서 천사들의 호위 속에서 지상의 이런 끔찍한 모습을 본다는 것이 말이 되는가? 신은 망상일 뿐이다. 만들어진 신이기에 이런 일이 벌어진 것이다.

(기독교 교회사를 공부한 사람은 안디옥과 다메섹. 그리고 두 대제가 기독교에 각각 큰 공헌을 했기에 따로 하나의 증거로 삼자는 분도 있을 것 같다. 그러나 기독인들이 좋아하는 숫자 12에 맞추느라 묶어서 증거로 삼은 점 양해 바란다.)

## 9. 중세는 지옥이었다

중세의 암흑기에 중세인들은 '전쟁'과 '배고픔'으로 힘들었다고 한다. 그때 마다 사제들은 '죽어서 천국 가면 다 보상받는다'는 말로 불쌍한 중세인들을 달래었다. 믿음을 지켰던 중세인들이 천국 가서 1,400년간 개돼지로 사는 후손들을 예수 옆에서 천사들의 호위를 받으며 보고 있다는 것이 말이 되는가?

## 10. 기독교 국가였던 북한이 지옥이다

기독인들은 1907년 평양 대부흥 운동을 기억한다. 평양 장대현 교회에서 길선주 장로부터 시작한 신앙 각성 운동이다. 그 전에 의주나 원산에서도 기독교가 크게 일어났다. 신앙심 깊었던 평양은 동방의 예루살렘이라고 불렸다.

온전한 기독교인이었던 북한인들이 천국에 갔을 것 아닌가? 그 다음 북한에서 벌어지는 상황은 모두 다 알고 있으니 생략한다. 북한 사람들이 너무 불쌍하다.

### 11. 미국과 스칸디나비아 반도 국가들 비교

미국의 종교 사회학자 필 주커먼 교수는 자기가 태어나고 자란 세계에서 가장 기독교적인 미국에는 매일 폭력과 테러가 발생하기에 사람이 살아가기에 힘들지만 종교의 힘은 약하지만 세계에서 가장 행복하고 살 만한 나라로 여겨지는 스칸디나비아 반도의 스웨덴과 덴마크를 비교했다. (3장에서 소개한다.)

가장 기독교적인 미국과 세계에서 가장 행복하고 비종교적인 국가로 덴마크와 스웨덴을 비교한 것이다. 가장 기독교적인 미국과 비종교적인 나라의 현실을 보면 기독교 신앙은 망상임을 알 수 있다. 신앙이 넘치는 미국에서는 거의 매일 총기 난사로 사람이 죽어 나간다.

### 12. 신이 있다는 증거가 단 하나도 없다(가장 강력한 증거)

중세에는 신이 있을 가능성이 있었으나 현재는 1%의 가능성도 없다.

땅이 갈라지는 지진을 보면 인간은 신이 있다고 믿을 수 있고, 전염병이 돌아서 사람이 죽어 나가면 신이 있을 가능성이라도 있지만, 현대에는 지진과 전염병의 원인을 알기에 아무도 신 때문이라는 생각을 안 한다.

신은 망상이라는 반론 불가능한 12가지 증거를 봐도 기독인들의 신앙에는 금이 가지 않는 3가지 이유가 있다.

첫째, 자기가 원하는 것만 보기에 신을 부정하는 내용은 아예 보지도 않고 본 다해도 신경을 안 쓰기 때문이다. (사람은 자기가 원하는 것만 본다. - 카이사르)

둘째, 합리적인 이성을 십자가에 못 박았기에 어떠한 말을 들어도 자기 식으로만 생각한다. 무엇보다도 인간으로서 신을 의심할 자유가 없기 때문이다.

셋째, 천국 보좌에 앉은 사람들 후손들이 모두 지옥에 사는 것을 일일이 확인시켜 준다 하더라도 기독인들은 자신들이 주일날 만나고 새벽기도에서도 만나 많은 대화를 했다고 믿는 하나님은 자신과 자신의 가족만은 사랑하고 축복해 줄 것이라는 망상을 하기 때문이다.

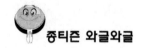

## 종티즌 와글와글

😊 **평범한 xx**

다른 종교를 수용하지 못한다는 것은 상당히 문제점이 심각하지요. 결국 자기 자신만이 최고다, 최고다, 하고 주장하고서 결국 오늘날까지 왔지요. 이런 시점에서 보면 최악의 발명품이 맞지요. 자신들만이 진리다, 진리다, 하는 이 허무맹랑한 주장으로 인해 얼마나 많은 전쟁이 났습니까. 흘리지 않아도 될 피를 끊임없이 흘리지 않았습니까. ㅠㅠ

그런 의미에서 최악의 발명품입니다!

### 😊 무식xx

우주는 유한합니다. 아시다시피 벤틀리와 올버스의 역설은 우주가 무한할 경우 벌어질 파국에 대해서 설명하고 있습니다. 현대 우주론이 말하는 우주는 유한한 시간 전에 빅뱅이라는 시작이 있었고, 이는 우주 공간이 아무리 팽창하였다 하더라도 결국 유한하다는 의미를 시사하고 있습니다.

### 😊 7Hxx

맞는 말씀이십니다. 인간의 심리를 이용하여 남에게서 물질적으로 이익을 얻으려 하는 수단일 뿐이죠. 사실상 종교라는 게 다 그런 거 아니겠습니까? 제 생각엔 굳이 기독교가 아니더라도 종교는 다 인간이 만든 허상이라고 생각합니다.

# 12가지 증거에 대한
## 어느 현대 중세인의 반론과 T의 재반론

다음 내용은 네이버 카페에 올린 인간이 신을 만들었다는 12가지 증거에 대한 어느 종티즌의 반론 같지 않은 반론이다. 대학 나온 젊은이의 뇌가 유일신에 빠지면 어떻게 바뀌는지 확인할 수 있다. 종티즌의 반론에 대해 T의 재반론이 이어진다. 21세기 대한민국에서 중세로의 짧은 여행기다.

### 1. 지동설

지동설의 경우 성경과는 무관한 것입니다. 성경은 천동설도 지동설도 언급하지 않습니다. 그리고 지동설에 대한 논의는 생각보다 복잡합니다. 그 당시에는 도덕과 과학의 분리가 제대로 이루어지지 않았는데, 기독교에서 자신의 주장을 뒷받침하기 위해 고른 철학이 아리스토텔레스였습니다. 문제는 아리스토텔레스의 과학에 상당한 오류가 있었다는 것이죠. 로마 교황청은 이러한 딜레마에 봉착했을 것이라고 봅니다.

T: 성경에 분명히 궁창 등 지구를 먼저 만들고 하늘의 해와 별을

만들었다고 했지요. 왜 교회에서 지동설을 주장했다고 브루노를 화형하고 갈릴레이를 종교 재판했나요? 천동설은 기독교에서 말하는 성경의 진실이고 따라서 성경은 망상입니다.

### 2. 우주가 무한하다

빅뱅 이론에 의하면 우주는 팽창하고 있습니다. 팽창한다는 것은 공간이 있다는 것입니다. 이 말은 우주에도 끝은 존재한다는 의미로 해석할 수 있습니다.

T: 어차피 우주의 끝을 증명한다는 것은 불가능합니다. 태양계에서 가장 가까운 별이 4.3광년입니다. 달까지 빛이 1.3초 걸리고 태양까지 8분 20초 걸립니다.

우주가 팽창한다는 말은 6천 년 전에 신이 만든 것이 아니라 원래부터 있었다는 말이지요. 팽창한다는 것도 증명할 수 없습니다.

### 3. 진화론의 문제

3, 4, 5번은 진화론에 관한 문제입니다. 그냥 하나로 묶겠습니다. 진화론에 관련해서는 할 말이 적습니다. 하지만 진화론과 성경이 양립한다는 학설도 엄연히 존재합니다. 이것은 좀 고민을 해야겠지만, 일단은 양립 가능성이 없지 않다는 말만 해두겠습니다.

T: 양립 가능성이 있다는 학설도 설입니다. 님의 망상처럼 말이지요. 인간이 지난 수백 년간 쌓아온 지질학적, 고고학적 성과를 성경으로 뒤집으려 하시네요? 개가 웃습니다. 진화론의 증거는 넘쳐나지만 중세

나리님은 이제는 유대인도 안 믿는 성경의 창조론을 들이대네요. (유대인은 현재 미국에서 가장 비종교적인 집단으로서 구약을 거의 안 믿습니다.)

## 4. 배다른 두 자식의 싸움

예수님께서는 이런 말씀을 하셨습니다. "아비가 아들과 아들이 아비와 어미가 딸과 딸이 어미와 시어미가 며느리와 며느리가 시어미와 분쟁하리라 하시니라(누가복음 12:53)." 여기서 우리는 예수님이 이러한 분쟁도 생각하셨다고 볼 수 있을 것입니다.

T: 지금 예수가 온 것은 평화를 주러 온 것이 아니라 검을 주러 왔다고 한 마태 10장을 인용하시네요. 예수의 이 말은 다르면 모두 틀린 것으로 보고 싸우라는 말이잖아요? 제가 증거로 들이대는 것은 같은 야훼를 아버지로 믿는 두 아들이 싸우는 모습을 말하는 것입니다. 두 아들이 영원히 피 터지게 싸우도록 내버려두는 아비가 어디에 있나요?

## 5. 초대교회

이것은 기복신앙과 세대 교환을 활용한 논리의 오류입니다. 일단 그 세대가 지금도 기독교를 믿는지 파악해야 합니다. 그다음에 기복 신앙적 태도를 제거한다면 보일 것입니다.

T: 초대교회 후손들인 시리아 사람들도 이슬람을 믿습니다. 야훼를 믿는다는 말이지요. 예수의 계시와 정반대로 사는 사람들을 무슨 논리로 반박하신다는 말인가요?

## 6. 로마의 두 대제

욥의 경우 하나님 앞에 충실히 살았지만, 시험과 고난을 받죠. 정말 괴로운 일입니다.

T: 두 대제뿐만 아니라 기독교 세계화에 기여한 이들 모두 천국에서 지옥이 된 후손들을 봅니다. 앞에 소개된 '기독교 천국의 저주' 다시 읽어 보세요.

## 7. 중세는 지옥이었다

중세의 경우 기독교 자체의 문제보다 소수 사람들의 종교 독점이 문제가 되었습니다. 그리고 현대의 사상은 대체로 기독교 사상의 변주일 뿐입니다. '만인은 신 앞에 평등하다'라는 원칙을 변주하여 법치주의, 민주주의, 평등의 원칙이 생겼습니다. 이것까지 부정하고 기독교의 문제로 생각하시렵니까?

T: 중세는 지옥이 아니었지요. 사제들에게는 천국이었습니다.

근대는 두 가지 특징으로 말합니다.

① 기독교 도그마의 붕괴, ② 신 대신 인간 위주의 세상

이 두 가지 특징을 보면 중세 나리는 아직 중세에 사시는 겁니다.

## 8. 기독교 국가였던 북한이 지옥이다

지금 북한이 기독교를 믿고 있습니까? 이 문제는 굉장히 심각합니다. 한 세대 전에 부흥이 일어나도 그 이후에 믿지 않아 멸망한 사례는 성경에도 나옵니다. 이것에 대해서는 확신하기 어려우나, 북한

의 경우 기독교 세력을 다 죽이고 지옥으로 만들었을 거라 봅니다.

T: 지금 개가 웃습니다. 그러면 애초에 예수가 '주 예수를 믿어라. 그리하면 너와 후손들이 구원을 얻으리라' 하는 거짓말을 하지 말았어야지요. 북한의 2,000개가 넘는 예배당을 주민들이 부수었나요?

### 9. 미국과 스칸디나비아 반도 국가들 비교

『프로테스탄트 윤리와 자본주의 정신』이라는 막스 베버의 저서가 있습니다. 그 책을 읽어 보시면 반론이 될 것 같습니다. 그리고 미국도 기독교를 잘 활용할 때는 아메리칸 드림이라는 말을 만들어 낸 나라입니다. 저는 미국의 사회 문제에는 기독교의 타락도 무관하지 않다고 봅니다.

T: 자꾸 조건을 다시네요. 믿으면 모두 천국 가고 후손들 모두 잘살게 된다고 할 때는 언제고 자꾸 조건을 다십니까? 조건이 있는 약속은 모두 거짓입니다.

### 10. 신이 있다는 증거가 단 하나도 없다(가장 강력한 증거)

이것은 어느 정도 인정합니다. 다만 세계의 종교 경전을 보면서 그 철학적 의미를 보고 이것의 사실성도 따져 보면 신에 대한 증거가 아주 나올 수 없다고는 말할 수 없습니다.

T: 어느 정도 인정하면 안 되지요? 어차피 신이 있을 가능성도 없습니다.

T가 드리는 말: 손바닥으로 태양을 가릴 수 없습니다. 손바닥 치우세요.

추신까지 반박 들어가겠습니다.

첫째, 자기가 원하는 것만 보기에 신을 부정하는 내용은 아예 보지도 않고 본 다해도 신경을 안 씁니다. (사람은 자기가 원하는 것만 본다. - 카이사르)

→ 이건 인정하겠습니다. 사람은 누구나 보고 싶은 것만 보기에 눈을 뜬다는 건 누구에게나 어려운 일입니다.

T: 다시 말해서 신은 망상이라는 것입니다. 아니면 희망 사항이고. 그 희망 사항을 중세 나리 같은 종교 장수들이 이용해서 돈을 벌지요. 최태민 목사처럼.

둘째, 합리적인 이성을 십자가에 못 박았기에 어떠한 말을 들어도 자기식대로만 생각합니다. 그리고 인간이 만든 신의 노예로 사는 것에 행복해합니다.

→ 합리적인 이성을 십자가에 못 박았다? 그러는 무신론자 나으리들께서는 그리도 현명하셔서 이단에 뭉텅이로 빠지십니까? 솔직히 제 이단 상담 경험으로 보면 기독교인이랑 무신론이랑 빠지는 비율 비등합니다.

T: 그 이단 나한테 데려오시오. 홀라당 뒤집어 놓을 테니.

멍청한 극소수만 이단의 밥이 됩니다. 그러나 기독교는 나리 같이 대학 나온 멀쩡한 사람들도 바보로 만듭니다.

셋째, 폭력으로 인간의 자유를 억압하는 것은 시간이 지나면 사라진다. 하지만 종교나 무지, 미신 같은 비폭력적으로 인간의 자유를 억압하는 것들은 시간이 지나도 없어지지 않는다는 영국의 철학자 존 스튜어트 밀의 말처럼 유일신 신앙을 가진 사람들은 인간이 만든 신에게서 벗어날 자유가 없습니다.

→ 황금구속복이라는 말이 있죠. 그 말에 대해 나중에 이야기하겠습니다.

T: 나는 자유인이요. 다시 '목사 쎗나락 까먹는 소리'는 하지 마시고 내가 제시한 12가지 증거에 납득할 수 있는 반론을 대시오.

PS. 나리 연세가 어떠하신지 모르겠소. 만약 자식이 있다면 가족 모두 이라크로 이민 가실 것을 권하오. 국기에 '하나님은 위대하다(알라후 아크바르)'가 쓰여 있는 하나님 나라로 가서 나리의 유일신 사상을 마음껏 펼쳐보시는 게 어떠하오. 그 나라에 가면 모두 창조론을 믿고 신정일치사회를 나리처럼 당연시하니 행복하게 살 수 있지 않겠소? 아무튼 내가 지금 쓰는 책에 대학 나온 지성인의 뇌 구조가 이렇게 바뀔 수 있음을 알리게 할 터이니 허락해 주시오. (물론 인세는 없소.)

지금 이 책을 보는 독자가 아직 믿음이 없는 젊은 분이라면 왜 이슬람의 IS전사가 유대 유일신을 위해 기꺼이 자살 폭탄이 되어서 무고한 사람들을 죽이는지 이해할 수 있다. 유일신이 주인이 되는 순간 그 사람은 영혼이 죽는 것이다.

# 3.
# 대한민국
# 기독교 종북세력

앞의 '진실(眞實)과 불편한 기독교'와 '사실(史實)과 불편한 기독교'를 보고도 전혀 불편하지 않을 기독인들이 진짜로 창피해야 할 내용을 소개하는 장이다. 기독인들의 영혼을 지배하면서 그들의 존경을 받는 교회 지도자들의 실체를 알리는 장이다. 더불어 종교의 기능에 대해서도 생각해 보는 장이다.

북한의 김씨 왕조와 유사한 세력이 대한민국에 존재하고 있다. 그들은 북한의 김씨 왕조처럼 부귀영화를 누리면서 자신들을 추종하는 세력의 비호를 받으며 중세 성직자들 부럽지 않은 삶을 살고 있다.

부귀영화를 누리는 것 외에 두 번째로 북한 김씨 왕조와 대한민국 기독교 지도자들의 유사한 점은 그들이 이렇게 살도록 씨앗을 뿌린 그들의 교조들(예수와 마르크스)이 본다면 차마 눈을 뜨고 보지 못할 일들이 지상에서 벌어지고 있다.

마지막으로 유사한 것은 대한민국 기독교 지도자들은 북한의 김씨 왕조처럼 자신들의 부귀영화를 자신의 자식들에게 기를 쓰고 세습시키려 하고 있다는 것이다. (부귀영화에 대한 비전은 가지고 있지만 실제로는 부귀영화와 거리가 먼 대부분의 보통의 목사들은 자식에게 물려줄 것 없으니 대한민국 기독교 종북세력에서 제외된다.)

인천 어느 교회에서는 최초로 3대가 세습에 성공했다고 한다. 부자 동네 성직자가 왕 같은 자신의 지위를 자식들에게 물려주고 그들이 죽어 그들의 신 앞에 서면 과연 신에게 무어라 말할지 궁금하다.

종교의 두 가지 기능과 공중파 방송에 보도된 대한민국 기독교 종북세력들의 실태를 다시 살펴보고 세습에 대한 역사적 사례와 세습에 대한 처방도 함께 살펴본다. (원래 이곳에 밝히려는 내용이 차고 넘치지만 '명예훼손'으로 T를 공격할 것이 자명하기에 이름은 북한의 지배세력들의 이름을 차용했다. 내용에 혼선을 주기 위해 이름이나 숫자를 변경했지만, 독자가 명심해야 하는 것은 종교에 미치면 대대로 알거지가 되고 종교를 잘 이용하면 큰 대대로 부자가 된다는 진실이다.)

## (1) 종교의 제사적 기능과 예언자적 기능

종교의 기능은 크게 제사적 기능과 예언자적 기능으로 나뉜다.

신에게 제사하고 예배하며 인간의 내적인 세계를 정화하는 제사적 기능을 위해 현재 많은 교회들이 예배당을 증축하고 있고 무엇보다도 예배를 강조한다. 주일을 반드시 지키고 십일조 생활을 강조하는 현재의 기독교는 제사적 기능을 더 강조하고 있는 듯하다.

반대로 예언자적 기능은 종교가 어려운 사람들을 구제하고 신자들이 낸 헌금을 사회복지를 위해 활용하는 사회적인 기능이다.

T가 대학 시절 종교의 기능에 관한 책을 보고 그 당시에는 종교가 예언자적인 기능 중심이어야 한다고 생각했었다. 그러다가 결혼을 한 후 잠시 동안 '믿음을 믿던' 신앙생활을 할 당시에는 종교의 제사적 기능을 중요시한 적이 있었다.

그러나 기독교가 삶이 고달픈 개개인의 영혼 구제에 탁월한 종교라는 것을 깨닫고 더불어 기독교의 불편한 진실을 알게 된 지금에는 제사적 기능은 20%, 사회의 어두운 곳을 밝히는 빛이 되고 썩은 곳을 치유하는 소금이 되기 위해서는 예언자적 기능이 80% 정도 되어야 하지 않을까 나름대로 생각해본다.

목사들이 그렇게 따르고 싶어 하는 초대교회가 세상의 빛과 소금의 역할을 어떻게 했는지는 기번(Gibbon)의 책에 잘 기술되어 있다. (에드워드 기번, 『로마제국 쇠망사』, 청미래, 2004. 278p, 6~12)

"헌금은 먼저 주교와 성직자들의 생활비로 책정되었고, 나머지 전액은 빈민을 위한 구제비용으로 사용되었다. 과부와 고아, 불구자, 병자, 노령자들을 부양하고 이방인들과 순례자들을 위로하고, 죄수와 포로들의 불행을 덜어주기 위해서 사용되었다." 기번은 다시 "이 제도는 기독교 발전에 큰 기여를 하였다"고 덧붙였다.

그러나 펜실베이니아 주립 대 강인규 교수가 〈오마이뉴스〉에 2011년도에 기고한 글에서 현재 재정의 10%를 구제와 봉사에 사용하는 교회는 10곳 중 3곳도 안 된다는 주장을 본 적이 있다. 만약 이분의 주장이 객관적인 자료에 의존한다면 한국 교회가 예언자적 기능은 등한시하고 있음을 알 수 있다. 한 해 천억 원이 넘는 어마어마한 예산을 쓰고 있는 대형교회의 예산 사용 내역이 무척 궁금하다.

하지만 예산 내역을 가르쳐주지 않으니 알 수가 없다. T는 대형교회에 헌금을 안 했으니까 모를 수 있다 해도 자기 돈 갖다 바치고도 예산 내역을 알 방법이 없는 대형교회 신도들이 한심할 뿐이다. (신도들 앞에서 결산 보고 내역을 Power Point로 슬쩍 빠르게 보여주는 것이 최근 교회 모습이라는 소식을 들었다.)

T가 세습무 S목사의 침례교회를 다닐 때 이 교회의 결산 보고서를 본 적이 있다. 회계사 공부를 수년간 했기에 결산 보고서에 관심이 많은 T가 세습무 S목사의 교회 결산 보고서에서 기가 막힌 사실을 보았다. 1년 예산 3억 원도 채 안 되는 교회의 예산에 목사의 차량유지비 항목이 있었다. 목사의 외제차 유지에 한 달 50만 원씩 총 600만 원의 예산이 책정되어 있었고 예산은 100% 집행이 되었다. 그리고 그 밑에 구제비용 예산은 300만 원이 책정되었고 그나마 전액 집행되지 않았다. 즉, 예산의 1%를 구제비용에 쓰겠다고 계획은 세워놓고 그마저도 집행을 안 했지만, 담임목사의 외제차 유지비용은 정확하게 집행한 것이었다. 기가 막혔다.

그런데 더 기가 막힌 것은 이 결산 보고서의 내용에 대해 아무도 T처럼 문제제기를 하지 않는다는 것이었다. 세습무 S목사의 구약에 근거한 만화 같은 설교에 의해 영혼을 구제받았다고 믿는 교회 신도들은 교회가 세상에 해야 할 사회적 역할에 대해서는 아무런 관심이 없었던 것이다.

# ❖ 진실로 진실로 너희에게 이르노니

— 자랑스러운 대한민국 기독인들

책을 덮지 않고 지금까지 온 대한민국의 기독인들이 유대 유일신의 자식으로서 자신을 마땅히 자랑스러워해야 할 근거를 소개하고자 한다.

21세기 대한민국 기독인을 포함하여 인류 역사상 전 지구적으로 유대 유일신 야훼를 목숨처럼 믿는 세 무리가 있다.

첫 무리는 1400년간 배고픔과 전쟁이 일상이었던 세상에서 죽으면 모든 보상을 받을 수 있는 천국을 기다리며 살았던 중세인들이 있다.

다른 무리는 610년 무함마드가 예수 다음으로 유일신 사상을 이슬람이란 이름으로 세상에 꺼낸 이후로 현재까지 유일신을 흔들림 없이 나라 전체가 믿고 있는 무슬림들이 있다.

대한민국 기독인들이 다른 두 무리들 보다 죽고 난 이후 세상 너머의 세상에 갔을 때 유대 유일신의 뜨거운 환대를 받을 수밖에 없는 이유는 다음과 같다.

첫째, 만약 유럽의 중세인들이 지동설이나 진화론. 혹은 공룡의 존재를 알았더라면 창조주의 존재를 의심하는 사람이 분명히 조금이라도 있을 것이다. 그런데 중세인들과 달리 인간이 신을 만들었음을 증명하는 이런 명백한 사실들을 알고 있음에도 불구하고 유일신에 대한 믿음이 전혀 흔들림이 없으니 유일신이 보기에 대한민국 기독인들이 얼마나 대견하겠는가?

둘째, 유일신 알라를 목숨처럼 믿는 이슬람 사회에서는 진화론을 믿거나 무신론자라면 주변인들에게 분명히 죽음을 당하거나 가혹한 벌을 받게 될 것이다. 그러나 태어날 때부터 부모나 학교에서 유일신 사상으로 세뇌된 무슬림과 달리 대한민국에서는 유일신을 믿는 사람들은 소수이고 사람들은 과학이나 이성에 기대어 사는 사람들이 많다. 즉 객관적인 신 대신에 주관적인 신만이 인정되는 대한민국에서 나고 자라면서 주변의 문명인들과 달리 자신들의 신앙을 고수하는 대한민국의 기독인들이 유일신에게는 얼마나 대견한 자식들인가?

다만 대한민국 기독인들이 명심해야할 것은 자신들이 천국에 갔다고 해서 지상의 후손들이 거지나 노예로 살 가능성은 적지만 진화론이 대세인 세상에서 창조론만 옳다고 믿는 '문화적 거지'로 살아가야 할 가능성은 크다는 것이다.

### (2) 하나님 사랑, 목사 가족 사랑

종교의 두 가지 기능에 비추어서 기독교를 한마디로, '하나님 사랑, 인간 사랑'이라는 말로 표현한다. (장신대 정문 앞에 이 구문이 돌에 새겨져 있다.) 그러나 한국의 기독교 지도자들은 자신들과 집안을 일으켜준 하나님에 대한 절대적인 사랑은 강조하지만, 인간사랑 대신 자신과 목사 가족 사랑을 더 중요시하는 것 같다.

창간된 지 100년이 넘은 기독교 〈성결신문〉 2011년 10월 12일자 신문에 다음과 같은 내용이 실렸다. '최근 한국 교회의 대표적 기관인 한국기독교총연합회가 돈 선거로 인해 6개월여 대표회장 공백기를 맞아야 했고, 본 교단을 비롯한 주요 교단 총회장 선거는 적지 않은 돈이 뿌려지는 등 '돈 선거' 비판을 받고 있다.

지방회나 교회 행사에서 강사비와 교통비 지급 등의 명목으로 돈이 오고 가고 임직식 때는 건축헌금이나 감사헌금 등 특별헌금 명목으로 지나친 액수의 헌금이 요구된다. 한국 교회는 돈으로부터 자유롭지 못한 상황이다.'

이러한 가운데 2011년 10월 10일 온누리교회에서 기독교윤리실천운동이 '목회자와 돈'을 주제로 연 심포지엄은 한국 교회에 시사하는 바가 크다. 이날 발제자들은 한국 교회의 만연한 부패와 타락을 16세기 종교개혁 직전의 유럽 상황에 비유하며 '한국판 종교개혁이 필요하다'고 지적했다.

이날 발제자들은 문제의 원인도, 문제의 해결방안도 '목회자'에서 찾았다. 목회자들이 바로 서야 한다는 것이다. '돈은 하나님의 것'

이라는 시각을 가지고 관리해야 하며 돈 문제를 극복해야 한다'는 것이다.

'시사저널'과 '한국반부패정책학회'가 공동으로 조사한 2011 대한민국 부패지수 조사결과에 따르면, 조사 항목 중 부패한 직업인(12개 직업)에 대한 조사에서 "종교인이 7번째로 부패한 직업으로 선정됐다. 이는 종교인이 국가의 부패성을 상당 부분 일조하고 있는 것을 말해 주고 있다. 더구나 타 종교인에 비해 목사를 꼽은 이가 응답자 가운데 87.5%를 차지할 정도로 압도적 다수로 나타났다.

우상 숭배를 가장 죄악시하는 기독교에서 현재 '맘몬(mammon, 물질)'이라는 우상을 숭배하고 있는 것이다.


공중파 방송에 소개된 대한민국 기독교 종북세력을 조금이나마 엿보고자 한다. (기독교 종북 세력들을 돕는 몽포르 백작들인 법률가 집사나 장로들의 눈을 피하기 위해 북한의 김씨 왕조와 그 부역 세력들의 이름을 이용하였다. 이 책을 읽는 독자는 종교를 이용하면 대대로 큰 부자가 된다는 진실만 확인하면 될 것이다. 종교에 미치면 대대로 알거지가 된다는 사실은 이미 사실(史實)과 불편한 기독교를 통해 확인했다.)



### (3) 기독교 종북세력 다시 보기

광명성 교회 목사였던 최현 목사가 타고 다니는 차는 '백두혈통'이라는 외제차로 우리나라에 100여 대 정도 있으며, 특히 최 목사가 소유한 모델은 15대 정도밖에 없다. 최 목사 역시 강남에 있는 한 아파트에 부인과 단둘이 살고 있으며, 이 아파트의 가격은 30억 원에 가깝다는 게 제작진의 주장이다. 최 목사는 광명성교회에서 은퇴를 했지만, 교회 쪽은 아직도 1년에 1억 5천만 원 정도를 지급하고 있으며, 직원이 딸린 사무실까지 제공하고 있다.

최 목사는 이에 대해 제작진에게 "차는 장로님이 선물로 준 것이다"며 "자꾸 비판의 눈으로 보면 안 된다. 당신들(제작진)은 그게 문제다. 교인이 다 바보인 줄 아느냐. 당신들보다 똑똑하다"고 말했다.

최고급 외제차를 타고 다녀야 십자가의 복음이 제대로 잘 전해질 것이라고 생각하면서 말도 안 되는 궤변을 늘어놓는 자들이 한국 교회를 대표한다는 목사와 교인들의 모습이다.

설교의 달인이라는 평을 듣는 최현 목사는 처음 목회 생활은 빈민가에서 시작했다고 한다. 예수가 마구간에서 출생하고 가난한 사람들의 벗이 된 것처럼 최현 목사도 처음에는 예수의 뜻을 따라 빈민가에서 목회를 시작한 것이었다. 하지만 나중에 최 목사가 무슨 이유로 대한민국의 최고 부자들이 있는 동네로 옮겼는지는 알 수 없다.

광명성교회 최현 목사는 재직 당시 자신의 교회에 부목사로 두었던 아들(최룡해)에게 변칙적인 방법으로 교회를 지어줬다. 최 목사는 광명성교회 담임목사 은퇴를 앞두고 역시 부자들이 많이 사는 지역에 200억 원대 교회를 지으면서 광명성교회 돈 130억 원을 지원해 변칙세습 논란을 일으켰다. (〈오마이뉴스〉, 2011. 1. 10.)

한편 2012년 8월 14일자 〈스포츠서울닷컴〉에 따르면, 원로목사의 모습을 그대로 따라 하는 후임자들에 대한 뉴스가 실렸다.

서울중앙지검 조사부는 13일, 광명성 교회 일부 신도들이 담임목사 김 모(64) 씨를 자금 횡령 등의 혐의로 고소한 사건을 수사 중이라고 밝혔다.

신도들은 고소장에서 김 목사가 지난 2004년 교회 제2 교육관 부지를 54억 원에 사들인 뒤, 구청에는 매입 가격을 30억 원으로 신고해 차액 24억 원을 빼돌렸다고 주장한 것으로 알려졌다.

이들은 또 광명성교회가 기증받은 13억 원가량의 임야 3,900여㎡(1,200여 평)를 김 목사가 지난해 4월 교회 내부 표결절차 없이 싼 값에 팔았다고 주장하고 있다.

김 목사는 2008년 선교관과 제1 교육관을 리모델링하는 과정에서 적정 공사가격의 두 배가 넘는 약 48억 원을 공사대금으로 지불한 혐의도 받고 있다. 이 과정에서 교회 내부 논의를 거치지 않은 채 교회 건축위원회 장로가 임의로 공사업체를 선정한 뒤 공사비를 지불한 것으로 알려졌다.

한편, 김 목사는 지난해 계파 갈등 및 직위 해임 문제 등에 불만은 품은 부목사 조 모(62) 씨와 최 모(53) 씨로부터 폭행을 당하는 등 광명성 교회 설립자 최현 목사가 물러나면서 불거진 목회자 내부의 갈등으로 폭행 사건에 휘말리기도 했다. (부목사가 되어 신도들의 집을 방문하면 신도들이 수십에서 수백만 원을 쥐어주는데, 광명성교회 부목사가 신도 방문을 못 하게 되면서 주먹다짐과 폭력이 있었다고 한다.)

# ❖ 진실로 진실로 너희에게 이르노니

— 종교에 미치면 대대로 알거지가 되고 종교를 이용하면 대대로 큰 부자가 된다

최순실 편

2천 년 전 기독교에 미쳤던 초대교회의 땅 안디옥과 다메섹의 땅인 시리아 사람들은 믿음의 선조들이 천국 보좌에 앉은 다음부터 줄곧 가난과 전쟁 등으로 지옥 같은 삶을 살고 있다.

그리고 1800년대 기독교 복음을 받아들인 북한의 믿음의 후손들은 자신들의 믿음의 조상들이 천국 보좌에 앉은 다음부터 현재까지 지옥 속에서 살고 있다.

많은 사례가 있지만 결론은 기독교에 미치면 후손들은 알거지가 된다는 것을 확인할 수 있다. (앞의 글 '기독교 천국의 저주' 참조.)

반면에 종교를 이용하는 사람들이 있다. 북한의 김씨 왕조와 유사한 대한민국 기독교 종북세력으로 불리는 성공한 종교 상인들인 대형교회 목사들이 있다.

2016년에 촛불 집회로 나라를 들끓게 하는 최순실 게이트의 뿌리는 목사 최태민이 있다. 어머니의 죽음으로 심신이 허약한 박근혜를 종교적인 힘으로 장악하고 온갖 술수를 다 부려 큰 부자가 되었다.

박근혜와의 관계를 등에 업고 기업체에 로비를 해서 엄청난 돈을 벌었다고 밝혀졌다. 최태민 목사는 죽었지만 그 후손들인 최순실 일가의 재산은 수천억 원 이상으로 알려졌다.

과거 한국이 고도 성장기에 사회는 비이성적인 일이 많이 벌어졌었다. 그러나 21세기 한국은 법과 이성이 지배하는 사회로 바뀌고 있다.

다시는 인간이 만든 종교를 이용하여 부귀영화를 누리는 사람들이 없도록 두 눈 부릅뜨고 지켜봐야 할 것이다. 누군가 종교로 성공하면 많은 멀쩡한 집안이 망해 있다는 것을 기억해야 할 것이다.

## 종티즌 와글와글

### 😎 먹사와 xxx

사람을 잘 세뇌하고 구워삶으면 자신들의 욕망을 끝없이 채울 수 있는 괴물로 변질되는 법이죠. 세뇌의 무서움을 잘 보여주는 표본적인 예.

### 😎 진리xx

욕을 먹어도 할 수 없죠. 진리는 예수 한 분뿐이니까요. 님이 주님의 사랑을 깨닫는다면 목숨까지 내려놓을 겁니다.

# 4.
# 이성의 승리

   기독교가 중심이 되는 신앙의 시대로 다시 돌아가자는 기독교 목사들의 바람과는 반대로 세상은 갈수록 이성과 과학에 기초한 합리적이고 민주적인 사회로 바뀌고 있다. 자본주의가 가진 태생적이고 본질적인 문제점도 많이 있지만, 역사상 유례없는 번영을 누리는 인간의 삶과 종교 대신에 법과 이성이 지배하는 현대 문명 사회를 돌아본다.

   이성의 승리를 논하기 전에 자연 상태에 대한 홉스와 루소의 견해를 살펴본다. 그리고 '만인 대 만인의 투쟁'의 야만적인 상태의 나라와 '우정과 조화'가 지배하는 나라를 비교해 본다.

   서구 민주주의 사회에서 기독교 국가이면서 가장 종교적인 미국이 폭력이 난무하는 '만인 대 만인의 투쟁' 상태이고, 미국과는 반대로 종교는 일상에서 찾아볼 수 없지만 세계에서 가장 살기 좋은 국가가 된 '우정과 조화'가 지배하는 스웨덴과 덴마크의 현실을 들여다본다.

정부의 간섭이 아닌 시장의 흐름에 맞긴 경제성장이 결국 가진 자들의 탐욕으로 이어졌고, 이젠 '성장'과 '발전'이 아닌 '공생'에 초점을 맞춰야 한다는 점이 핵심인 자본주의 4.0이 자본주의의 새로운 패러다임으로 떠오르고 있다.

이러한 자본주의 4.0 시대에 유일신을 유대인 밖으로 처음 꺼낸 예수가 말한 대로 기독교가 세상의 빛과 소금이 되는 방법을 연구를 통하여 T는 알고 있다. 하지만 현대를 사는 기독인들이 십자가에 못 박은 합리적인 이성을 꺼내게 하는 것이 우선이라고 생각하기에 그 방법 공개는 생략한다. (합리적인 이성을 가진 문명인이 되면 더 이상 교회에 안 나가거나 스스로 교회가 세상의 빛과 소금이 되는 방안을 쉽게 찾을 수 있을 것이다.)


### (1) 만인 대 만인의 투쟁과 우정과 조화가 지배하는 사회

'만인 대 만인의 투쟁'(the war of all against all)은 영국의 철학자 토머스 홉스(Thomas Hobbes)가 자연 상태에서의 인간을 표현한 정치 용어로서 인간은 악하다는 성악설(性惡說)을 기초로 한 말이다. 기독교 목사들은 모든 사람들이 서로를 죽여야만 하는 악한 이 세상을 기독교가 채워야 한다고 주장한다.

다시 말해서 하나님을 믿지 않는 세상은 모든 것이 서로를 물고 뜯는 원시 상태와 다를 바 없으므로 기독교 중심의 하나님 세상을 이루어 평화를 유지하자는 것이 그들의 주장이다.

그러나 홉스와는 반대로 프랑스의 계몽주의 철학자 루소(Jean Jacques Rousseau, 1712~1778)는 인간의 자연 상태는 만인의 만인에 대한 투쟁이 아니라, 우정과 조화가 지배하고 있다고 설명하고, 이 자연 상태를 회복할 것을 주장했다.

한편 미국 하버드대의 유명한 심리학자 스티븐 핑거는 현시대는 인류 지능의 발달로 모든 폭력이 극적인 감소를 보이는 인류 최고의 태평성대라고 했다. (같은 유대교의 야훼신을 믿는 기독교와 이슬람교는 여전히 세계 평화를 위협하고 있다.)

그러면서 하는 말이 폭력의 감소는 인류 역사상 가장 두드러진 것이자 가장 주목받지 못한 발전이라는 것이다.


그가 제시한 몇 가지 근거는 다음과 같다.

① 근대국가 이전에는 10만 명당 500명이 전쟁으로 죽었지만, 현재는 10만 명당 0.3명이다. (유럽 연합이 출범하기 전 100년 동안 41회의 전쟁이 유럽에서 있었다고 한다.)

② 14~15세기에 유럽의 살인사건은 10만 명당 100명에 가까웠지만, 지금은 10만 명당 1명 수준이다.

③ 미국에서 아내의 남편 살인은 40년 전 10만 명당 1.2에서 10만 명당 0.2로 줄었다.

④ 1,000명 이상 죽은 전쟁도 과거보다 78%나 줄었다고 한다.

⑤ 이외에도 흑인 차별, 아동폭력, 동성애자 등의 살해도 많이 줄었다고 한다.

우리가 실제로 느끼기에도 200년 전, 아니 100년 전의 상황과 비교해보면 우리 인간의 생활수준은 믿을 수 없을 만큼 향상되었다. 그 당시에는 지금처럼 미용을 위해 일부러 먹지 않고 산다는 것을 상상할 수 없었다. 의식주 수준은 현저하게 증진되었고 민주주의의 정착과 함께 인간의 권위와 지위는 믿을 수 없을 정도로 향상되었고 계속해서 사회는 자유롭고 민주적인 사회로 진보하고 있다.

펑거 교수가 말하길 이렇게 좋아진 이유에는 인류의 지능발달이 가장 크다고 한다. 현재의 IQ 100인 청소년은 100년 전에는 거의 천재 수준이었다고 한다.

그런데 국제 사회는 이렇게 세상이 좋아지게 된 이유는 개인적인 이유보다 국제 사회의 노력 때문이라고 한다.

위에 나오는 말들을 한마디로 하면 인류는 보다 이성적이고 합리적인 사회가 되었다는 말이다. 즉, 신앙의 힘이 아니라 이성의 힘이 승리했다는 것이다.

2012년 출간된 『신 없는 사회』라는 책은 기독교 국가인 미국과 종교가 없는 나라지만 잘사는 나라들을 비교한 흥미로운 책이다. 그 책의 내용을 이어서 소개한다.


### (2) 신이 있는 사회와 신이 없는 사회 1

미국의 종교 사회학자 필 주커먼 교수는 자기가 태어나고 자란 세계에서 가장 기독교적인 미국과 종교의 힘은 약하지만 세계에서 가장 행복하고 살 만한 나라로 여겨지는 스칸디나비아 반도의 스웨덴과 덴마크를 비교했다.

실제로 스웨덴과 덴마크에서 14개월간 거주하면서 많은 그곳 사람들과 대화하고 책 저술을 위해 공식적으로 149명의 현지인과 인터뷰를 했고 그것을 책으로 엮어 『신 없는 사회』란 이름으로 2012년에 출간(한국판)했다.

T가 지금 쓰는 이 책이 인간의 심리와 인간의 역사를 다시 보면서 기독교가 결코 '절대선'이 아님을 밝혀 기독교 지도자들의 오만과 독선을 깨서 기독교의 불편한 진실을 밝히는 책이라면, 주커먼 교수의 책은 실제로 하나님이 중심 되는 사회와 하나님이 없는 사회를 비교하여 기독교가 세상의 중심이 되어야만 잘살 수 있다고 신자들 앞에서 열변을 토하는 복음주의 기독교 지도자들의 거짓을 잘 보여주고 있다.


미국 CIA의 월드 팩트북(world factbook)에 따르면, 현재 미국인의 80% 정도가 (유대인도 이제 거의 믿지 않는) 유대인의 신인 야훼 하나님을 믿고 있다.

그러나 〈크리스찬 투데이〉 2016년 2월 26일자 기사를 보면 최신 실제 미국 상황을 알 수 있다. "1990년에는 20.4%의 미국인들이 정통 기독교 교회에 정기적으로 참석하고 있었으나, 2000년 들어 그 비율은 18.7%, 2004년 17.7%로 각각 감소했다."

"교회 유형에 따른 출석률 추이를 봐도 미국의 복음주의·자유주의·가톨릭 모두 감소하고 있다. 2000년에서 2004년 사이 가톨릭 교회는 가장 큰 11%, 자유주의 교회는 10%, 복음주의 교회는 1% 각각 감소했다."

이러한 현상이 유지된다면, 2050년 교회에 출석하고 있을 미국인은 1990년의 20.4%의 절반인 11.7%, 2020년에는 15.4% 정도로 하락할 것이다.

명백한 것은 미국 교회의 미래가 그다지 밝지 않다는 점이다. 미국도 유럽처럼 이미 탈종교화가 진행되었다는 것을 알 수 있다.

실제로 미국에 가 본 사람들 말을 들어보면, 도심지에서 교회를 찾기는 힘들고 시골이나 도시의 빈민가에서만 교회를 찾을 수 있다고 한다.


반대로 같은 서구 민주주의 국가이지만 스웨덴과 덴마크는 다르다. 덴마크 전문가인 앤드루 벅서는 "분명하게 정의된 신에 대한 확고한 믿음을 천명하는 사람은 거의 없고, 세상을 이해하기 위해 종교보다는 과학에 기대는 사람이 대부분이라고 지적한다." 그리고 스웨덴의 학자 에바 함베리에 따르면, "인격체의 특징을 갖춘 신이 존재한다고 믿는 스웨덴인은 20%가 되지 않는다. 게다가 아직 신을 믿는 그 스웨덴인들 중에서 믿음을 그다지 중요하게 생각하지 않는 사람이 많다." 따라서 덴마크와 스웨덴에서는 사람들이 신을 그다지 믿지 않는 것이 일반적이다. (필 주커먼, 『신 없는 사회』, 마음산책, 2012. 21p, 11~18)

스칸디나비아 반도에서 하나님이나 예수를 믿는다고 공개적으로 인정하는 사람은 이상한 사람, 비정상적인 사람, 괴짜로 낙인찍힌다. 유틀란트의 작은 마을 출신으로 식품점에서 일하는 스무 살의 사라는 다음과 같이 설명했다.

"젊은이들에게 종교는 일종의 금기예요. 젊은 사람들은 '나는 기독교인이고 자랑스럽다'고 말하지 않아요. 그런 말을 했다면 괴롭힘을 당하기 일쑤거든요." (같은 책, 30p, 9~15)

결론적으로 세계에서 가장 비종교적인 국가로 덴마크와 스웨덴을 꼽을 수 있다. 주커먼 교수는 비종교적인 나라로 대한민국을 비롯하여 프랑스, 일본, 벨기에, 덴마크, 영국, 노르웨이, 헝가리, 네덜란드 등을 꼽았다.

### (3) 신이 있는 사회와 신이 없는 사회 2

미국의 라디오와 텔레비전에 자주 등장하는 유명인이자 베스트셀러 작가인 로라 슈레징어 박사는 종교나 하나님이 없으면 사람들이 도덕을 지키는 것이 절대로 불가능하다고 단언한 바 있다. 로라 박사를 포함한 많은 사람들은 하나님에 대한 믿음과 두려움이 살인율을 낮춘다고 본다.

그런데 2005년에 발표한 글에서 그레고리 S. 폴은 하나님을 믿는 사람들의 비율이 높은 나라에서는 살인사건 발생률, 청소년 사망률, 성병 감염률, 10대의 임신율, 낙태율 등도 높게 나타난다고 보고했다. (필 주커먼, 『신 없는 사회』, 마음산책, 2012. 323p, 5~8)

기독교 국가인 미국과는 반대로 스웨덴과 덴마크는 살인이나 강간 등 폭력적인 범죄의 발생률은 지구상에서 가장 낮은 편에 속한다. (같은 책, 20p, 13~14)

에라스무스 대학의 루트 벤호벤 박사는 나라별 행복도에 관한 세계적인 권위자다. 그는 최근 전 세계에서 실시된 수많은 조사들로 축적된 점수를 분석한 자신의 연구를 바탕으로 91개 국의 행복도 순위를 조사했다. 그의 계산에 따르면, 국민의 전체적인 행복도 면에서 전 세계에 우뚝 선 나라는 작고 평화롭고, 신의 존재가 미미한 덴마크였다. (같은 책, 22p, 3~8)

미국은 서구 민주주의 국가 가운데 가장 종교적인 나라이다. 그런데 신앙심을 자랑스럽게 내보이는 (차량 범퍼 스티커에 하나님을 찬양하는 문구를 붙인 차량이 3대 중 한 대꼴이라고 주커먼 교수는 말한다.) 미국에 총이 범람하고, 형벌이 가혹하고, 약물 중독자들은 범죄자 취급을 받고, 수많은 어린이와 임신부가 가장 기본적인 건강보험의 혜택을 누리지 못하고, 수많은 노인들이 제대로 보살핌을 받지 못하고, 사회복지사들은 저임금과 과로에 시달리고, 정신병 환자들은 길거리에 방치되어있고, 선진국 중에서 빈곤율이 가장 높다는 것이 이상하지 않은가?

반면에 가장 비종교적이고 미국인이 보기에 거의 하나님이 없다고 할 수 있는 덴마크와 스웨덴에서는 어디에서도 총이 보이지 않고, 형벌 체계는 감탄사가 나올 만큼 인정과 자비가 넘쳐서 재활에 중점을 두고 있고, 사형은 이미 오래전에 폐지되었고, 약물 중독자는 의학적 치료나 심리적 치료가 필요한 사람으로 여겨져 보살핌을 받고 모든 사람이 훌륭한 보건 의료 서비스를 받을 수 있고, 노인들도 세계 최고의 보살핌을 받고, 사회복지사들은 괜찮은 임금을 받으며 충분히 감당할 수 있는 양의 일을 맡고, 정신병 환자들은 최상의 치료를 받고, 빈곤율은 모든 선진국 중에서 가장 낮은 수준이다. (같은 책, 63p, 8~24)

이상 제시된 사례들 외에도 비종교적인 국가가 기독교 지도자들의 바람(?)과는 달리 인간이 더 살만한 곳이라는 사례가 많지만 지면 관계상 생략한다.


### (4) 행복한 무신론자와 세계 법치 국가 순위

유신론자 T는 앞의 '고대 세 민족의 생활 규범과 정의란 도대체 무엇인가?'라는 글에서 법에 기반을 둔 로마가 세계를 지배했듯이 사회 정의는 법치주의라는 것을 밝힌 바 있다.

법이 앞서는 국가가 될수록 사람들은 '세상 너머의 세상에 대한 망상'을 하지 않고 현실을 천국 혹은 '사람 사는 세상'으로 만들 가능성이 더 있다는 말로 볼 수 있다.

미국의 비영리기구인 세계 사법 정의 계획(World Justice Project)에서 무려 총 47가지의 자료들을 총합하고 정리해서 발표한 2015년

세계 국가 법치지수 순위가 있다. (인터넷에서 세계 법치 국가 순위 검색)

덴마크, 노르웨이, 스웨덴, 핀란드, 네덜란드가 상위 5개국이다. (국가 행복 순위 10위 안에 드는 국가들이다.) 일본은 13위, 미국은 19위, 대한민국은 11위이다. (한국이 11위? 할렐루야!)

그리고 계속해서 2015년 4월 17일 중앙일보 기사를 보자.

한국인 2명 중 1명이 종교가 없다고 응답해 무신론자 인구 비율로 세계 12위인 것으로 조사됐다. 여론조사 전문기관 윈-갤럽 인터내셔널은 전 세계 65개국 6만 3,900명을 대상으로 설문 조사한 결과를 발표했다. 중국은 90%가 비종교적이며 세계 1위를 차지했다.

이번 조사는 '당신은 종교적인가, 비(非)종교적인가, 무신론자인가'라는 질문에 대한 응답을 토대로 국가별 순위를 매겼다. 한국인은 49%가 '종교가 없다'고 답했고 '확고한 무신론자'라고 밝힌 사람이 6%여서 전체 국가 중 12위를 차지했다. (2015년 통계청 조사에서는 처음으로 한국에서 무종교인이 절반을 넘는 56%가 되었다. 다시 할렐루야!)

중국인은 10명 중 9명이 종교가 없거나 무신론자라고 생각하고 있어 '전 세계에서 가장 비종교적인 국가'로 뽑혔다. '종교가 있다'고 대답한 중국인은 6%에 불과했다. 중국은 오래전부터 다양한 종교 전통을 갖고 있지만 공산 중국 설립 이후 사회주의 문화 때문에 무신론이 급격히 퍼졌다고 워싱턴포스트는 분석했다.

중국 다음으로 비종교적 국가는 스웨덴(76%), 체코(75%), 홍콩(70%), 네덜란드(66%) 순이었다. 중국과 체코는 과거에 사회주의 국가였으므로 비종교적인 것은 당연하다. 주목할 점은 법치주의 국가이면서 행복지수가 높은 국가들(스웨덴, 네덜란드)이 신을 멀리한다는 당연한 사실을 읽을 수 있다.

결론적으로 신을 멀리하고 법치주의 국가를 지향할수록 세상은 더욱 정의롭고 평화로운 '사람 사는 세상'이 된다는 것을 알 수 있다.

20여 년 전 운명의 교통사고 이후 과거·현재·미래의 절망 속에서도 포기하지 않고 지금까지 삶을 이어 온 T가 살아가는 명분을 찾는 사실이다.

# IV

## 운명은 이렇게 바꿀 수 있다

이 장에서는 신앙인들과 달리 '세상 너머의 세상에 대한 망상'을 버리고 이성과 과학에 의존하며 자유민주주의 세상을 살아가는 현대인들에게 신과 종교에 대한 의지 없이 스스로 삶을 개척하는 방법이 소개된다.

특히 불우한 자신의 처지를 비관하여 자신을 흙수저라 부르며 자신의 삶을 비하하는 사람들이 신이라는 망상에 의지하지 않고 주체적으로 자신의 삶을 일구어가는 법을 말하는 장이다.

이 책의 1장 '유신론자 T의 영적 체험'에서 T의 교통사고를 예언한 여승의 존재를 통해서 인간에게 정해진 운명이 있을 수도 있음을 알 수 있었다.

이 장에서는 다시 인류에게 가장 유익한 영향을 끼친 카이사르가 겪었던 죽음을 통하여 다시 한 번 운명이 있을 수도 있음을 확인한다.

현생인류에게 준 많은 문명의 이기와 좋은 제도가 거의 모두 유럽에서 왔기 때문에 현대 유럽을 만들었다고 말해지는 카이사르가 인류 역사에 가장 유익한 인물로 볼 수도 있기에 그의 삶과 죽음에 대해 알아본다. 카이사르의 죽음을 예언한 점쟁이의 존재는 다시 한 번 운명이 있을 수도 있음을 알게 해 준다.

T가 직접 겪었던 운명의 존재와 카이사르의 죽음을 예언한 점쟁이의 존재만 언급한다면 이 책은 인간이 그저 정해진 운명대로 살아야만 한다고 전하는 천하의 못 된 책이 되겠지만 인간에게 이미 정해져 있을 수도 있는 운명은 받아들여야 하는 것이 아니라 인간이 주체적으로 변화시킬 수 있는 대상임을 밝힌다.

운명의 존재 가능성과 함께 인간 스스로 운명을 바꿀 수 있는지와 바뀔 수 있다면 어떻게 인간이 바꿀 수 있는지를 말한다.

그리고 마지막으로 독자의 운명을 바꿀 '경제적으로 독서하기'가 중간에 책을 덮지 않고 끝까지 읽은 독자에게 선물로 주어진다.

시간 낭비 없이 자신이 시간을 들여 습득한 정보와 지식을 머릿속에 온전히 넣는 독서법은 T가 독창적으로 깨달은 독서법으로서 이 경제적인 독서법이 독자의 인생을 바꿀 수도 있는 결정적인 순간을 만들어 줄 수 있기를 진심으로 희망한다.

# 1.
# 카이사르와
# 운명의 죽음


2009년 미국 경제잡지 〈포브스(Forbes)〉는 인류 역사상 가장 강력한 인물로 카이사르를 선정했고, 기원전 44년 3월 15일에 카이사르가 암살된 이후 그의 권위와 업적이 너무나 컸기에 로마인도 게르만 민족도 슬라브 민족도 자신들의 최고 통치자에 대한 호칭으로서 라틴어는 '카이사르', 독일어는 '카이저', 러시아어로는 '짜르'라고 불렀다. 카이사르라는 고유 명사가 최고 통치자를 의미하는 보통 명사가 된 것이다.

그리고 암살된 2년 후에 로마 원로원에서는 죽은 카이사르를 신격화하는 결의도 이루어졌다. 노벨상 수상자인 역사가 몸젠(Theodor Mommsen)에 의해 '창조적 천재'라고 불린 카이사르가 인간에 의해 신이 된 것이다.

그리고 그의 탄생 월인 7월이 그의 영어식 이름(Julius Caesar)에서 July가 되었고, 무심히 사용하는 말인 '주사위는 던져졌다'나 '왔노라, 보았노라, 이겼노라(Veni, vidi, vici)'라는 말도 모두 카이사르가 생전에 한 말이다.

또한 카이사르가 산모의 배를 자르고 태어났다는 전설에서 제왕절개(帝王切開)라는 말이 생겼다. 따라서 제왕절개를 영어로는 'Caesarian Section'이라고 한다.

지금부터 2,100여 년 전의 한 인물이 현대를 사는 현대인에게 미친 영향은 사소한 것에서부터 그리스·로마 문명에 바탕을 둔 현대 유럽을 만들었다고 평가된다.

평생을 로마사 연구를 한 시오노 나나미 씨에 따르면, "카이사르에 의한 로마제국의 안전보장 구상은 로마역사뿐만 아니라 후대의 유럽의 역사에도 큰 영향을 미치게 된다. 아니, 그뿐만 아니라 카이사르가 유럽을 만들었다고 단정하는 사람이 많다. 현재 서유럽 상당수는 카이사르 이후의 로마제국 시대에 만들어진 군단 기지나 식민 도시를 기원으로 하고 있다." (시오노 나나미, 『또 하나의 로마인 이야기』, 부엔리브로, 2007. 238~239p)

카이사르가 태어난 기원전 100년경에 유럽은 문명이 지배하는 그리스, 로마와 문명의 혜택을 받지 못하는 야만 상태의 국가들로 이루어져 있었다. 그리스와 로마를 제외한 야만 상태의 국가가 자유 민주주의의 문명국가로 향하는 첫걸음은 유럽을 정복한 카이사르에 의해 시작되었기 때문에 현대 민주주의 유럽은 카이사르가 만들었다고 해도 과언이 아닌 것이다.

인류가 1만 년 전 빙하기가 끝나고 동굴 밖으로 나와 문명을 만들기 시작한 이후 종교와 민족을 초월하여 인류에게 가장 '유익한' 영향을 끼친 한 사람이 만약 카이사르라면 그의 혜택을 입고 사는

현대인들이 그의 업적과 함께 그가 어떻게 사망했는지를 기억하는
것도 의미 있는 일이라 여겨진다.

이 장에 나오는 역사적인 자료는 주로 다음의 책과 기타 자료를
참고하였다.

- ■ 『조금은 삐딱한 세계사』(원종우, 역사의아침)
- ■ 『로마인 이야기』(시오노 나나미, 한길사)
- ■ 『역사, 위대한 떨림』(데이비드 허버트 로렌스, 민음사)
- ■ 『대결로 보는 세계사의 결정적 순간』(골드슈미트 앤트너, 달과소)
- ■ 『로마제국 쇠망사』(에드워드 기번, 청미래)


## (1) 해적과 유언장

자신의 군대보다 몇 배 많은 적을 만나도 천재적인 지략으로 모
두 이기고 하는 일마다 후대에 좋은 영향을 끼친 천재 카이사르의
됨됨이를 보여주는 두 가지 이야기만 소개한다.

첫째는 해적과 얽힌 이야기이다.

로마가 힘으로 그리스를 정복했지만, 그리스는 문화로 로마를
지배했다는 말이 있다. 기원전 1세기의 많은 로마인 자제들은 그리
스의 아테네와 로도스 섬으로 유학 가서 그리스의 선진 문명을 습
득했다. 카이사르도 24세 나이에 유학을 떠나게 되었고, 소아시아

의 로도스 섬으로 가는 중에 사나운 해적들에게 잡히는 몸이 되었다. 해적들은 20탤런트(당시 4,300명 병사 월급에 해당하는 금액)라는 엄청난 몸값을 요구했다. 이에 카이사르는 "네놈들이 누구를 잡았는지 모르는 모양이군?" 하면서 몸값을 50탤런트로 올렸다.

해적들의 정가(?)보다 몸값이 높은 덕분에 수행원들이 몸값을 가져오는 38일 동안 그는 포로가 아니라 중요 인물로 대우를 받았다. 잠잘 때 해적들로 인해 밖이 소란스러우면 사람을 보내 조용히 하라고 시킬 정도였다.

그리고 카이사르는 해적들에게 언젠가는 네놈들을 모두 죽이고 말겠다고 협박을 했다. 해적들은 인질의 위협을 농담으로 알고 웃었지만 카이사르의 말은 현실이 되었다.

수행원이 돈을 가지고 온 후 자유의 몸이 되자마자 근방으로 나가서 배를 빌리고 사람들을 모은 후에 해안에 정박해 있던 해적선을 기습하여 해적들을 모두 사로잡고 빼앗긴 돈도 모두 되찾았다. 해적들을 모두 교수형에 처한 이후 카이사르는 원래 예정대로 로도스 섬에 도착하여 학생의 신분으로 돌아가 열심히 학문을 연마했다.

둘째 이야기는 유언장에 관한 이야기이다.

'창조적 천재'인 카이사르가 암살당하고 그의 유언장이 공개되었을 때 사람들은 모두 깜짝 놀랐다. 카이사르와 클레오파트라 사이에 태어난 자신의 아들 카이사리온에 대한 언급은 전혀 없고 먼

친척인 옥타비아누스를 자신의 재정적, 정치적 제1 상속자로 지정한 것이었다. 자신의 친아들 대신에 18살밖에 안 된 먼 친척을 후계자로 지정한 것이다. (카이사르는 자신이 암살당할지를 몰랐기에 18살밖에 안 된 옥타비아누스를 후계자로 지정했다.)

역시 카이사르였다. 지도자로 보기에 미흡한 자신의 아들을 배제하고, 먼 친척이지만 옥타비아누스의 가능성을 본 것이었다. 카이사르의 집에 잠시 머물러있을 때 옥타비아누스의 사람됨을 한눈에 알아보고 자신의 후계자로 정한 것이었다.

카이사르가 후계자로 정한 옥타비아누스가 바로 로마의 초대 황제로서 41년간 통치하면서 로마제국을 반석 위에 올려놓은 황제 아우구스투스이다.

만약 카이사르가 클레오파트라가 낳은 자신의 아들인 카이사리온을 후계자로 고집했다면 로마제국의 번영은 없었을 수도 있었다. 카이사르가 죽은 후 공개된 유언장에서 데시무스 브루투스가 옥타비아누스에 이어 2번째 카이사르의 후계자로 지정되어 있었다.

세계사를 통틀어 가장 큰 정치적인 배신이 일어난 것이었다. 자신을 제2후계자로 삼은 사람을 죽이기 위해 칼을 들이댔으므로 가장 큰 정치적 배신이 아니겠는가?

### (2) 야만의 땅 유럽의 로마화

카이사르가 태어날 즈음인 2,100여 년 전 지금의 유럽은 크게 둘로 나뉘어 있었다.

법률에 근거한 법치주의를 근간으로 하는 로마와 철학을 근간으로 하는 그리스는 자신만의 문자가 있는 문명의 땅이었지만 영국이나 북유럽은 문자뿐만 아니라 삶의 규범도 없는 부족 단위의 미개 상태에 가까운 야만의 땅이었다.

카이사르는 라인 강을 경계로 서쪽의 갈리아 전역을 로마화할 생각이었다. 이 지역을 로마화하는 것이 로마 국가에는 최선의 안전보장책이라고 생각했기 때문이다. 그 자신의 표현으로는 '문명화(文明化)'이다. (시오노 나나미,『로마인 이야기 5』, 한길사, 2012. 338~339p)

카이사르가 영국을 침략했을 때 당시 영국인들의 생활상을 '갈리아 전쟁기'에 담았는데 그 내용을 원문 그대로 소개하면 다음과 같다. (갈리아는 오늘날 프랑스, 벨기에, 스위스, 서부 독일을 포함하는 지역이다.)

"그들의 풍속은 갈리아인과 거의 다르지 않다. 내륙지방에 사는 사람들은 대부분 밀을 경작하지 않고, 우유와 고기를 먹고, 옷이라고는 모피를 몸에 걸칠 뿐이다. 게다가 브리타니아인은 모두 푸른색 물감으로 몸을 물들인다. 따라서 전쟁터에서는 훨씬 무섭게 느껴진다. 장발이 보통이지만, 머리와 코밑을 제외한 곳은 모두 털을 깎아버리는 것이 습관이다. 남자들은 10명이나 12명의 아내를 공유한다. 특히 형제나 부자가 아내를 공유하는 것이 보통이다. 그러면 아이 아버지가 누구냐 하는 문제가 생기는데, 여자가 처녀를 바친 남자를 자식의 아버지로 삼는 모양이다.

영국의 영웅인 윈스턴 처칠 수상은 "대영 제국의 역사는 카이사르가 도버 해협을 건널 때 시작되었다"라고 했다.

야만 상태였던 영국이 오늘날의 풍요로운 민주주의 국가로 탄생한 시작이 카이사르로 인한 것이라고 인정한 처칠 수상의 말에서 카이사르의 위대함을 엿볼 수 있다.

그 당시 갈리아 땅은 영국이나 북유럽과 달리 야만의 땅은 아니었다고 한다. 그럼에도 불구하고 갈리아에는 카이사르가 금지시키기 전까지 사람을 인신 공양하는 풍습이 있었다. 카이사르의 기록은 다시 이어진다. (시오노 나나미, 『로마인 이야기 4』, 한길사, 1996. 387p)

"갈리아에서는 인신공양제가 존속해 있어서, 대개는 죄인이 희생의 제물로 바쳐지지만, 죄인이 부족하면 무고한 사람도 희생될 수 있다. 얼마 전까지는 죽은 사람의 신변용품뿐만 아니라 죽은 사람을 측근에서 모신 하인이나 노예들까지 죽은 자와 함께 화장하는 것이 관습이었다."


야만의 땅이었던 영국과 갈리아가 로마의 지배를 받으며 어떻게 문명화되었는지는 데이비드 로렌스의 책에 잘 나와 있다.

"기원전 51년에는 갈리아 전체가 카이사르의 통치 아래 놓이게 되었다. 카이사르는 사람을 제물로 바치는 의식을 금했다. 그는 또 사람들에게 보다 많은 자유를 허용하고 공물의 양을 줄여 주었다. 대변화는 이렇게 일어났다. 갈리아인들은 정복자들을 엄청나게 존

경하게 되었고, 로마인들을 훌륭한 사람이라고 생각했다. 족장이
나 기사들은 정복자들과의 접촉을 통해 라틴어와 로마식 생활양
식을 배웠으며 그것을 대단히 자랑스러운 것으로 생각했다.

'프로방스'로 알려진 갈리아의 남동부는 이미 로마화해서 문명(文
明)이 깊이 들어와 있었다. 갈리아는 완전히 로마화되었다." (데이비드
허버트 로렌스, 『역사, 위대한 떨림』, 민음사, 2002. 134~135p)


### (3) 카이사르의 업적, 태양력과 복지

죽기 2년 전인 기원전 46년에 왕과 다름없는 '종신독재관'에 취임
한 카이사르는 많은 개혁을 실시하였다. 국가와 사회를 개조하기
위해 많은 정책을 추진했지만 후대에 영원토록 영향을 미친 태양
력인 '카이사르력(曆)'만을 소개하고자 한다. 더불어 대한민국의 뜨
거운 이슈인 복지에 대한 영감을 주는 카이사르의 복지 정책도 소
개한다.

태양력을 인류 최초로 실시한 국가는 이집트였지만 고대 로마에서
는 태음력을 사용했다. 태음력은 기본적으로 달의 움직임을 기초로
하기 때문에 많은 오차가 발생하여 생활에 큰 불편을 초래했다.

따라서 카이사르는 이집트에서 천문학자를 초대하여 그리스 수
학자들이 태양의 움직임에 기초한 태양력을 만드는 것을 돕게 하
여 마침내 새로운 태양력을 만들었다. 로마에서 태양력 작업에 착
수한 이집트 천문학자들은 1년을 365일 6시간으로 계산했다.

1년마다 생겨나는 6시간의 오차는 4년에 한 번씩 2월에 끼워 넣어 새로운 태양력을 완성한 후 카이사르의 이름을 따서 '율리우스력(曆)'이라 이름 붙였다. 이후 지중해와 유럽 세계에서 16세기 중세까지 사용되었다.

그러다가 16세기 후반에 천문학의 비약적인 발전을 통하여 지구가 태양 주위를 도는 시간이 365일 5시간 46초라는 것을 알게 되었다. 이 계산을 토대로 한 '그레고리우스력(曆)'이 '율리우스력'을 대신하여 오늘날까지 사용하게 되었다. 11분 14초의 오차를 바로잡는데 1,627년이나 걸렸지만, 그 뿌리는 카이사르가 만든 태양력에 기초하고 있다.

한편 법에 의해 다스리는 법치주의(法治主義)가 지배하던 고대 로마에는 빈민 구제를 위한 '소맥법'이 있었다. 예나 지금이나 인기에 영합을 하는 정책을 펼치는 정치인들 때문에 카이사르가 정권을 잡을 때쯤에는 공짜로 밀을 배급받는 사람의 수가 무려 32만 명이나 되었다. 나라 재정이 위기에 빠질 수 있었다.

카이사르가 생각하는 복지는 그냥 주는 것이 아니라, 생계비가 보장되는 일자리를 얻을 수 있을 때까지 일시적으로 지원하는 것이었다. 카이사르는 공짜로 밀을 배급받는 사람의 수를 32만 명에서 15만 명으로 줄이고 이 이상 주는 것을 금지했다. 세대주의 가족 수를 엄밀히 조사하여 무상 배급을 받을 필요가 있는지를 엄격히 살폈다.

15만 명으로 줄였는데도 빈민층의 불만은 일어나지 않았다. 이는 무상 배급을 받을 필요가 없는 사람들까지 혜택을 받고 있었다는 증거였다. (시오노 나나미, 『로마인 이야기 5』, 한길사, 2012. 340~341p)

카이사르의 행동을 보면 무조건적인 복지보다는 재산 유무에 따른 선별 복지가 인간들에게 더 적합하다는 것을 알 수 있다.


## (4) 3월 15일을 조심하라

지중해 연안 국가들과 유럽을 제패한 이후 카이사르는 동방인 페르티아 제국(지금의 이란)을 정복할 계획을 가지고 있었다. 서방 문화를 유서 깊은 동방 문화와 통합하여 새로운 삶의 형태를 창출해 내고자 하는 것이 그가 추구했던 거대한 목표였다.

이즈음에 카이사르의 아내인 칼푸린나가 카이사르에게 믿기 어려운 말을 전했다.

로마 시내의 유명한 점쟁이 스푸린나가 카이사르에 대해 "3월 15일을 조심하라. (Beware the Ides of March.)"라고 했다고 전했다.

점쟁이는 3월 15일만 조심하고 넘어가면 카이사르가 세상을 호령하는 큰 지배자가 될 것이라는 말도 했다고 전했다. 운명의 3월 15일 전날, 카이사르의 4번째 아내 칼푸린나는 무서운 악몽에 시달렸다. 점쟁이의 말과 자신의 꿈 때문인지 칼푸린나는 카이사르에게 원로원 회의에 불참할 것을 간청했다.

카이사르는 수많은 출정에서 많은 사생아를 낳을 만큼 그리 모범적이지 못한 가정생활을 꾸려나갔지만 그래도 그는 아내를 사랑하고 있었다. 점쟁이 스푸린나의 말과 아내의 꿈 이야기에 불길한 생각을 가진 카이사르는 결국 원로원에 그날 회의 불참을 통보했다.

원로원에 모여 있던 60여 명의 암살자들은 카이사르의 불참 소식을 듣고 경악을 금치 못했다. 그들은 그날 카이사르의 최후의 순간을 기다리며 불안과 긴장 속에서 카이사르를 기다렸는데 카이사르의 회의 불참 소식이 전해지자 어찌할 바를 몰랐다.

플루타크 영웅전에서 플루타크가 묘사한 바에 따르면 브루투스는 카이사를 다음과 같이 설득했다고 한다. (골드슈미트 앤트너, 『대결로 보는 세계사의 결정적 순간』, 달과소, 2008. 20p)

"원로원은 당신의 지시로 소집되었습니다. 만약 당신이 심부름꾼을 보내어 지금 모인 사람들에게 당신의 아내 칼푸린나가 좋은 꿈을 꿀 때까지 전부 돌아가 있으라고 한다면 당신을 시기하는 사람들이 뭐라고 하겠습니까?"

카이사르는 마음속의 모든 의심과 예감을 일단 접어두고 국가에서 파견한 공용 보교를 타고 60명의 암살자들이 그를 기다리고 있는 원로원으로 향했다. 그날은 기원전 44년 3월 15일이었다.

카이사르가 원로원으로 가는 길에 스푸린나를 우연히 만났다는 이야기도 전해진다. 스푸린나가 길목에서 카이사르를 의도적으로 기다리고 있었는지는 알 수 없지만 우연히 만난 점쟁이에게 카이사르는 "이봐! 오늘이 3월 15일인데 아무 일도 없잖아?"라고 했고, 카이사르의 이 말에 점쟁이 스푸린나는 다음과 같이 응답했다고 한다.

"나으리, 아직 3월 15일이 지나지 않았습니다."

### (5) 최상의 죽음

플루타크 영웅전에서 운명의 날인 3월 15일을 묘사한 내용을 다시 덧붙이면 다음과 같다.

카이사르가 타고 있던 보교는 원로원으로 가는 도중 매우 중대한 일이라며 쪽지를 전하는 사람에 의해 두 번이나 멈추었다. 쪽지에는 그날의 암살 계획에 대한 내용이 담겨 있었지만 카이사르는 미처 읽지 못했다.

만약 그가 그 쪽지를 읽었더라면 암살 음모를 알았을 것이고 역사는 바뀌었을 것이다. 카이사르의 가장 가까운 동료이자 추종자인 안토니우스 장군이 그를 돕지 못하도록 회의장 밖에서 제지를 당한 상태에서 카이사르는 회의장으로 들어섰다.

원로원 의원들은 카이사르가 들어서자 모두 정중하게 기립했다. 그들 중에는 60명의 배신자들이 있었다. 그중 한 의원이 추방된 형제를 위한 청원서를 카이사르에게 올렸다. 카이사르가 이를 거부하자 이 사람은 카이사르의 토가를 붙잡고 늘어졌다. 이것이 암살자들에게 보내는 신호였다. 맨 먼저 누군가 카이사르의 목을 향해 찔렀다. 그 순간 카이사르는 신속하게 돌아서면서 단도를 움켜쥐었다. 하지만 다른 암살자들이 한꺼번에 카이사르를 향해 덮쳐왔다. 암살자들은 카이사르를 마구 찌르기 시작했다. 마지막으로 그가 아꼈던 브루투스가 카이사르의 하체를 단도로 찔렀다. 암살자들에게 둘러싸인 카이사르는 "브루투스, 너마저!"라고 말하며 최후의 순간을 맞이하였다.

고대 로마의 가장 위대한 권력자는 21군데나 칼에 찔린 채 점쟁이 스푸린나가 말한 3월 15일에 어이없이 사망했다.

나폴레옹이 괴테에게 이렇게 말했다고 한다.

"카이사르에게 그의 위대한 계획을 실행할 시간을 더 주었다면, 그가 후세에 어떠한 행운을 가져다주었을지, 그리고 모든 것이 달라졌을 텐데요."


"주사위는 던져졌다.", "왔노라, 보았노라, 이겼노라", "부르투스, 너마저!", "사람은 자기가 원하는 것만 본다" 등 무수한 어록을 남긴 창조적 천재에게 어느 날 누군가 어떤 죽음이 최상의 죽음인가라는 질문을 던졌다.

식사를 하면서 중요한 서류에 서명하느라 여념이 없던 카이사르가 갑자기 벌떡 일어나 힘차게 말했다. "그것은 불의의 죽음(unexpected death)이다."


과연 천재다운 말이다. 죽음을 경험했던 T도 충분히 수긍할 수 있는 말이다. 그러나 천재의 이 말은 죽은 자에게만 해당되는 말이다.

만약 죽은 자에게 가족이나 그를 사랑하는 사람이 없다면 불의의 죽음은 최상의 죽음이 될 수 있지만 그를 사랑하는 사람이 있다면 불의의 죽음은 최악의 죽음이 될 것이다.

# 2.
# 운명은
# 바꿀 수 있다

　운명적인 죽음과 초자연적인 힘을 직접 온몸으로 경험한 T가 이 장에서는 인간의 생사를 가르는 운명에 대해 이야기하고자 한다. 참고로 운명(運命)의 운은 옮길 운(運)이고 명은 목숨 명(命)이다.

　책의 들어가는 말에서 언급한 바와 같이 이 책이 만약 운명의 존재 가능성만을 이야기한다면 이 책은 인간이 자유 의지를 가지고 할 수 있는 것이 없다는 것을 말하는 나쁜 책이 될 것이기에 이 장에서는 인간의 운명은 바뀔 수 있고 어떻게 바뀔 수 있는지를 살펴본다.

　먼저 한국보건사회연구원이 2014년에 발표한 '피할 수 있었던 죽음'에 대한 신문 기사와 인간이 피할 수 없는 죽음에 대해 생각해 본다. 그리고 운명은 바뀔 수 있다면 왜 바꿀 수 있고 어떻게 바꿀 수 있는지에 대해 생각해 본다.

## (1) 피할 수 있었던 죽음

우리나라의 연간 사망자는 26만 명 정도다. 이 가운데 40%가량은 '피할 수 있었던 죽음'이라는 조사 결과가 나왔다. 금연 등 건강한 생활습관을 유지하고, 적절한 검진과 치료를 받고, 안전 시스템을 갖췄다면 충분히 예방하고 극복할 수 있는 질병과 사고를 막지 못해 사망자 10명 중 4명꼴로 목숨을 잃고 있다는 것이다.

한국보건사회연구원 정영호 연구위원은 18일 '우리나라의 회피가능 사망 분석' 보고서를 통해 예방·치료가 가능했던 죽음이 연간 사망자의 38.8%나 된다고 밝혔다. 회피 가능 사망이란 효과적인 보건정책 및 보건의료를 통해 피할 수 있는 죽음을 뜻한다.

정 연구위원은 영국 통계청의 사망 원인 분류기준을 국내 데이터에 적용했다. 영국은 결핵, 바이러스 간염, 에이즈를 비롯한 감염병, 폐암 위암 같은 생활습관과 밀접한 암, 만성질환, 자살 및 각종 안전사고 등 50여 가지를 회피 가능한 사인(死因)으로 분류하고 있다.

이를 2010년 국내 사망자 데이터에 대입했더니 10명 중 4명은 피할 수 있었던 사망이었다. 치료가 가능했는데 조기에 발견하지 못하거나 적절한 의료 서비스를 받지 못해 숨진 경우가 인구 10만 명당 75.5명꼴, 충분히 예방할 수 있었는데 막지 못한 사망이 인구 10만 명당 150.4명꼴이다.

충분히 피할 수 있는 질병인데 막지 못해 한국인의 생명을 가장 많이 앗아가는 건 폐암, 간암, 뇌혈관질환 순이었다. 모두 흡연, 지나친 음주 등 생활습관과 밀접하게 관련돼 있다. 젊을수록 회피 가능한 사망이 많은데, 우리나라 20대에겐 자살이 제일 큰 비중을 차지하고 있었다.

2000년 이후 우리나라 회피 가능 사망률은 감소세를 보이고 있지만 유독 '예방 가능 사고'에 의한 사망률만 크게 증가했다. 2000년 인구 10만 명당 57.9명이던 예방 가능 사망률은 2010년 66명으로 14%나 늘었다. 자살, 교통사고, 세월호 참사 같은 재난 및 안전사고 의한 사망이 여기에 해당한다.

정 연구위원은 "의료 서비스의 발달로 질병 치료 성과는 비교적 높아지고 있지만 질병·사고의 예방은 아직 미흡하다"며 "이를 감안한 보건정책의 방향 설정과 대책이 필요하다"고 강조했다.

음주운전으로 인한 사고도 인간 스스로 충분히 막을 수 있는 사고라고 생각한다. 만약 음주 상태의 운전자가 운전석에 앉으면 아예 운전이 불가능한 차를 애초에 만들거나 음주 단속을 철저히 해서 음주자가 운전을 애초에 못 하게 했다면 막을 수 있는 일이기에 음주 사망 사고는 엄밀히 말하면 운명이 아니라 인간이 정한 나쁜 선택일 뿐 인 것이다.

과학과 이성이 지배하는 현대 사회의 한국인이 피할 수 있는 죽음이 40%라면 이번에는 피할 수 없는 죽음에 대해 생각해 보자.

## (2) 피할 수 없는 죽음

피할 수 있었던 죽음이 40%나 된다고 해서 사람이 죽음을 영원히 회피할 수 있다는 것은 아니다. 피할 수 있었던 죽음은 엄밀히 말하면 '늦출 수 있었던' 죽음이다.

피할 수 있는 죽음과 반대되는 피할 수 없는 죽음에는 선천적으로 물려받은 불치병으로 인한 죽음도 있겠지만, 국가 간에 벌어지는 전쟁으로 인한 죽음이 가장 대표적인 피할 수 없는 죽음이라 할 수 있을 것이다. (죽은 자의 의사와 상관없이 한국 전쟁으로 3백만 명이 사망했고 2차 세계 대전으로 5천만 명이 사망했다고 추정된다.)

21세기에는 세계가 자유 민주주의와 합리적 이성이 지배하기에 과거처럼 영토 확장을 위한 전쟁은 불가능하다. 다른 유엔 회원국을 상대로 전쟁을 일으킨 나라는 패륜 국가로 낙인이 찍히기 때문에 전쟁을 일으킬 수 없는 것이다.

그러나 슬프게도 지구상에 일어나는 전쟁과 테러는 거의 대부분 유일신을 믿는 종교로 인해 발생하고 있다. 유대인의 유일신(하나님, 알라)을 믿는 사람들에 의해 전쟁은 천 년이 넘게 일어났고 인간이 살아있는 한 영원히 지속될 가능성이 크다.

현재 대한민국에서는 종교 때문에 전쟁이 발생할 가능성은 거의 없다. 다만 동족인 북한이 전쟁이 일으킬 가능성은 있지만 지난 세월을 볼 때 전쟁의 실제 발생 가능성은 낮아 보인다. (2018년 남북 정상회담후 실제로 전쟁 가능성은 거의 사라지고 있다.)

그리고 과거 군사 독재 정권하에서도 많은 사람들이 죄 없이 죽어야만 했다. 하지만 자유 민주주의 사회가 정착되면서 야만적인 독재정권이 등장할 가능성은 현저히 줄어들었다.

결국 '다르니까 틀리다'고 주장하는 두 다틀교 간의 전쟁이 가장 큰 문제인데 만약 현재 T가 쓰고 있는 이 책이 세상에 널리 읽혀 인류 최악의 발명품인 유일신의 정체가 널리 알려진다면 종교 전쟁으로 인하여 피할 수 없는 죽음은 사라질 수 있다.

인류 문명을 만들게 한 십자군 전쟁으로 지금 같은 과학과 이성의 시대가 만들어지기까지 수백 년이 걸렸듯이 이 또한 수백 년이 걸릴 수 있다.

하지만 인터넷과 같은 것들로 인류가 서로 연결되었기에 수백 년의 시간은 수십 년의 시간으로 줄어드는 것도 가능하다.


### (3) 운명은 바뀔 수 있고 바꾸어야 한다

유시민 선생의 『어떻게 살 것인가?』라는 책에서 유 선생은 "죽음이 예측할 수 없는 재앙처럼 다가올 때는 존엄한 죽음을 준비하기 어렵다. 그러나 지금은 존엄한 삶을 추구하는 것과 함께 존엄한 죽음을 준비해야 마땅한 세상이다."라고 했다.

사람이 갑작스럽게 죽을 수밖에 없는 비정상적인 세상은 가혹한 식민지나 독재 시대 혹은 전쟁이 벌어지는 시대라 할 수 있지만 그런 시대는 현재 벌어지기 힘든 일이라고 할 수 있다. 건강한 생활

습관과 건전한 생활로 피할 수 있는 죽음이 40%나 되고 불가항력으로 갑작스러운 죽음을 겪는 경우의 수가 적어지는 세상을 살기에 인간 스스로 자신의 삶과 운명을 설계하면서 사는 것은 진정으로 아름다운 일이라 할 것이다.

유시민 선생은 "삶의 가장 큰 부조리는 출생의 행운과 불운이 아닐까 싶다"라고도 했다. 맞는 말이다. 세상에 태어나는 순간부터 인간은 행운과 불행의 제비뽑기로 어느 정도 삶의 방향이 설정되는 것은 사실이다. 태어날 때부터 장애가 있는 사람이나 도저히 어른이라고 불릴 가치가 없는 부모 사이에 태어나 제대로 된 교육을 받을 기회조차 없는 사람들이 행복한 삶을 이어가기에는 세상이 너무 험난하다.

지금 이 책을 읽고 있는 독자들 모두 같은 출발점에서 삶을 시작한 것이 아니라 저마다 주어진 출발선은 차이가 있다. 그러나 다른 사람들과 출발선이 다르다고 해서 인생 달리기를 포기할 사람은 아무도 없다. 왜냐하면 아무리 보잘것없는 사람이라도 그 뒤에서 출발하는 사람들이 늘 있기 마련이기 때문이다.

유명한 여성 명리학자가 말하길 운명은 바뀔 수 있다고 했다. 그녀가 운명은 바뀔 수 있다고 주장한 근거는 운명(運命)이라는 말 자체에서 찾았다. 운명의 운(運)은 옮길 운이기에 사람의 운명은 다른 곳으로 옮겨지는, 즉 바뀌는 대상이라는 것이다.

그리고 미래를 알기 위해서 주역(周易), 혹은 역경(易經)을 한자 문화권에 있는 사람들이 오랫동안 봤다. 여기서 한자 '易'은 바꿀 역이고 영어로는 변화를 의미하는 'change(체인지)'라고 쓴다.

점쟁이나 무속인의 예언이 틀릴 수밖에 없는 이유가 여기에 있다. 태어날 때 사람의 운명이 정해져 있다 하더라도 사람이 살면서 환경이나 다른 사람과의 인연으로 인해 무수히 옮겨지고 바뀌었기 때문이다.

그녀는 다시 사람의 운명은 '노력과 선택'에 의해 바뀔 수 있다고 했다. 만약 T가 노력하면서 열심히 살았었더라면 T의 인생은 완전히 바뀌었을 것이다. (물론 그랬더라면 이런 책도 못 썼을 것이다.)

그런데 인생의 고비마다 해야 하는 선택을 잘하기 위해서는 무엇이 필요할까? 아마 가장 중요한 것은 미리 경험해 보는 것일 것이다. 그렇지만 결혼이라는 인생 최고의 선택을 잘하기 위해서 처음 만난 이성과 미리 살아 볼 수도 없는 것처럼 시간과 돈이 없기에 모든 일을 경험해 볼 수도 없다.

그리고 올바른 선택을 위해서는 어른들이나 지혜가 많은 사람들의 의견을 듣는 열린 마음도 필요하다는 생각을 한다. 그러나 주변에 선택을 도와주는 훌륭한 멘토가 있다 하더라도 선택의 결과에 대한 책임은 자신에게 있는 것이므로 현명한 선택의 최종 결정자는 결국 자기 자신이다.

직접적인 경험이 힘들다면 역시 독서를 통한 간접 경험이 가장 빠른 길이다. 자신의 교양도 기르고 소중한 경험을 쌓아가면서 자신의 운명을 바꾸는 선택의 순간을 올바른 길로 이끌기 위한 가장 현실적인 대안은 역시 독서하기다. (T가 자살이라는 악마뿐만 아니라 유일신이라는 인류 최악의 발명품을 극복한 것도 모두 독서를 통해서라고 앞에서 밝혔다.)

잠시 후 책의 대미를 장식하는 '경제적으로 독서하기'에서 경제적이고 효율적인 독서에 대한 답을 찾길 바란다.


### (4) 깨어 있어라

이 글의 다음에는 개인과 국가의 운명을 바꾸는 T의 깨달음이 소개된다. 개인과 국가의 운명을 바꾸는 선택을 잘하기 위해서는 일단 개개인이 바보가 되지 말아야 한다. 이명박 대통령이나 박근혜 대통령이 2018년 모두 법의 심판을 받고 감옥에 간 것은 그들을 대통령으로 선택한 국민의 잘 못 일 것이다.  민주주의와 평범한 삶이 무엇인지 모르는 고집쟁이 공주와 21세기를 살면서 중세적인 세계관을 가진 기독교 광신도를 선택해 대통령으로 만든 것은 바로 어리석은 국민이었다.


노암 촘스키(1928~)는 미국의 언어학자로서 변형생성문법 이론으로 언어학에 큰 영향을 끼쳤다. 또한 그는 1960년대 베트남전쟁 반대 운동을 기점으로 다양한 사회운동에 적극적으로 참여하였고, 1967년에는 국방성과 국무성 앞에서 시위를 벌이다 투옥되기도 했다. 이러한 활발한 사회 참여 때문에 그는 '미국의 양심'으로 불리기도 한다.

그는 인간이면 누구나 자기가 속한 사회에 대해 올바른 판단을 내리고 그것을 행동에 옮길 수 있어야 하며, 인간사에 중대한 의미를 갖는 문제에 대한 진실을 그 문제에 대해 뭔가를 해낼 수 있는 대중에게 알리려고 노력하는 것이 지식인의 책무라고 주장하며 이렇게 말했다.

"무엇보다도 구성원이 깨어나야 한다. 여론의 압력이 더해질 때에는 어떤 일이라도 가능할 수 있기 때문이다." (노암 촘스키, 『촘스키 누가 무엇으로 세상을 지배하는가?』 시대의창, 2013. 120p, 1~4)

한편 뛰어난 인간이었지만 열반에 든 이후 그를 따르는 제자들에 의해 신이 된 부처는 이렇게 말했다. "내가 하는 말을 무조건 받아들여서는 안 된다. 너희들 스스로 경험하고 분석하고 경험한 뒤에 받아들여라." (2011년 부처님 오신 날 KBS 특집방송, '부처의 일생' 中)

부처의 이 말은 인간 각자가 스스로 깨달음을 얻으라는 말로 해석된다. 즉 촘스키 교수식으로 바꾸면 깨어 있으라는 말인 것이다.

부처와는 반대로 인류 최악의 발명품인 유일신을 유대인 족속에서 먼저 꺼낸 예수는 이렇게 말했다. "내가 곧 길이요 진리요 생명이니 나로 말미암지 않고는 아버지께로 올 자가 없느니라." (요한복음 14장 6절)

다른 사람과의 차이를 인정해야 함을 의미하는 현대 문명의 상징어인 '다양성과 관용'을 무시하고 오로지 유대인도 안 믿는 창조주를 믿어야만 행복할 수 있다는 말이지만 이 책의 '기독교 천국의 저주'를 기억하면 예수의 가르침은 결코 믿고 받아들여서는 안 되는 궤변인 것이다.

그렇다면 생업으로 바쁘게 살아가는 모든 국민들이 항상 깨어 있어야만 할까? 그렇지 않다.

바닷물은 짜다. 짜기에 쉽게 썩지 않는다. 그런데 이 바닷물을 구성하는 소금의 비중은 겨우 3%이다. 그래서 T는 대한민국 국민의 3%인 150만 명의 국민들만 깨어 있어도 나라가 썩지는 않을 것이라고 생각한다. 행복이 자기만족에 있다면 어떤 이는 나라를 바로 잡기 위해 직접 행동할 때 행복할 것이고 또 어떤 이는 멀리서 응원만 하는 것으로도 행복할 수 있다. 모두 각자가 선택할 일이다. 중요한 것은 3% 이상만 깨어있어도 나라는 잘 굴러간다는 것이다.

### (5) 노숙자 딸의 인생 그리기

뉴욕의 빈민가인 브루클린 쓰레기 더미에서 14살의 흑인 소녀가 딸을 낳았다. 14살 엄마가 낳은 딸의 이름은 카디자 윌리암스(Khadijah Williams)이다.

이 일로 이 어린 딸의 엄마는 집에서 쫓겨났고 이후 캘리포니아로 이주해 길거리와 노숙자 쉼터를 전전하며 그녀를 키웠다. 때문에 카디자는 초등학교 시절에는 결석이 잦을 수밖에 없었고, 고등

학교를 졸업할 때까지 12년간 12곳의 학교에 다녀야 했다

홁수저도 이런 홁수저가 없다. 두 모녀는 뉴욕의 거리를 전전하며 무료급식과 쓰레기를 뒤지며 굶주림을 해결하였다. 카디자는 그렇게 길거리에서 키워졌다. 값싼 모텔과 노숙자 쉼터를 찾는 일은 굉장히 드물었고 대부분 차가운 길바닥과 냄새나는 뒷골목에서 생활하는 경우가 허다하였다.

"노숙자 주제에 대학은 꿈도 꾸지 마라." 사람들은 항상 같은 말을 했지만 그녀는 노숙자처럼 보이지 않기 위해 항상 머리를 단정하게 했고 옷도 언제나 깨끗하게 입었다. 그리고 이를 악물고 열심히 공부했다. 그녀는 새벽 4시에 일어나 학교에서 밤 11시가 되어서야 돌아왔다. 매달 5권의 책을 읽었고 뉴욕 거리에 나뒹구는 모든 신문을 정독했다.

이런 그녀에게 복지단체들이 장학금으로 카디자를 도와주기 시작했다. 그녀는 홁수저 인생과 자신의 운명을 바꾸기 위해 앞만 보고 달렸다. 그리고 그녀는 결국 브라운 대학, 컬럼비아 대학, 애머스트 대학, 하버드 대학 등 미 전역의 20여 개 대학으로부터 합격 통지를 받아냈다.

거리의 노숙자였던 그녀는 하버드 대학 4년 장학생이 되었고 2013년에 대학을 졸업한 그녀는 현재 워싱턴 D.C의 교육 공무원이 되어 거리의 아이들을 돕고 있다.

만약 카디자 윌리엄스가 뉴욕 빈민가 쓰레기 더미에서 태어난 후 그냥 자신의 운명으로 알고 주변의 다른 사람들처럼 살았다면

그녀의 삶은 비참한 삶이 되었을 것이다. 그러나 부단한 노력과 함께 독서는 그녀의 운명을 바꾸었다.


## (6) 강영우 박사 - 운명은 변화시키는 것이다

한국 최초의 시각장애인 박사로서 백악관 최고위직까지 올랐던 故 강영우 박사가 그의 모교인 피츠버그 대학으로부터 2008년 2월 29일에 올해의 동문상을 받을 때의 상장 내용과 이에 대한 강영우 박사의 답사를 소개한다. (강영우, 『원동력』, 두란노, 2011. 146~149p)

"귀하의 아름다운 세상을 만드는 꿈은 이루어졌습니다. 당신과 같은 소수의 약자들이 불가능에 끊임없이 도전해서 무한한 잠재능력을 개발한 것을 축하하고 인정하고 감사합니다. 당신은 대륙과 대륙을 넘어 전 세계에서 어둠을 빛으로, 무지를 지식으로, 절망을 희망으로 변화시키고 있습니다."

이에 대한 강영우 박사의 답사 내용은 다음과 같다.

"저는 10대 소년 시절에 맹인 고아가 되어 고작해야 점쟁이나 안마사로 살수밖에 없었습니다. 그러나 저는 그러한 운명에 끊임없이 도전하여 오늘의 영광의 자리까지 도달했습니다. 보십시오. 저는 점쟁이로 이 자리에 오지도 않았고 안마사로 이 자리에 오지도 않았습니다. 나의 운명은 분명히 바뀌었습니다. 나는 부시 대통령이 임명하고 연방 상원의원이 두 차례나

인준한 사성장군에 해당하는 위대한 미국 연방정부 최고 공직자 중 한 사람으로 왔습니다. 운명은 타고나는 것이 아니라 포기할 수밖에 없는 절망적인 상황에서도 포기하지 않고 끝없는 도전으로 개척하고 변화시키는 것입니다.”

“제32대 프랭클린 루스벨트 대통령은 39세 때 소아마비에 걸려 중증 장애인이 되었습니다. 그때부터 그는 소아마비가 없는 아름다운 세상을 만드는 꿈을 꾸게 되었고 그 꿈은 피츠버그 대학 연구팀을 지원해서 이루어졌습니다. 중증 장애인이 된 운명을 그대로 받아들이지 않고 Much of Dimes란 이름의 비영리 법인을 창설하고 소아마비를 정복하려는 도전장을 내놓은 것입니다. 그리고 그 재단을 통해 소아마비가 없는 아름다운 세상에 사는 꿈을 공유한 사람들로부터 후원금을 모금해서 소아마비 예방연구를 지원했습니다. 그러나 그 연구가 그리 쉬운 일은 아니었습니다. 실패가 거듭되고 거듭되었으나 결코 포기하지 않았고, 거듭된 도전을 하다 루스벨트 대통령은 끝내 성공을 보지 못한 채 1945년에 세상을 떠나고 말았습니다. 그러나 그의 도전은 죽음조차도 멈출 수 없었습니다. 소아마비가 없는 아름다운 세상을 만드는 꿈을 공유한 사람들에 의해 이어졌기 때문입니다. 다시 9년의 세월이 지난 1954년에 나의 자랑스러운 모교에서 솔크 박사팀이 200번이 넘는 실패를 거듭하다 소아마비 예방접종에 성공했습니다. 그리하여 오늘날 전 세계 대부분의 사람들이 소아마비가 없는 아름다운 세상을 살게 되었습니다.”

### (7) 개인의 운명은 이렇게 바꿀 수 있다

T와 카이사르의 운명을 예언했던 점쟁이의 존재로 인해 T는 모든 이에게 운명이 있다고 생각하지는 않는다. 왜냐하면 애초에 과학적으로 검증이 불가능한 일이기 때문이다.

하지만 T가 겪었던 일을 비추어볼 때 정해진 운명 같은 것이 우주에 존재할 수도 있다고 생각이 들기에 운명은 만드는 것이 아닌 바꾸는 것으로 보는 것이다. (운명이 애초에 없다면 운명은 바꾸는 것이 아닌 새로 만드는 것으로 볼 수 있다.)

T가 생각하기에 자신의 운명을 스스로 바꾸기 위해서는 일단 자신이 삶의 주인 혹은 주체가 되는 것이 중요하다고 본다.

과학이나 이성으로 설명할 수 없는 '세상 너머의 세상'이나 인간이 만든 신의 존재에 기대지 않고 자기 삶에 대한 애정과 책임을 가진다면 보다 의미 있는 삶이 될 것이다. (한번 사는 인생! 있지도 않은 천국에 목매달고 종교 장수들의 먹이가 된다면 얼마나 억울한 일인가?)

특히 다른 사람들과의 다름을 인정하는 다양성과 관용이 현대 문명사회의 기준이라면 다르면 틀리다고 보는 유대 유일신을 믿는 종교에 의해 삶이 지배되지 않도록 해야 할 것이다.

운명이 인간의 선택과 노력에 의해 결정된다면 좋은 선택을 하기 위하여 자신의 판단력을 길러주는 소양을 평소에 많이 갈고 닦아야 할 것이다.

좋은 선택을 위한 방안은 이 책의 마지막 장인 '경제적으로 독서하기'에 잘 나와 있기에 포기하지 않고 열심히 노력하여 자신의 운명을 바꾼 베토벤(1770~1827) 이야기를 하고자 한다.

궁정 테너 가수의 아들로 태어난 그는 처음부터 천재 음악가는 아니었다. 그래서 지독한 노력 끝에 성공한 음악가가 됐다. 그가 꿨던 '갈망의 두드림'은 천재 음악가 모차르트의 후예가 되는 것이었다.

베토벤이 설정한 꿈이자 목표는 천재 음악가 모차르트의 후예가 되는 것이었다.

베토벤은 인정받는 음악가가 되기 위해 피나는 노력을 기울였다. 그래서 13살에 자신이 꿈꾸었던 대로 '제2의 모차르트'라는 칭호를 얻었다. 베토벤은 여기에서 멈추지 않고 더 큰 꿈을 꾸면서 노력을 그치지 않았다.

궁정 테너 가수의 아들로 태어난 베토벤은 모차르트와 같은 천재성이 없었기 때문에 인정받는 음악가가 되기 위해 피나는 노력을 기울였다. 그런데 안타깝게도 26살 때부터 청력을 잃기 시작해 30살이 되기도 전에 완전히 청력을 잃게 되었다. 최고의 음악가를 꿈꾸는 베토벤에게 청력 상실은 치명적인 것이었다. 하지만 베토벤은 자신이 설정한 '위대한 음악가'가 되겠다는 꿈 때문에 창작의 욕구를 꺾으며 모든 것을 포기할 수 없었다.

〈영웅〉, 〈운명〉, 〈전원〉 교향곡에 이어 인류 최고의 예술작품 이라는 교향곡 9번 〈합창〉을 완성해냈다.

베토벤은 아버지의 학대와 청력 상실을 극복하기 위해 평생 피나는 노력을 통해 운명과 맞서 싸웠다.

장애에 굴하지 않고 열심히 노력한 덕분에 베토벤은 음악의 성인이란 뜻 이 담긴 '악성' 칭호를 결국 얻고야 말았다.

베토벤이 운명에 대해 남긴 말로 글을 맺는다.

I want to seize the fate by the throat. (나는 운명의 멱살을 잡고 싶다.)

# ❖ 진실로 진실로 너희에게 이르노니

— If

이미 오래 전에 있었던 역사를 가정하는 것은 가장 어리석고 의미 없는 일이라 할 것이다. 하지만 과거의 일이 만약 현대까지 끔찍하게 영향을 미친다면 그 역사를 돌이켜 가정을 하는 것도 의미 있는 일이 될 것이다.

먼저 만약 세계인구의 한 줌도 안 되는 유대인이 유일신이라는 것을 만들지 않았거나 예수와 무함마드가 유대인 밖으로 꺼내지만 않았다면 이 세상은 어찌 되었을까?

기원전 3세기에 그리스의 수학자이며 천문학자인 에라토스테네스는 지구가 둥글다는 가정 하에 지구의 둘레를 계산할 정도로 고대시대에 과학과 수학은 계속해서 발전하고 있었다.

그러나 중세가 시작되면서 이후 1400년 간 인간 문명은 발전을 멈추었다. 그리고 얼마나 많은 죄 없는 사람들이 다툼교 때문에 죽었고 앞으로도 죽어야만 하는 것인가?

이제는 그 죽음의 굿판을 멈추어야 할 때이다.

둘째, '만약 교황 우르바노 2세가 십자군 전쟁을 시작하지 않았다면 인류의 삶은 어찌되었을까?'이다.

기독교와 사제의 노예로 살아가던 중세 유럽인들은 신에 대한 의심 자체가 불가능했기에 십자군 전쟁 이후에 인간 스스로 만들어낸 르네상스, 산업 혁명, 계몽주의와 같은 것들은 꿈도 꿀 수 없었을 것이다. 그리고 지구가 네모이기에 바다 멀리 나가면 낭떠러지가 있다고 믿었던 유럽의 중세인들이 대항해시대를 거치며 아시아에 오지도 않았을 것이고 유럽에서 발달한 인류 문명을 아시아인들은 생각도 못 하고 지금도 한국을 비롯한 아시아 국가들은 왕조 시대를 살고 있을 것이다. (앗! 그렇다면 십자군 전쟁을 유발한 것이 이슬람이므로 이슬람을 만든 무함마드가 인류를 구한 것인가?)

셋째, 종교를 이용하여 대대로 큰 부자가 된 최태민 목사가 유신 공주 박근혜를 이용하지 않았다면 어떻게 되었을까? 그랬다면 2016년 후반부터 대한민국을 달구었던 촛불혁명도 없었을 것이고 북한과의 대화에는 일절 생각이 없었던 수구 보수 세력이 정권을 잡아 2018년 국민이 만든 남북한 화해는 시작도 못 했을 것이다. (앗! 그렇다면 최태민 목사 부녀가 대한민국을 구원한 것인가?)

즉문즉설로 유명한 법륜 스님의 통일에 대한 강연을 직접 들은 적이 있다. 스님은 자본주의가 내재된 모순으로 발전을 멈추었을 때 역사적으로 그 해결책은 전쟁이었다는 것을 말하면서 현재 대한민국이 겪고 있는 경제적 난국은 전쟁과 유사한 결과를 가져다

주는 '통일'로 해결할 수 있다고 하였다. 북한의 우수한 노동력과 많은 자원이 남한의 자본이나 기술과 결합한다면 한민족은 역사상 경험하지 못한 번영을 이룰 수 있을 것이다. 2018년 이전에는 북한과 일촉즉발의 전쟁 위험이 항상 한반도를 지배했던 상황을 누구나 기억할 것이다.

북한이 핵을 가졌기에 남한도 핵을 가져야 한다고 주장하던 수구 보수 세력이 정권을 잡았다면 안보 위기와 경제 위기는 더욱 가중되었을 것이다. 그러나 깨어 있는 국민이 촛불 혁명을 통하여 법과 원칙을 지키면서 살아 온 문재인 대통령을 지도자로 선택함으로써 대한민국의 운명은 평화와 번영을 누리는 국가로 바뀌어 가고 있다.

마지막 가정은 종교 장수들의 거짓말에 속아서 재산을 정리하고 브라질과 피지로 떠나려다가 돌아온 가여운 기독인들이 만약 T의 중학생도 이해 가능한 이 책을 젊은 날에 보았더라면 그들의 삶은 어찌 되었을까 하는 가정이다.

유신론자 T는 T의 얇은 이 책이 많은 가정들을 구원하는 '유쾌한 상상'을 다시 해 본다.

## (8) 국가의 운명은 이렇게 바꿀 수 있다 - 선거가 답이다!

2018년 몽고메리 등이 저술한 '현대의 탄생'이라는 책에서 저자들은 현대의 핵심 사상 네 가지를 밝혔다. 자유, 평등, 진화, 민주주의 이 네 가지가 현대의 핵심사상이라는 것이다.

T가 지금까지 문명의 핵심 기반으로 설정한 '다양성과 관용'은 자유와 민주주의의 범주에 들어갈 것이다.

진화는 다틀교에서 주장하는 신에 의한 창조와 반대되는 현대 과학을 의미한다. 따라서 현대 사회의 발전을 저해하는 신에 의한 창조라는 개념을 만든 다틀교는 21세기 현대와는 어울리지 않는 종교이다.

21세기 현대 문명국가를 국민 스스로 만들기 위하여 다음과 같은 것들이 기본적으로 지켜져야만 한다고 T는 생각한다.

첫째, 주관적 신은 철저히 존중되는 사회이어야만 한다. 아무리 기독교를 믿으면 자손들까지 대대로 알거지가 되고 다틀교가 문명의 적이라 하더라도 그 종교를 선택한 개인의 자유는 기본적으로 존중받는 민주주의 사회가 되어야 하기 때문이다. 즉 민주주의의 기본 원칙 중 하나인 종교의 자유가 존중되어야 그 사회는 건강한 사회가 되는 것이다.

둘째, 앞의 정의란 무엇인가에서 말했듯이 정의로운 사회는 민주적 절차에 만들어진 법이 지배하는 사회인 법치국가이다. 이념이나 종교 대신에 법이 지배하는 사회는 어떠한 고난을 당해도 결코 흔들리지 않고 번영할 것이다. (재벌이나 전직 대통령이라도 법을 어기면 감옥에 갈 수 있는 사회가 진정한 법치 국가이다.)

셋째, 모든 사람들이 같은 경전을 보고 같은 망상을 하는 객관적인 신은 철저히 배제되는 사회가 되어야 한다는 것이다. 종교를 이용하여 대대로 큰 부자가 되고자 하는 종교 장수들에게는 미안한 이야기이지만 객관적인 신이 존재했던 중세나 현재 존재하고 있는 중동 이슬람 국가들을 보면 객관적인 신은 결코 생각하지도 말아야 할 것이다. 그렇다면 이러한 사회를 만들기 위해서 깨어있는 시민들이 문제가 생길 때 마다 촛불을 들고 행동해야만 할까? 그럴 필요가 없다.

현대 민주주의 아버지라고 불리는 프랑스 계몽주의 철학자 루소 (1712~1778)의 가르침에서 방법을 찾을 수 있다.

인간에게 가장 나은 정부는 '선출을 통한 귀족정치'라고 루소는 주장했다. (장 자크 루소, 『사회계약론』, 문예 출판사, 2014, 240p, 17~18)

주권자인 국민이 자신들의 대표를 뽑아 그들에게 통치를 맡기는 대의민주주의를 프랑스 혁명(1789)이전에 간파한 루소의 비범함을 볼 수 있다. (믿음의 조상들이 천국에 가 있을) 시리아와 북한의 통치자는 모두 독재자 아버지로부터 권력을 물려받았지만, 대부분의 자유 민주주의 국가들은 현재 선출을 통한 귀족정치를 실시하고 있다. 운명(運命)이 선택에 의해 바뀔 수 있다면 현대 대부분의 국가 국민들은 국가의 운명과 자신들의 행복을 스스로 결정할 수 있게 되었다.

2012년 18대 대선 득표율은 박근혜 51%, 문재인 48% 였다. 만약 3% 이상의 국민들이 더 깨어있어서 무자격자를 식별할 수 있었다면 많은 사람들의 운명이 바뀌었다는 것을 알 수 있다. (반대로 역설적으로 박근혜가 되지 않았더라면 목사의 딸을 비롯한 감옥에 간 많은 이들의 운명도 바뀌었을 것이다.)

결론적으로 국가의 운명을 국민 스스로 만들어가는 실천적인 방법을 정리하면 다음과 같다.

첫째, 국민들이 깨어 있어야 한다.

이 책의 앞부분에 T의 책을 읽고 종교의 굴레에서 빠져나와 독서를 시작한 여인처럼 책 읽기나 다른 유용한 수단을 통해 자신의 분별력을 기른다면 자신의 운명뿐만 아니라 국가의 운명도 좋아질 것이다.

둘째, 깨어 있는 많은 이들이 선거에 적극적으로 참여하여 민주주의와 문명을 발전시킬 수 있는 자격자를 대표로 선택하는 것이다. 갈수록 선거 참여율이 낮아지고 있다. 선거에 참여하여야만 하는 것은 국민의 의무이지만 투표권을 행사하지 않는 것은 자신과 국가의 운명을 바꿀 기회를 포기하는 것이다. (선거에 꼭 참여합시다!)

그리고 대표로 선택된 자들이 자신들의 권한 내에서 국가를 잘 이끌어가는 지 깨어있는 언론과 국민들이 감시한다면 국가는 정의로운 법이 지배하는 법치국가 또는 '사람 사는 세상'이 되는 것이다.

　※ 이상 책을 덮지 않고 지금까지 온 독자에게 책의 대미를 장식하게 될 '경제적으로 독서하기'가 잠시 후 선물로 주어진다. 기대하시라!

# ❖ 진실로 진실로 너희에게 이르노니

### — 대한민국 세 대통령의 운명

책의 앞부분에서 운명에 대한 이야기를 하면서 2000년대 초반 한국의 17, 18, 19대 대통령 세 분의 취임식 사진과 그들의 생활 규범에 대해 소개를 했다.

대통령제하의 대한민국에서 대통령으로 선출됨으로써 최고의 성공을 이루었지만 두 대통령은 감옥에 갔고, 한 대통령은 평화와 번영을 이루어 가고 있다. 대통령을 선택한 국민의 운명과 대통령이 선택한 자신의 운명은 어떤 외부적인 힘에 의해 만들어진 것이 아니라 각자 스스로 선택을 통해 만든 것임을 기억해야할 것이다.

## (1) 감옥에 간 두 대통령

법과 이성에 근거한 삶 대신에 기독교적인 삶에 충실했던 이 명박 장로 대통령에게 검찰은 징역 20년의 중형을 구형하였다. 장로 대통령은 111억 원의 뇌물과 349억 원의 횡령 혐의로 구속되었다. 결국 2018년 10월 5일 1심에서 징역 15년에 벌금 150억원이 선고되었다.

21세기 현대 사회를 어떻게 살아야할지 그리고 민주주의가 무엇인지 알 수 없었기에 종교를 이용하여 대대로 큰 부자가 된 목사 부녀에 의해 농락당한 박근혜 대통령은 국정농단 사건으로 대한민국 최초로 탄핵되었고 항소심에서 징역 25년에 벌금 200억원을 선고 받고 평생을 감옥에서 살게 될 운명이다.

사진은 이명박 장로 대통령의 구속을 축하하여 동네 떡 잔치를 연다는 현수막이다.

사진은 헌법 재판관 전원 일치로 박근혜의 파면을 선고하는 순간이다.

## (2) 평화와 번영을 만들어가는 대통령

2016년 후반부터 깨어있는 시민들이 뭉쳐서 박근혜 대통령의 퇴진을 위해 촛불시위를 열었다. 법치국가를 지향하는 대한민국 국정이 종교를 이용해서 대대로 큰 부자가 된 목사와 그 목사의 딸에 의해 철저히 농락당했다. '이게 나라냐?'라는 구호를 시작으로 "깨어있는" 시민들은 망가진 나라를 바로잡기 위해 23차례에 걸친 평화로운 집회를 열었고 결국 어리석은 대통령이 탄핵되고 법을 어긴 많은 이들이 감옥에 가게 만들었다. 깨어있는 시민들에 의해 국가가 바로 선 이후 치러진 대통령 선거에서 '차가운 머리에 뜨거운 가슴'을 가지고 법과 원칙을 삶의 기준으로 삼았던 문재인 대통령이 새 대통령으로 '선택'되었다. (해방 당시 대부분이 기독교인이었던 북한인들 가운데서 한국전쟁 당시 남쪽으로 피난 온 기독교인 부모를 두었기에 문재인 대통령도 천주교인이지만 그에게 신은 힘들 때 기댈 수 있는 주관적인 신일뿐이지 세상 모든 일을 주관하는 객관적인 신은 아닌 듯하다.)

깨어있는 시민들에 의해 국가의 운명이 만들어지고 있다. 2016년 11월 촛불집회 모습

# ❖ 진실로 진실로 너희에게 이르노니

— 카이사르와 나폴레옹의 공통점

현대 유럽을 창조한 카이사르는 야만의 땅이었던 대부분의 유럽 땅에 자유 민주주의 국가의 바탕이 되는 그리스 로마 문명을 전파하였다. 그리고 나폴레옹은 자유·평등·박애라는 프랑스 혁명 정신을 유럽에 퍼뜨리기 위해 정복 사업을 펼치며 점령한 지역들의 정치구조를 재편했다. 기존의 구체제를 개혁해 곳곳에 공화국을 건설하였다.

그리고 두 사람 모두 왕이 되고자 했다. 카이사르는 왕이 되기 바로 직전에 공화주의자들에 의해 무참히 살해되었고 나폴레옹은 처음에는 프랑스 혁명 정신을 지키는 공화주의자였으나 결국 프랑스 왕이 되었다. 전쟁터에서 두 사람은 모두 용맹하게 싸웠고 두 사람 모두 병사 속으로 들어가 '솔선수범'을 보여서 부하들의 충성심을 이끌어 냈고 결국 대부분의 전투를 승리로 이끌었다.

카이사르는 34만 명의 갈리아 군대를 5만 명으로 제압하는 등 항상 이기는 장군이라는 뜻의 상승장군(常勝將軍)으로 불렸다. 나폴레옹도 비록 해전에서는 영국에 패하고 마지막에는 러시아 정복이 실패로 돌아가 몰락을 했지만 대부분의 싸움에서는 거의 승리를 했다. 두 사람 모두 전쟁터에서 승리를 거둔 이유는 순간마다 판단, 즉 선택을 잘했기 때문이라고 할 수 있다.

기가 막힌 선택을 한 두 사람 모두 독서광이었다는 것은 결코 우연이 아니다.

카이사르는 엄청난 부채가 있었다고 한다. "카이사르는 친구들에게 아낌없이 돈을 쓰고 많은 애인들에게 선물값으로 많은 돈을 지출했지만 무엇보다도 책을 구입하는데 많은 돈을 썼다. 당시에는 파피루스에 일일이 필사한 책이었기에 책은 비쌀 수밖에 없었다. 중세에도 책 한 권 값이 웬만한 집 한 채 값이었다." (시오노 나나미, 『로마인 이야기 4』, 한길사, 1996. 99~101p)

카이사르처럼 독서에 대한 열정이 컸던 나폴레옹은 전쟁터에 나갈 때에도 별도의 사서를 두고 도서 운반 마차가 따로 있었다고 한다. 나폴레옹은 최종 유배지인 세인트헬레나 섬에서조차 무려 3천 권의 장서를 늘 읽고, 읽은 책마다 감상문을 적을 정도였다. (원종우, 『조금은 삐딱한 세계사』, 역사의아침, 2012. 343p, 11~14)

두 사람의 남다른 독서 사랑을 보면 인간의 운명을 바꾸는 현명한 선택은 독서의 힘에 의해 결정됨을 알 수 있다.

# 3.
# 경제적으로
# 독서하기

삶을 윤택하게 하는 현명한 선택을 잘하기 위해서는 많은 경험이 필수이다. 그러나 현실적으로 많은 경험을 축적하기 위해 시간과 돈이 부족하다.

결국 간접 경험을 도와주는 책 읽기가 가장 현실적인 대안이다.

"당신의 인생을 가장 짧은 시간에 가장 위대하게 바꿔줄 방법은 무엇인가? 만약 당신이 독서보다 더 좋은 방법을 알고 있다면, 그 방법을 따르기 바란다. 그러나 인류가 현재까지 발견한 방법 가운데에서 찾는다면 당신은 결코 독서보다 더 좋은 방법을 찾을 수 없을 것이다."

— 워런 버핏

"남의 책을 많이 읽어라. 남이 고생하여 얻은 지식을 쉽게 내 것으로 만들 수 있고, 그것으로 자기 발전을 이룰 수 있다."

— 소크라테스

먼저 이 글에서 이야기하는 경제적인 독서는 미래에 글쓰기를 생업으로 하는 작가 지망생을 위한 것이 아니라 보통 사람이 자신의 지적 수준을 높이고 선택의 순간마다 현명한 결정을 하는데 도움을 주기 위한 독서라는 점을 밝힌다.

이 독서법에는 기본적으로 두 가지 기본 전제 조건이 있다. 독서를 하는 사람에게는 독서 이외에도 할 일이 많기에 시간이 모자란다는 것과 인간이기에 독서를 했다 하더라도 잊어버릴 수밖에 없는 망각의 동물이라는 것이다.


## (1) 시간은 한정된 자원이다

경제학 원론 첫 시간은 "왜 경제적이어야 하는가?"에 대한 질문으로 시작한다.

인간이 경제적으로 살아야 하는 가장 큰 이유는 자원이 부족하다는 사실에서 찾을 수 있다. 자원이 무한정 있다면 언제든지 그 자원을 쓸 수 있지만, 돈이나 시간 같은 자원이 한정되어 있기에 경제적으로 살아야 하는 것이다.

예를 들어 국가가 국민을 위해 해야 하는 것은 많지만 예산이 한정되어 있으므로 부족한 예산의 우선순위를 정해서 가장 필요한 곳에 먼저 예산을 사용한다.

마찬가지로 독서하는 사람에게는 시간이라는 자원이 한정되어 있다. 시간이 무한정 있다면 아무 생각 없이 원하는 시간에 무한정 독서를 할 수 있지만 그렇지 못하기 때문에 경제적인 독서를 해야 한다.

앞으로 독자가 어떻게 자신의 한정된 자원인 시간을 독서에 투자하여 최소한의 노력으로 최대의 효과를 얻는지 알아보자.


### (2) 인간은 망각의 동물이다

자신의 귀중한 시간을 독서하기에 투자했다고 치자. 독서한 내용을 얼마나 머릿속에 저장할 수 있을까? 사람마다 다르겠지만 모든 사람에게 공통적으로는 시간이 지날수록 독서한 내용들은 망각의 강으로 흘러가 버린다는 것이다. 잊어버린 내용들을 습득하기 위해서 들인 귀중한 시간은 결국 흘러가는 강물에 내리는 비처럼 모두 사라져 버린다.

T는 2009년 어느 날 문득 이런 생각이 들었다.

"머리에 담고자 했던 지식이나 정보들은 시간이 지날수록 모두 사라지게 마련인데 내가 왜 바보처럼 머리에 넣는 일만 하는 거지?"

"왜 내가 지식 습득에 투자한 시간을 모두 버리는 거지?"

이와 같은 의문과 자책을 한 그 순간부터 지식 습득에 투자한 시간을 지키기 위해 시간을 들인 지식들을 한군데 몰기로 작정을 했다.

## (3) 지식 곳간인 독서장을 만들어라

농부가 가을에 추수한 곡식을 그냥 마당에 두면 어떻게 될까? 한여름 내내 고생해서 수확한 곡식은 바람에 날려가거나 쥐들의 먹이가 되거나 혹은 도둑맞아 모두 사라질 것이다. 그래서 농부는 곡식을 지키고 겨울 내내 먹기 위해 곳간을 만들어 이곳에 곡식을 보관한다.

마찬가지로 머릿속으로 지식을 집어넣는 것만 알다가 망각의 동물이기에 나가는 문이 있음을 알았다면 이를 해결하기 위해서 어떻게 해야 할까?

나가는 문을 막아주기 위해서는 반복해서 다시 보는 수밖에 없으므로 머릿속에 넣을 가치가 있는 유용한 지식과 정보들을 다시 쉽게 보기 위해서 이것들을 한군데 몰아야겠다는 생각으로 이어졌다.

2009년 T가 처음 지식 곳간인 독서장을 컴퓨터 파일 형태로 만들었을 때 첫 번째 자리를 차지한 미국의 알래스카 매입과 관련된 미래를 볼 수 있는 지도자의 능력에 관한 이야기다. 어떤 사회 지도자의 비전과 여론이 충돌할 때 참고하는 사례로 이 이야기를 많이 한다.

알래스카는 미국 본토의 1/5, 남한의 15배에 달하는 광활한 땅이다. 3백만 개에 이르는 호수와 3,000개 이상의 강을 품고 있는 미국에서 가장 넓은 주지만 인구수는 가장 적은 65만 명에 불과하다. 1741년 러시아의 표트르 대제에게 고용된 덴마크인 비투스 베링에 의해 발견된 이후 모피산업의 성장과 함께 19세기 초까지 번성하였다. 그 후 모피무역도 시들해지고 크림전쟁 탓으로 재정적자에 시달리던 러시아는 1867년 미국과 매각협상을 벌여 720만 달러를 받고 팔아넘겼다. 그때 미국 여론은 알래스카 매입에 매우 부정적이었다. 협상을 주도한 당시 국무장관 윌리엄 시워드는 "다음 세대를 위해 사두자"고 외치며 의원들을 적극 설득한 끝에 한 표 차이로 어렵게 상원을 통과시켰다. 러시아는 쓸모없는 땅을 비싸게 팔아넘겼다고 희희낙락하며 협상단에 보너스까지 지급한 반면, 시워드는 생전 내내 비난의 대상이 되었다. 언론은 알래스카를 '시워드의 아이스박스(Seaward's icebox)'라며 매도하였고, '큰 손해 본 거래'를 '시워드의 아둔한 짓(Seaward's folly)'이라 지칭하며 빈정댔다.

그러나 그 땅은 1936년부터 금광이 발견되고, 근래에는 엄청난 양의 석유와 천연가스가 매장된 것이 확인되어 이제는 명실상부한 미국의 보물이 되었고, 러시아는 땅을 치며 후회하게 되고 말았다.


상원에서 겨우 한 표 차이로 통과되어 결국 미국 땅이 된 미국의 보물 알래스카에 대한 이야기를 접했을 때 대부분의 사람들은 이 이야기에 깊은 인상을 남긴다.

그런데 이 기사를 접한 거의 모든 사람들은 한 달이 지나면 다 잊어버린다. 결국 이 기사를 읽는 데 들였던 시간은 쓸모없는 자원이 되는 것이다.

그러나 필자처럼 이 기사를 자신만의 지식 곳간인 독서장에 옮겨 놓는다면 이 이야기는 평생 함께하게 될 것이다.

이런 식으로 평소에 자신의 지식 안테나를 세우고 자신의 지식 곳간을 채워 나간다면 망각의 강으로 흘려보내는 일은 없게 된다. 다만 한 달에 한 번, 혹은 세 달에 한 번씩 지식 곳간인 독서장을 들여다보는 일은 반드시 해 주어야 한다. (이미 여러 번 본 낯익은 내용이기에 음악을 들으면서 해도 좋다.)

이 책에 나오는 이야기들 중 상당수가 필자의 독서장에서 나왔고 마지막 에필로그에 나오는 토마토와 로버트 존슨 대령에 대한 일화도 지식 곳간인 독서장에 있는 내용들이다.

이와 같이 자신이 만든 지식 곳간에 한 달에 하나씩만 채워도 일 년이면 12개가 되고 5년만 모아도 자신이 확실하게 아는 유별나고 가치 있는 지식이 60개나 된다.

60개 중에 만약 글쓰기나 회사 입사를 위한 인터뷰 등에서 하나라도 쓸 수만 있다면 그것은 그야말로 대박이다.


T는 항상 배움의 자세를 가지고 지식 안테나를 세운 상태를 유지하다가 다른 책에서 윌리엄 씨워드와 링컨의 관계에 대한 글을 읽었다. 씨워드는 원래 링컨이 공화당 대선후보로 뽑힐 때 최대 정적이었다고 한다. 결국 링컨이 씨워드를 따돌리고 미국의 제16대 대통령이 되었다.

대통령이 된 후 링컨은 국가 통합을 위해 자신에게 진 씨워드를 국무장관으로 임명하였다. 결과적으로 적도 포용하는 링컨의 리더십이 알래스카가 미국의 보물이 되게 한 것이다. (이렇게 새로 추가되는 내용이 있기에 독서장은 여백을 둘 필요가 있다.)

이처럼 자신의 지식 창고인 독서장이 가꾸어지면 독서장은 자신만의 보물이 될 것이다. 다른 사람에게는 자신이 만든 독서장 내용이 새로운 것이기에 아무 도움이 안 될 수도 있지만 이를 직접 만든 사람은 이미 수없이 봤기 때문에 자신의 소중한 보물1호가 되는 것이다.


### (4) 내 손 안의 지식 곳간

이제 현대인에게 스마트폰은 거의 필수품이 되었다. 그리고 현대인은 인터넷 등을 통하여 수많은 정보를 쉽게 접할 수 있다. 따라서 자신이 접한 정보나 지식 중에서 자신이 생각하기에 영원히 자기 것으로 만들 필요가 있는 것들을 자신 손에 있는 스마트폰에 저장할 필요가 있지 않을까?

휴대용 지식 곳간인 스마트폰에 소중한 정보나 지식을 따로 저장을 해두지 않으면 어차피 자신이 접한 모든 유용한 지식은 망각의 강으로 흘러가 버릴 것이기 때문이다.

얼마 전에 T는 스마트폰을 최신형으로 교체하였다. 그런데 최신 스마트폰으로 교체한다는 즐거운 생각에 그만 큰 실수를 하고 말았다. 휴대폰 문자함에 약 2년간 저장해 둔 가치 있는 정보와 지식들을 따로 저장해 두지 않고 그냥 중고폰으로 팔아 버렸기 때문이다.

2년 동안 열심히 모은 가치 있는 정보와 지식들이 필자의 기억

속에 남아있는 것도 있지만 시간이 지나면 어차피 모두 망각의 강으로 흘러가 버릴 것이다.

많은 것들 중에서 아직까지 기억에 남는 것이 단 하나 있다.

화개반 주미취(花開半 酒微醉)!
꽃은 반쯤 피었을 때 예쁘고, 술은 반쯤 적당히 취했을 때가 좋다!

이 말이 너무 좋아 스마트폰 문자함에 저장을 해놨는데 모두 버린 것이다.

이 글귀는 지난밤에 술을 한잔해서인지 기억에 남는다. 하지만 이 또한 망각의 강으로 조만간에 흘러가 버리리라.

스마트폰을 그냥 게임이나 실생활의 편의를 위한 도구에서 자신의 지식 곳간으로 만드는 선택을 지금부터 하고 실천한다면 그 작은 선택이 자신의 운명을 바꿀 수 있을지 누가 알겠는가?

### (5) 책 읽기에도 시간을 버려서는 안 된다

정보의 홍수가 계속 밀려드는 현대 사회에서 새로 접한 유익한 지식이나 정보를 지식 곳간인 독서장에 가두어 두는 것만으로는 뭔가 부족하다.

단편적인 지식을 쌓아두는 것도 중요하지만 깊이 있는 지식을 쌓기 위해서는 역시 책 읽기가 중요하다.

경제적인 책 읽기를 위해서는 일단 많은 책을 읽는 것을 피하는 것이 더 나을 수 있다. 즉, 선택과 집중이 필요할 수 있다는 말이다. (경제적인 고려 없이 오로지 독서로 인해 자기 혁명을 이루기 위한 독서법은 이 글의 마지막에 추가된다.)

자신이 언론인이나 작가라면 많은 책을 보고 또 보는 것이 필요하겠지만, 보통 사람을 위한 경제적인 책 읽기에서는 그것이 자칫 시간 낭비가 될 수 있다.

왜냐하면 천재적인 기억력을 가진 사람이 아니라면 책의 권수가 많을수록 책 내용을 완전히 자신의 것으로 할 가능성이 적어지기 때문이다.

완전히 내용을 자신의 것으로 만들 가능성이 없다면 애초에 귀중한 시간을 투자하지 말아야 할 것이다.

적은 수의 가치 있는 책을 본다면 일단 좋은 책을 선택해야 할 것이다. 오랫동안 대중의 사랑을 받았던 고전이나 책을 많이 읽는 사람의 조언을 듣거나, 혹은 언론에 나오는 책의 서평을 보고 선택을 한다.

시집처럼 사람의 감성을 자극하는 책들은 대개 한 번 보고 마는 경우가 많지만 그 외의 책들은 다시 봐야 한다. 왜냐하면 자신의 귀중한 시간을 들인 책을 다시 보지 않는다면 망각의 동물이기에 어차피 귀중한 시간을 들여 읽은 책의 내용을 다 잊어먹기 때문이다.

다음에 다시 책을 볼 가치가 있는 책이라면 정독을 해야 한다.

그리고 반드시 책을 볼 때 중요한 부분을 밑줄을 긋고 책 뒷면에 한 페이지 정도 책에 대한 자신의 감상문을 쓸 수도 있다. (감상문은 필수가 아니다.)

만약 자신이 귀중한 시간을 들여서 읽었던 책에 아무 표시가 없다면 다음에 다시 그 책을 집었을 때 둘 중의 하나가 될 것이다. 다시 처음부터 모두 보거나 아니면 책의 무게에 질려서 안 보게 된다.

자신의 소중한 자원인 시간을 책 읽기에 투자했다면 반드시 가치 있는 책의 내용은 자기 것으로 만들어야 하고 그러기 위해서는 책을 반복해서 봐야할 것이다.

책을 반복해서 봐야 하는 필요성은 영국의 작가 데이비드 로렌스의 말에서 확인할 수 있다.


### (6) 독서의 즐거움은 봤던 책을 다시 보는 것이다

데이비드 로렌스가 한 이 말은 오래전 서울 시내에서 가장 큰 서점의 화장실 벽면에 붙어 있었다. 이 글귀를 본 이후 필자의 뇌리에서 떠나지 않았고 나이가 들수록 정곡을 찌르는 말이라는 생각을 한다.

단순히 경제적으로 귀중한 시간을 들여 읽은 책이기에 그동안 들인 시간이 아까워서라도 책을 다시 봐야 하는 것도 있지만, 몇 년 전 읽었던 책을 다시 보면 많이 낯설다. 분명히 그 당시에 감명 있게 보면서 밑줄까지 그으면서 읽었던 책도 1년만 지나면 전혀 새로운 책이 되어 있는 것을 보면 필자 자신도 역시 망각의 동물인 인간이라는 것을 다시 실감하게 된다.

과거 선조들은 '독서백편 의자현(讀書百遍義自見)'이라 했다. 이 말은 책이나 글을 백 번 읽으면 그 뜻이 저절로 이해가 된다는 뜻이다. 바보가 아니라면 인간의 지적 수준은 계속 진화 발전하게 되어 있 다. 미숙했던 시절에 느꼈던 책에 대한 느낌이나 감상은 나이가 들 면서 새로 바뀌거나 다른 입장을 취할 수도 있다.


만약 지금 이 책을 읽고 있는 독자가 T가 쓴 이 책을 읽고 세상 너머의 세상에 대한 망상의 진실을 깨닫고 이 책에서 주장하는 바 에 공감한다면 이 책을 여러 번 읽을 것을 권한다.

책을 여러 번 읽어 책 내용을 다른 사람들에게 말해 줄 수 있을 정도가 되어야만 이 책은 독자에게 가치 있는 책이 되는 것이다.

다시 보고 싶은 책은 대개 좋고 독자에게 유익한 책이기에 좋고 가치 있는 책은 반드시 여러 번 반복해서 봐야 할 것이다. 그래야 만 책의 핵심적인 내용들이 평생 독자와 함께할 것이기 때문이다.


### (7) 독서로 인한 자기 혁명

미국의 발명왕 토머스 에디슨은 초등학교에 입학한 지 석 달 만 에 문제아이자 열등생이라는 불명예를 안고 쫓겨났다. 그 후 에디 슨은 디트로이트 도서관에 있는 모든 책을 섭렵했다. 한 분야에

국한되지 않고 역사, 문학, 인문 고전 등 많은 분야의 책을 읽었다. 결국 전구나 축음기 등 천 개가 넘는 인류에게 유용한 물건들을 발명했다.

프랑스의 군인이자 정치인인 나폴레옹은 전장에서 아무도 상상할 수 없는 전략과 전술을 구사하여 많은 전쟁을 승리로 이끌었다. 전쟁터에는 그의 도서를 전담하여 나르는 부서가 있을 정도로 평생을 독서에 열중했다. 평생 8천 권의 책을 읽었다.

금융의 황제라 불리는 조지 소로스는 하루 일과의 80%를 독서에 할애하고 과거 런던에서 9년 동안 밑바닥 생활을 하던 시절에도 손에서 책을 놓지 않았다. 밑바닥 생활을 하던 런던 시절이나 이후 회사에 다닐 때에도 항상 독서를 하는 독서광이었다.

남들과 다른 에디슨, 나폴레옹, 조지 소로스가 발명, 군사, 금융에 관한 책만 골라 읽었을까? 이 글에서 제시한 대로 선택과 집중을 통해 좋은 책만 골라서 수 없이 반복해 읽었을까? 당연히 아니다.

이들은 선택과 집중 대신에 닥치는 대로 많이 읽다 보니 사고에 큰 사상적 혁명이 일어난 것이다.

『48분 기적의 독서법』 저자인 김병완 씨는 3년 정도 독서에 미쳐서 천여 권의 책을 독파하라고 주장한다. 그러한 집중적인 독서는 뇌에 혁명을 일으켜 비약적인 삶의 도약을 이룰 수 있다고 주장하면서 많은 성공 사례를 제시한다. (이분의 집중적인 독서법을 따르는 것도 인간의 선택사항이고 그 선택은 인간의 운명을 바꿀 수 있다.)

## (8) 경제적으로 독서하기를 맺으며

처음 이 글을 시작할 때 두 가지 전제가 있었다. 바쁜 현대인에게 가치 있는 독서를 위한 시간이 한정되어 있고 독서를 한다 하더라도 인간이기에 차츰 잊어버리는 한계를 밝혔다.

농부가 추수한 곡식을 잘 간수하듯이 자신이 습득한 지식이나 정보를 지식 곳간에 보관해야 자신이 습득에 사용한 소중한 시간을 아낄 수 있다.

아주 적은 지식이나 정보는 손안의 지식 곳간인 휴대폰에 저장을 하고, 휴대폰에 넣기에 큰 것들은 컴퓨터에 파일 형태로 독서장을 만들어 그곳에 보관하고 정기적으로 확인 과정만 거치면 곳간에 들어온 것들은 평생 자신의 것이 될 것이다.

그리고 깊이 있는 지식을 얻기 위해서는 좋은 책을 '제대로' 읽고 책에 표시하여 다음에 '반복해서' 읽는다면 시간 낭비 없이 망각의 동물인 독자는 머릿속에 모두 담을 수 있게 된다.

시간 낭비 없는 '경제적으로 독서하기'를 통하여 두 가지 한계가 모두 극복되었다. 선택과 집중 그리고 주기적인 반복을 통하여 작가가 아닌 보통 사람이 독서를 통하여 자신의 지적 영역을 확대하고 풍부하게 하는 길을 알게 되었다.

경제적인 독서법은 시간이 부족한 사람들을 위한 한 가지 대안을 제시하는 것이나 진정으로 독서를 통한 사상적 혁명을 이루기 위해 천 권의 책을 3년 동안 독파하는 것은 오로지 개인의 선택이다.

중요한 것은 지속적인 책 읽기를 통하여 항상 배움의 자세를 유지하는 것이다. 지속적인 배움은 독자가 중요한 선택을 할 때 도움을 주어 독자의 운명을 바꿀 수 있을 것이다.

　이 글을 읽는 독자가 끊임없는 독서를 통하여 자신의 삶을 발전시키기를 기원하면서 세계 제1의 부호이자 자선가인 빌 게이츠의 말로 끝내고자 한다.


"오늘의 나를 있게 한 것은 우리 마을 도서관이었고, 하버드 졸업장보다 소중한 것은 독서하는 습관이다."

— 빌 게이츠

# ❖ 진실로 진실로 너희에게 이르노니

— 이 책의 핵심 어록

책이 마무리까지 왔습니다. 이 책에서 소개된 핵심 어록을 정리합니다. 어록을 보고도 관련 내용이 머릿속에 정리되지 않는 분들은 책을 다시 보시길 바랍니다.

◆ 인간은 신을 만들고 난 후 합리적 이성은 십자가에 못 박는다. 그리고 만든 신의 노예가 되어 행복하다고 말한다.

◆ 신이 자신의 형상대로 인간을 만든 것이 아니라, 인간이 자신의 희망 대로 신을 만들었다.

◆ 사람은 자기가 원하는 것만 본다. - 카이사르

◆ 누군가 망상을 하면 정신 이상이라 하고, 다수가 망상을 하면 종교라 한다. - 로버트 퍼시그

◆ 종교가 있든 없든 착한 사람은 착한 행위를 하고, 나쁜 사람은 나쁜 행위를 한다. 그러나 착한 사람이 나쁜 행위를 하는 것은 종교 때문이다. - 스티븐 와인버그

◆ 인간이 가장 행복할 때는 이타(利他)적인 행위를 할 때이다.

◆ 믿으면 모르고, 알면 못 믿는다.

◆ 종교에 미치면 대대로 알거지가 되고, 종교를 이용하면 대대로 큰 부자
가 된다.

◆ 운명은 받아들여지는 것이 아니라, 인간이 바꿀 수 있는 대상이다.

◆ 인간의 운명은 선택과 노력으로 바꿀 수 있다.

◆ 독서의 즐거움은 봤던 책을 다시 보는 것이다. - D H 로렌스

◆ 국가의 운명은 깨어 있는 국민이 선거에 적극 참여하여 스스로 바꿀
수 있다. - T

# 에필로그

200년 전 미국에서 토마토는 관상용으로 재배되었다. 당시 사람들은 토마토에 독이 들었다고 생각해 먹지 않았다. 토마토를 먹으면 고열로 죽거나, 냄새만 맡아도 미칠 수 있다는 공포심에 사로잡혀 있었다.

미국에서 토마토를 처음 먹어보겠다고 공언한 사람은 로버트 존슨 대령이었다. 1820년 어느 날, 미 육군 로버트 존슨 대령은 뉴저지 주 재판소의 많은 군중 앞에서 토마토를 덥석 베어 물었다. 그 이후로 사람들은 맛있고 영양 많은 토마토를 먹기 시작했고 지금은 토마토가 건강 음식의 대명사가 되었다.

이 책의 저자인 유신론자 T는 이 얇은 책을 시작으로 종교로 인한 전쟁과 갈등이 줄어들고, 따뜻한 자본주의와 준엄한 법치주의가 강물처럼 흐르는 '사람 사는 세상'을 종교가 있든 없든 많은 현대인들이 베어 물어 이 세상이 종교로 인한 다툼이 없는 평화로운 세상이 되기를 간절히 소망한다.

죽음과 운명 그리고 초자연적인 세계와 기독교를 10년이 넘게 깊이 경험한 유신론자 T는 '세상 너머의 세상'은 인간의 망상이었고 인류 최악의 발명품인 유대 유일신은 다른 신들과 마찬가지로 인간이 만들었다는 반론 불가능한 12가지 증거를 제시했다.

그럼에도 불구하고 아직도 '세상 너머의 세상에 대한 망상'을 가지고 있는 사람들이 있는가?

종교의 자유에 의하여 다시 현대는 다신교 사회가 되었는데 아직도 자기 신만이 절대선이라고 우기는 신자가 있는가?

'이성의 시대'인 현대에 살면서 중세 1,400년 동안 경험했고 지금 이슬람에서 하고 있는 종교 국가에 대한 실험을 아직도 염원하고 있는 사람이 있는가?

타고난 환경을 저주하고 흙수저라 자신을 부르며 자신의 운명을 주체적으로 바꾸려 하는 것을 주저하는 사람이 아직도 있는가?

아직도 몽매한 이 모든 이들에게 코페르니쿠스적인 발상의 전환을 촉구하면서 헤르만 헤세의 데미안에 나오는 말로 책을 마치고자 한다.

"알에서 깨어나라!"